The Character Edge

Leading and Winning with Integrity

致勝品格

誠實、勇氣、決斷、同情心……，

24種最經得起考驗的價值觀與競爭優勢

Robert L. Caslen　Michael D. Matthews

羅伯特・卡斯蘭、麥可・馬修斯——著　林奕伶——譯

深深感謝無數實踐高尚品格人生的男男女女，並容許我們訴說他們的故事。但願他們的品格有如明燈，引導讀者走過自己的挑戰並迎向勝利。

目錄

好評推薦

「不知道各位是否還記得，自己成績單上的品性或德育分數是幾分？在強調德、智、體、群、美五育均衡的教育目標下，排行首位的德育，受重視的程度其實沒有想像中來得大；推薦大家看看這本書，可以從兩位作者多年來致力推動品格教育，以及品格心理學研究的成果中受益良多，看完後覺得，如果早一點出版這本書該有多好！」

——呂亮震，工商心理學博士、擺渡人生學校共同創辦人／執行長

「本書內容，獨一無二且無比珍貴，非但結合了卡斯蘭將軍，飽經戰役驗證的領導學課程，還有資深行為科學家馬修斯教授的精闢觀點。內容扎實，讀來令人愛不釋手，書中故事豐富，不僅大多相當感人，還有嚴謹的研究作為支持。」

——《富比士》（*Forbes*）

「讀過本書就能採取可行的步驟，改善自己的品格與福祉。」

——《陸軍》（*ARMY*）

「是什麼決定領導力的重要性與長期影響的因素？陸軍中將兼西點軍校前校長卡斯蘭、心理學家馬修斯，深入探討構成領導人值得追隨的品格特質……他們的經歷加總起來，成了引人入勝的領導學研究。」

——《書單》（*Booklist*）

「內容與時俱進、強大且有啟發性，對於任何立志領導的人，以及立志成為偉大領袖的人，都應該研讀本書。」

——鮑勃・戴爾（Bob Dare），美國陸軍退役士官長、《真實成長》（*True Growth*）共同作者

「本書既能鼓舞人心也同樣務實，從科學研究和個人經驗切入，探討如何發展，以及為何要發展情感、頭腦、膽量的優勢，唯有麥可・馬修斯與羅伯特・卡斯蘭才能完成

這樣的著作，這本書肯定立刻成為經典！」

——安琪拉・達克沃斯（Angela Duckworth），《恆毅力》（*Grit*）作者、品格實驗室（Character Lab）執行長

「不管是在戰術面還是戰略面，如果你嚮往有效的領導，很快就會知道，領導最重要的就是品格。羅伯特・卡斯蘭與麥可・馬修斯，透過感人而透澈的故事與個人經驗，在理論和應用中捕捉到事實真相。本書要求也激勵讀者活得堂堂正正、光明正大，並以此鼓舞你帶領的所有人，實現他們不敢想像的最高成就。羅伯特和麥可在本書提出非常、非常重要的東西，我希望它能迅速且廣泛流傳。」

——威廉・麥克雷文（William H. McRaven），《海上故事》（*Sea Stories*）作者、德州大學前校長、美國海軍退役上將

「羅伯特・卡斯蘭將軍和麥可・馬修斯教授十分精采地說明，品格和卓越為什麼是有效領導最重要的成分。我一直相信，品格和卓越緊密相關，而這也一直是我們球隊勝利的方程式。羅伯特和麥可都是公認品格良好的領導人，他們是我終身服膺的楷模和

原則。」

——麥克．沙舍夫斯基（Mike Krzyzewski），美國杜克大學男子籃球總教練

「卡斯蘭將軍和麥可．馬修斯，絕對是撰寫這本書的合適人選。他們聯手打造出『**雙和**』的精神，意即『領導力藝術**和**品格科學』、『嚴酷磨練的苦難經歷**和**嚴密精確的學術研究』、『果決行動的慘烈教訓**和**睿智反省的不朽洞見』。偉大的領導人鮮少具備超凡迷人的性格，但是都有鼓舞人心的品格。卡斯蘭和馬修斯向我們展示，這個領導力的基本內在結構，應該如何且為何必須打造的重要性。」

——詹姆．柯林斯（Jim Collins），《從A到A+》（*Good to Great*）作者

「本書透過趣味橫生又鞭辟入裡的方式，巧妙結合學術研究與實務經驗。我認為品格，在現今比我記憶中的任何時刻都還來得重要。羅伯特．卡斯蘭與麥可．馬修斯做對了！」

——馬丁．鄧普西（Martin E. Dempsey），第十八任參謀首長聯席會議主席

「這個世界猶比從前更需要品格，而本書將告訴你，兩個背負所有美國人信任與敬重的機構是如何做到的——美國西點軍校與美國陸軍。嚮往實踐品格人生的人，本書是必讀經典。」

——雷蒙．奥迪爾諾（Raymond T. Odierno），第三十八任美國陸軍參謀長

「身為學校行政管理人員，無論是在州政府、地方或校園，我們有許多和軍隊領導人相同的神聖責任，特別是根據卡斯蘭中將所說的『大眾信任銀行』。卡斯蘭與馬修斯提出令人信服的例證，說明我們必須珍惜自己的『信任帳戶』，並且花時間依『能力、品格與關懷』來累積存款。身為教育工作者及公僕，我們可以從書中故事、高深的學識，以及『正道』的訓誡中，獲取許多心得。」

——瑪麗．凱勒（Mary M. Keller），教育學博士、軍人子弟教育聯盟（Military Child Education Coalition）前會長兼執行長

「卡斯蘭與馬修斯在本書提出明確的指引，告訴個人與團體如何建立正向品格，並利用正向性格壯大自己並取勝。企業若能『領略』這個訊息可出類拔萃；不懂的人，長

期下來將會失敗。」

——盧英德（Indra Nooyi），百事公司（PepsiCo）前董事長與執行長

「卡斯蘭與馬修斯融合了行為科學，以及從服役的嚴酷試煉中所汲取的心得教訓，寫出了一本永不過時的領導力書籍。他們以來自軍隊、運動界、教育界與商業界的生動例子，檢視品格在個人與團體的複雜本質。在這個兩極分化和不文明的時代，作者創作出一個操作指南，教導我們如何對抗自身與團體中這些破壞性的力量。」

——史黛芬妮．山佛（Stefanie Sanford），美國大學理事會（College Board）全球政策與對外關係主任

「我們相信，決定最終結局的是領導素質與品格。從這本書裡，我們發現了一個藍圖，能培養我們薰陶出以價值觀為本的領導力，進而實現人生意義與成就。」

——法蘭西斯．賀賽蘋（Frances Hesselbein），法蘭西斯．賀賽蘋領導力論壇主席、總統自由勳章（Presidential Medal of Freedom）得主

推薦序

實現卓越自我的勝利方程式

——何啟聖，Midas Touch 全球行銷事業群總經理

「追求卓越，臻於成功」是美國心理學家馬斯洛（Abraham Maslow）的需求層次理論（Maslow's hierarchy of needs）中，位於金字塔頂端的「自我實現需求」。在攀爬成功的過程中，關鍵因素是什麼？答案就在本書中。

我自己出身軍旅，從中正預校、政戰學校到任官、退伍後，投身媒體、轉任企業CEO，軍中提供了十足的養分，才得以在每一項工作中勉力從事。因此，對書中揭櫫的「智慧與知識、勇氣、正義、人道、節制、超越」六大道德品性，特別有感。

這是美國西點軍校前校長豐富的軍旅總結，佐以科學的評析，如此實證，更具說服力。這也說明了，為何西點軍校的畢業生，能在士農工商百業中，都有頭角崢嶸表現的

原因。

在我個人軍旅與職涯的三十多年中，深切體會到，成功的簡單勝利方程式是「能力×品格＝成功」。因此，能力即使再強，有著卑劣、低下的品格，對團隊群體與公司企業造成的危害，至深且鉅。

所謂「天道酬勤、地道酬善、商道酬信、業道酬精、學道酬苦、藝道酬心」，雖然是中國傳統哲學的經典表達，但又何嘗不是展現品格在各個面向的致勝關鍵因素呢？

有人說：「職場不是一個實踐真善美的場域。」形容其中充斥著爾虞我詐。但是，凡真正成功人士，一定得承認美國著名成功學大師戴爾．卡耐基（Dale Carnegie）所說的「促成一個人成功的因素，專業知識只占一五％，另外八五％是來自於他的修養、人際關係、處世能力、應變能力等。」這八五％就是品格！

想要成功，打開《致勝品格》你已經贏過別人一大步！

推薦序

一本結合實務與科學的品格經典

——馬汀・塞利格曼（Martin E. P. Seligman），賓州大學正向心理學中心主任

這本書將羅伯特・卡斯蘭將軍與麥可・馬修斯教授，一舉推向全世界眾多研究良好品格者的前列。他們成功的部分原因在於，兩人的品格與迥異的經驗。

我最初認識卡斯蘭時，他還是陸軍准將，剛接下擔任西點軍校校長的新任命。我受邀對軍校生演講，談論韌性與創傷後的成長。後來，我們碰面討論他未來將創立的顧問諮詢服務，他擔心這項諮詢會被不好的事情占據：藥物濫用、低等犯罪行為與性騷擾。

「顧問諮詢難道不能做得比這些更好，例如提供建議與衡量正向的事情，」他問，「像是如何成為模範士兵，或是根據一個人的長處選擇學校，而非只是如何不變得那麼壞？」我看得出我們的頻率相同。他感興趣的是，軍事的傑出與學業的優異表現，而我

也一樣。我尤其感興趣的是，將心理諮詢服務大致轉變為如何讓生活富有價值，而非只是處理負面事務和害群之馬。所以我和他討論，是否有可能將諮詢中心，變成軍校生找出自己優勢的場所。

會議結束後，我心想：「這人有遠見。」

時間快轉到幾年後，卡斯蘭此時已成為西點軍校的校長，掌管一切事務。而從本書裡會發現，他任職期間的重點就是「建立品格」。多年來，他在各級別的實地指揮歷練中，領略出建立品格是軍中領導的基石。而這也是他在書裡想闡述的內容——從戰場上的緊急關頭，到富有田園風情的西點校園環境，這些長達數千小時的實際領導原則，都是以建立品格為主軸。

本書的合作夥伴麥可．馬修斯教授，是擁有長久相關經驗的學者、研究人員與教師。我認識麥可已經超過十五年，當時我正在籌畫「正向心理學的未來」。在約翰坦伯頓基金會（John Templeton Foundation）與大西洋慈善基金會（Atlantic Philanthropies）的獎助之下，我們邀請麥可到賓州大學擔任數個月的資深研究員。

當時，我和安琪拉．達克沃斯（Angela Duckworth）才剛開始研究恆毅力（grit），而麥可與安琪拉也正進行西點軍校的合作，研究在酷夏時初次踏入軍隊的新生，面對極度嚴酷的訓練課程野獸營（Beast Barracks）後，最終放棄離開的人。

正因這項研究，我們證明了恆毅力是預測堅持不放棄的重大因素，這不但讓麥可擴大了以品格預測軍中成就的領域，也開啟安琪拉的非凡事業成就。而麥可帶給本書的重點，不僅是嚴密精確的行為科學，還有多年教學、評量軍校生心智與行為的經驗。

在此，一位終其一生薰陶士兵品格的最高階層領導，以及一位擅於實驗與測量的資深行為科學家，合力寫出第一本探討品格的書，是史無前例的合作。你將會看到，除了結合兩位才智優秀的頭腦，還是一本能令整個業界都引以為傲的品格經典。

我要避免爆雷，但還是想告訴你們我最喜歡哪些內容：

責任、榮譽、國家，是西點軍校的校訓。但只在口頭上反覆背誦，並不會轉化為畢業生的行動。卡斯蘭與馬修斯的洞見，是以在西點軍校的四年時間來塑造軍校生的品格，將校訓從文字轉變成終身的高尚行為。這是如何做到又是如何衡量，以及該如何應用到軍隊以外的世界，正等待你來一探究竟。

作者序
品格，是不可或缺的致勝條件

本書的內容，源自於兩位作者的經驗，合計超過八十年。

卡斯蘭將軍自一九七五年於西點軍校以少尉任官，在陸軍服役長達四十三年。經歷戰爭與和平，從少尉晉升中將，他指揮過從排到師*的各個部隊編制。

卡斯蘭擔任少尉時，美國陸軍正從越戰中恢復戰力，當時的陸軍不僅飽受種族動盪、藥物濫用，還有缺乏目標與方向之苦。而在同世代軍官的協助下，卡斯蘭解決了陸軍的困擾，並做好迎接第一次波斯灣戰爭，與二〇〇一年九一一事件之後的阿富汗與伊拉克戰爭的準備。卡斯蘭傑出的陸軍生涯，是在二〇一三年到二〇一八年，擔任西點軍校第五十九任校長的高峰時結束。

＊部隊編制的規模大小，由大到小為：軍、師、旅、團、營、連、排、班。

在多年的軍旅生涯裡，卡斯蘭觀察從領導三十名士兵的排長，到超過二萬三千名士兵的師長，發現領導人與士兵在最具挑戰情況下的表現，其品格不僅與領導力是密不可分的關係，甚至是不可或缺的致勝條件。隨著他領悟出品格是領導力的必要關鍵，他也將自己與士兵的品格發展，列為優先要務，讓品格成為他領導哲學的核心要素。這一點，在他擔任西點軍校校長期間，達到巔峰，當時學校是以軍校生的學業、體能和軍事發展為重點，但卡斯蘭也將品格並列其中。

與卡斯蘭將軍同年出生的馬修斯博士，為本書帶來不同的視角。馬修斯擔任軍中心理學家四十年，除了利用科學方法研究品格，還有探討品格對個人表現與領導力的影響。他曾經是執法官員和空軍軍官，對各種品格的主題都懷有濃厚的興趣，包括：衡量品格的方法；品格與其他因素的交互作用，例如智力影響個人的調適方式；當身處具有挑戰性或危險的情況時，應如何領導他人；還有重要的心理層面與社會屬性等。

他也十分好奇卡斯蘭在漫長又傑出的軍旅生涯中，是如何透過品格發揮作用。馬修斯和卡斯蘭一樣，不僅相信品格是構成領導的基礎，也認為對個人的適應力、社交關係十分重要。

退休將領寫過許多這類題材的書，心理學家也出版過相關的書籍。而前者是描述領導人的獨特經驗，但缺乏行為科學的佐證，儘管擁有精闢見解，卻容易被批評為只是抒發己見；而後者由心理學家撰寫的書籍，雖有扎實的行為科學與社會科學作為基礎，但缺乏相關實證，往往可能在實驗中運作良好，卻無法在現實世界中正常發揮。

然而，本書融合了戰略領導人和科學家的經驗與觀點，將品格的科學與實務，交織而成具有教育和啟發的內容。

在作者序中，安排了兩則故事，由卡斯蘭將軍和馬修斯博士各自撰寫，說明兩位作者是多麼熱切關注品格與領導力。

影響個人信譽、團隊風氣、成果，甚至性命

——羅伯特．卡斯蘭

二〇〇九年二月九日，在「伊拉克自由行動」（Operation Iraqi Freedom）*期間的

* 一場在伊拉克發動的戰爭，起迄時間為二〇〇三年三月二十日到二〇一一年十二月十八日。

「增兵」行動，由於伊拉克大部分地區的聯軍傷亡與對戰情況，都已經大幅降低，唯獨伊拉克北方尼尼微省（Nineveh Governorate）首府摩蘇爾（Mosul）的西區仍烽火連天，因此派出第八裝甲騎兵團第三營守衛部隊。

美國陸軍中校蓋瑞・德畢（Gary Derby）備受士兵們的愛戴與欽佩，是一位堅毅嚴肅又鬥志旺盛的軍官。他指揮第三營已有數個月，在他的領導下，任務也獲得重大進展。身先士卒的德畢是軍人中的軍人，他時時展現的權威，讓部隊無論面臨何種艱困情況，都能帶給他們信心、希望與樂觀。

大約在二月九日下午一點鐘，我接到一通不幸的電話。德畢的車輛在前往摩蘇爾西方的前哨基地途中，遭到自殺士製炸彈車攻擊。車上的德畢、三名士兵與一名隨行翻譯人員，當場死亡。我懷著沉重的心情，立刻搭上直升機飛往營隊總部，與其他生還的領導者碰面，擁抱他們並給予安慰，向他們保證師部與戰區的其他領導階層，會竭盡所能協助他們度過這場困境，並承諾會盡快為第三營找到新營長。

德畢對部隊文化、價值觀及戰績的影響力，顯而易見，除了他在戰場上的傑出斬獲，他的殞落也造成士兵極大的震撼。我從自己的軍旅生涯中，了解到領導人的影響力相當重大，尤其是處在危機與壓力的情境下，更是以指數型倍增。

在身陷險難時，人們會因察覺到自己的脆弱而團結，由於他們必須充分倚賴領導人的指引來通過危險處境，所以會更配合領導人的行動。而對領導人的信任，就是將這些人凝聚起來的黏著劑。

信任，或許是構成有效領導的最重要因素，也可說是在軍隊中，由領導人培養出來的重要特質。而部屬對德畢的愛與敬重，有很大一部分是源自於他的同等對待。這群部屬的信任，已達到我們所能想像的最高程度，由於他們信任德畢會帶領他們至安全的場所，所以願意追隨他到任何地方。

然而，這樣的信任從何而來？有一部分是來自於身為營長的他，從戰爭中所展現出的卓越能力；另一部分，則是建立在跟能力相同的重要特質上，那就是「品格」。而這項道理很簡單，意即你在我這個師中，可能是戰力成果與能力最高的營長，但如果你的品格不及格，那你的領導就失敗了。

德畢展現出誠實、無私、充滿毅力與決斷力，且富有同情心的最高品格。他的品格表現，在細微之處，甚至是微不足道的地方，都清晰可見。他傾聽士兵的憂慮，對每一個人展現關懷，而且為了他們奮不顧身，種種行徑，都成為士兵信任他的基礎。

當德畢一行人遇害，麾下士兵不僅為了失去朋友與袍澤而悲傷，他們更為了一位能以性命相託的領導者逝去而感到哀痛。失去德畢的指揮，這些士兵茫然不知所措。我知道他們需要一位新的優秀領導人，而且要快。因為摩蘇爾西區，是對抗激進的伊斯蘭教遜尼派*的關鍵地點，我們必須盡快撫平他們的情緒，使他們重回戰爭之中。

我們與第一裝甲騎兵師的指揮官合作，找出一個能迅速接掌德畢營隊的幹練軍官。幸好戰區已有一位優秀的候選人，個性堅毅、平易近人，而且獲得營中領導階層的認可，當時他已被選拔為營長，預定在一年後接任。如今，他很快就能在摩蘇爾這個關鍵地點，透過能力證明自己將會是個成功的領導人。

然而，這位新營長就任不過幾個月，我便接到他的上司旅長打來電話，並報告一起必須解決的問題。在聽完旅長的報告後，我只能搖搖頭。

蓋瑞·德畢建立起的軍隊榮譽和正直文化，使得部隊裡的領導人只要發現違規事件，便會選擇勇於面對並舉報。而這位新任營長被一些層級較高的領導者發現，他與一位參謀的配偶在網路上的對話，其不正當的關係逾越了部隊的價值觀與品格，而作為下屬最為難的情況，就是告發上級有行為不檢的嫌疑，但他們依舊奉行正直的文化進行檢舉。

當旅長向我報告後，我便發起了調查。與此同時，我們暫時讓新營長停職，並送他回家。果然，調查結果證實了指控，於是新營長被解除職權。儘管他非常有能力，卻無法讓他成為成功的領導人。我一次又一次地看到，即便一個人具備勝任較高職位的優秀能力，但若是品格不及格，領導也會不及格。

新營長被開除不久後，我到第三營巡查了一天，發現一切都變了。士官看到沒有穿著制服的士兵，不會糾正；人人都能聽到無線電中，播放著粗俗不敬的言論，這些情況令人擔憂。第三營不僅蒙受失去前營長蓋瑞．德畢之痛，緊接著又因接替的新營長有品格瑕疵，而失去了道德方針。雖然這些士兵仍將繼續為達成使命而努力，但是軍隊的風氣文化卻已變調。道理很簡單，品格有失的領導人不但對個人產生影響，還明顯影響到團體風氣與完成任務的能力。尤其在戰爭中，領導人的品格與士兵對上級的信任度更顯重要，因為失格的領導人不只使部隊風氣不健全，還會涉及任務的達成率，甚至是每個下屬的性命。

很遺憾地，我在伊拉克擔任師長的十二個月裡，這位營長的品格問題，並非唯一個

---

* 伊斯蘭教的派別分為遜尼派與什葉派，前者以伊斯蘭教正統自居，占穆斯林（意指信徒，是遵從並實行伊斯蘭律法的人，或是順服真主的人）多數，約為八五%到九〇%，強調遵守《聖訓》（*Sunnah*）為第一優先；什葉派占穆斯林人口約一〇%，是「阿里的支持者」，對《古蘭經》與《聖訓》抱持不同看法，使得兩派紛爭持續不斷。

案，我在帶兵指揮時，也遇到需要裁決麾下高階領導人行為偏差的問題，但多數人並不是違反了陸戰法規，而是單純的品格缺失，這與我們駐紮在前線基地的封閉軍營有關。例如不當對待下屬、不友善的管理風氣、不正當的關係、性騷擾、性侵害，都是令人膽戰驚心的常見問題。此外，未能正常報到或違反「一般命令第一號」(General Order Number 1)[*1]，也是行為不當的常見道德問題，說明了品格正在崩壞。

前述情況，不但造成多數領導人結束了職涯，而且對部隊的身心健康、士氣與紀律，都造成了負面後果，也就是嚴重影響部隊的戰績。回想當時，我不僅要解決軍隊中危險的行為偏差問題，還有道德缺失的領導人造成部隊戰鬥力下降的負面影響，而這些問題所引發的後果都使我相當震驚。所以，我堅持恢復品格成為擔任領導者的重要因素，更發誓回到美國後，要設法將品格的建立與培養，列為未來軍旅生涯的重點。

當我從伊拉克回國，軍隊指派我擔任美國西點軍校校長的職位，讓我得以在伊拉克所目睹的品格危機做點事。而西點的使命就是教育、訓練並啟蒙學生軍團（Crops of Cadets），使其每位畢業生都能成為品格高尚的軍官，除了堅持擔負責任、榮譽、國家的價值觀，還要展現傑出的專業能力，以美國陸軍軍官的身分報效國家。

經過這項美國頂尖學業課程的訓練，西點軍校生的智力、體能與軍事，達到全面性的發展，但你會注意到，西點軍校的宗旨並不是「教育、訓練並啟發智力或體力合格的領導人」，而是「教育、訓練並啟發具備品格的領導人」。

或許，你在班上可能是智力第一，但如果品格不及格，代表你的領導力也不及格。因此，在我擔任校長的這五年裡，訂定規範與培養品格，是我的主要重點與第一要務。

身為西點軍校的畢業生，不但要在最艱鉅的陸地作戰，還要在嚴酷的考驗中打仗，在他們的未來生涯中，有可能會擔任軍中舉足輕重的高階軍官、政府高等領導人，但也有機會在商業界擔任頂級經理人或執行長。當我目睹國內的各個領域，正出現日益擴大的品格危機時，我的使命也隨之增加。如果可以給每個畢業生，灌輸一套堂堂正正的做人價值觀，那我們也能改變軍中部隊、商界企業與非營利團體、體育組織，甚至是美國各地，乃至於全球許多機構的道德方針。

所以，培養有品格的領導人，成了我在西點軍校擔任校長時的重點。在這裡，我遇到頗富盛名的心理學家麥可・馬修斯博士，他為人所知的傑作，就是協助美國陸軍制定戰略與政策，建立士兵在長久戰爭中的韌性。

＊一般命令第一號係指士兵在戰爭部署期間不可飲酒。

二〇一八年六月，我從陸軍退休，現在的任務是將品格為本的領導，以及如何實踐的訊息，盡量傳遞給大眾。我和麥可知道第一步就是寫書，將我們在戰場上與實驗室中的經驗帶給全世界，了解成功執行的方法，讓人能以擁有正向品格感到自豪，而能心安理得地夜夜安眠。

在今日的政府、社會、企業界、大學等地方，只要打開電視新聞、閱讀報章雜誌，俯拾皆是違反道德準則和品格的事件。然而，我相信我在西點軍校期間所強調的重點，將使得這些軍校生在大學校園裡，能先做好為國服務的準備，並深信他們有能力成為下一代的領導人。

如果他們未來進入軍隊或社會，依然能將重點聚焦在強化品格，就能透過統御領導的感染力，聯合並啟發所有人，來激發出美國精神的最大潛質。事實上，只要注重品格，人人都能擁有或大或小的領導能力，而我和馬修斯博士打算以本書催化這個旅程，促使每個人建立並維持品格。

正向心理學與恆毅力

——麥可・馬修斯

我最初得知馬汀・塞利格曼博士（Dr. Martin Seligman）的心理學研究，是一九七〇年代就讀研究所時期。

塞利格曼的事業成就開端，是研究動物如何學習避免電擊，並套用到人類處理逆境的心理行為。他進一步解釋了這項實驗，倘若狗最初是暴露在無法逃避的電擊之下，未來即使是在能夠逃離的環境，也難以學會。

這項研究不僅表明牠們的學習缺陷，也因遭受電擊顯得悽慘而無精打采，彷彿生活了無生趣，塞利格曼將這項結果對應到人類的憂鬱模式，發現人們在面對無法解決的問題與狀況時，也可能因為不斷碰壁而產生沮喪，[2]在他努力研究的成果下，一九七五年，發表了「習得無助感」（learned helplessness）理論，如今已經普及大眾。

時間快轉三十年，塞利格曼從研究動物的嫌惡制約法（aversive conditioning）*，進

* 心理學名詞，以引起個體嫌惡的非制約刺激為先決條件，作為制約設計的實驗研究。

展到創立正向心理學（positive psychology），焦點著重在人類如何出類拔萃、發展茁壯，而不是陷入憂鬱和病態。

二〇〇五年，約翰坦伯頓基金會（John Templeton Foundation）為全世界頂尖正向心理學家，資助了一場為期一個夏季的研討會。在此兩年前，我認識了塞利格曼，當時他到西點軍校參觀行為科學與領導系，而我們同樣對正向心理學感興趣。

我與塞利格曼相似的是，早期心理學研究也是觀察動物的嫌惡制約法，並且都將焦點轉移到了解人類最佳調適的領域。基於這個共同興趣，我申請並獲得約翰坦伯頓基金會的獎學金，得以參與二〇〇五年在賓州大學的正向心理學家集會，那場會議被塞利格曼戲稱為「梅迪奇二代會議」（Medici II Conference）*。

那年夏天，我一直思考著正向心理學在軍中的作用，並關注品格對於個別士兵的表現與領導力所發揮的功效。我深受密西根大學正向心理學家、梅迪奇二代會議核心成員克里斯多夫．彼得森博士（Dr. Christopher Peterson）的影響，他與塞利格曼事前共同擬出一張正向品格特質清單，並驗證出一套衡量這些品格特質的基準[3]。本書的科學理論，不僅多是以這些概念為基礎，更深受梅迪奇二代會議的啟發來研究。

此外，塞利格曼也把我介紹給他的研究生安琪拉．達克沃斯，她對決斷力與意志力在人類成就中所扮演的角色，非常感興趣而深入探討。塞利格曼形容安琪拉是他數十年來最優秀的研究生，她想出了一個「恆毅力」的概念，並進行恆毅力對成就所造成的影響，更將恆毅力定義為「對長期目標的狂熱追求」，而當我們談論到恆毅力時，我漸漸發現它是我們了解士兵表現的基礎。

我對恆毅力這個概念太感興趣了，於是我幫達克沃斯蒐集數千名西點軍校生的恆毅力分數，這些素材加上她研究其他團體的資料，形成部分論文。我們從中發現，恆毅力是唯一確實、可信度高的預測因子，可預測軍校新生能否成功完成西點軍校嚴苛艱困的基本訓練，這套訓練制度是軍校生抵達學校開始，從每年夏天大約七月一日左右到秋季學期開始前結束。經過多年研究，達克沃斯終於發表了《恆毅力》（*Grit*）一書，並迅速成為《紐約時報》暢銷書[4]。

自二〇〇五年以後，我持續研究品格，期間也向軍隊、產業界、教育界及體育界的領導人進行演說，談論品格對天賦有倍增效應，而且是有效領導的核心要素，至今我還

＊梅迪奇家族的祖先原是義大利托斯卡尼（Toscana）的農民，因經營工商業致富，在文藝復興時代具有舉足輕重的影響力，當時架構出一個有利各種活動進行的平台，形成創意蓬勃的景象，後來社會觀察家法蘭斯．約翰森（Frans Johansson）形容不同領域交會所發生的創新構想現象，稱為「梅迪奇效應」（The Medici Effect）。

不曾遇到過不懂品格重要性的領導人。

在接下來的內容中，你會看到成功的個人與領導人深知品格的重要性，並且迫切渴望了解何謂品格，以及如何衡量與發展，最重要的是，如何在團體中，建立能孕育良好品格的正向風氣。

個人與團隊長勝不敗的能力

——羅伯特．卡斯蘭與麥可．馬修斯，南卡羅萊納州哥倫比亞與紐約西點軍校

品格與領導力的關係錯綜複雜，正向品格是個人幸福安康的基本條件；而天賦雖然能讓你的人生走得長遠，但若缺少正直、毅力、自我規範、仁慈等品格優勢，仍難讓人出類拔萃，攀登到最高巔峰。因此，以品格為本的領導，能創造出成功不敗的團體風氣，無論是在戰場還是企業的會議室裡，品格都能帶給個人與團體優勢。藉由學習並採納我們提出的概念，或許也能讓你在學校、工作或個人關係上，帶來莫大益處。

部分的人與團體雖然憑著欺騙，獲得短暫的勝利，卻因不擇手段取得勝利，而犧牲

長期成功，有損個人與團體的聲譽；但相反地，若能接受短期損失或挫敗，並從中改善補救，才是走向成功的正道。本書就是探討品格如何讓個人與團體長勝不敗，你會看到各類組織的個人與領導人都在強調這項觀點，並在最後一章也會將聚焦品格的重要性。

現在，我們邀請你一起探索以品格為本的領導，相較於類似主題的書籍，我們以堅實的領導經驗與科學研究為基礎，提出我們的見解。我們也堅信，你將以正確的方式取得勝利。

第1章

不只是高尚美德，更是競爭優勢

我清楚知道，觀察一個真正具有美德的人，最好的方式莫過於透過逆境，而圍繞在他身邊的烏雲，是襯托他良好品質的陰影。

——亞歷山大．漢彌爾頓（Alexander Hamilton）[1]，

美國軍人、政治哲學家

大部分的墓碑會刻有姓名、出生和死亡日期，中間再用連字號分開，刻上墓誌銘。而連字號是個簡單的符號，就只是畫一條線，卻象徵著一個人生前的一切，既代表一個人種種重要事件的「履歷美德」（resume virtues），也代表一個人行事作為的「悼詞美德」（eulogy virtues）——換句話說，就是一個人的品格。短短的一條線，包含了許多意義。

這不禁讓我們思考，你希望讓人記住什麼？當你的生命走到終點，那個連字號會代表什麼意義？你希望人家如何記住你——記住你的履歷美德，還是你的悼詞美德？記住你書面上的成就，還是你是什麼樣的人，或是你的主要特質？

大部分的人都希望被人記住自己的品格特性，因為品性會透露出一個人的本質。我們也渴望讓人記住自己體現的價值，而不是事業成就，因為這些基本價值是促使我們成功的關鍵。

這或許與過去的演變有關，縱觀歷史上的成功者：亞里斯多德、聖女貞德、林肯、甘地、居禮夫人、馬丁．路德．金恩、麥克阿瑟，*他們有些是傑出的哲學家、科學家、實現理想的夢想家，還有的是精通戰略的領袖，他們帶領人數眾多的團體，建立偉大的志業，帶領軍隊打敗法西斯主義，或是發起社會運動等。儘管精通熟稔自己的領域對成功很重要，但品格優勢所表現出的技能、毅力、韌性、個人魅力、勇氣與誠信，才是卓越領導的基礎。

最新研究也強調了品格與領導力的關聯性。領導人若是在自己的領域有足夠能力，卻缺乏重要的正向品格特質，例如正直與誠實，或許短期能取得成功，但最後終將失敗；帶領運動團隊的教練若沒有道德原則，或許一、兩季能獲勝，但長期終將失敗。帶領公司的執行長若是鼓勵坑蒙拐騙的文化，或許有幾年能拿出強勁的季度獲利，但最終仍將走向倒閉。政府領導人若恃強凌弱、不守國際公約和全球規範，或許短期在政治與經濟占上風，但很快就會遭受抨擊而變得寢食不安。

---

* 亞里斯多德是西方古代哲學家、聖女貞德是法國的民族英雄、林肯是廢除奴隸制的最偉大美國總統之一、甘地是印度的國父與政治領袖、居禮夫人是物理學家也是第一位獲頒諾貝爾獎的女性、馬丁·路德·金恩是美國黑人民權運動的領袖、麥克阿瑟是美國西點軍校最優秀畢業生與偉大戰略家。

沒人會質疑，但也在崩毀

品格，是指一個人的道德價值觀與習慣，現在受到的矚目程度，或許是有史以來最高。古往今來，人們都期望從公眾人物和機構中，尋找可以追隨效法的榜樣，但是我們也能明顯感受到，這種核心品格如今正在崩毀。

從每天接收到的新聞和社群媒體中，我們不斷被品格缺失的報導轟炸。形形色色的政治人物謊話連篇，以至於新聞媒體難以查證而持續報導；歷史悠久又信譽卓著的企業，竟然做出欺騙顧客與投資者的行為；原先備受尊崇的人，被發現做出非法或危害社會的行徑，包括性侵害與性騷擾，而且通常都是有權有勢的男人，利用自己的聲望地位進行性侵害、剝削與騷擾他人，例如「＃我也是運動」（#Me Too movement）*；還有運動員被發現使用禁藥，以加強競賽表現；士兵被指控虐待囚犯或在戰場上傷害平民；學生考試作弊，為了提高錄取的機率。種種不惜代價求勝的態度，似乎在所有的重要社會機構、企業組織盛行。

除了對個人造成傷害，品格危機也對文化形成的巨大傷害。當組織領導人不信奉正確價值，便會損害人們對其整體機構的信賴。若是教會的神職人員被指控侵害最脆弱無助的成員，那你又怎麼會將自己孩子的幸福交託給這種教會？如果你不信任警察會公平公正對待人民，又怎麼會找他們協助？如果你不相信政治人物會善用預算，你又怎麼會繳稅？還有一些大型金融機構貪婪與損害顧客利益的報導，讓人情願把現金藏在床墊或埋在後院，也不願投資理財。

即使是學校，也難以倖免。愈來愈多家長讓孩子在家自學，很大原因是他們擔心公立學校，無法灌輸孩子高尚品格和道德價值。正向心理學家馬汀・塞利格曼在與全球公立學校領導人談話時，發現從幼稚園到高中的教育機構，都對培養孩子品格的科學教育方法，深感興趣。

塞利格曼是這方面的研究專家，他在多項大規模的調查中，記述了品格教育的益處，包括幸福感更高、學業成績更好。塞利格曼寫道：「以我的觀點，成績進步是正向教育的正面副產品。然而，無論對成功有何影響，安樂幸福應是每個年輕人與生俱來的權利，而我們現在知道這是可以達成且能教導的。」[2]

＊二〇一七年十月溫斯坦性騷擾事件後，在社群媒體上廣泛流傳的一個主題標籤，用意在譴責性侵害與性騷擾行為，是一項反性侵害與性騷擾的運動。

此外，陸軍退役軍官麥克・艾文（Mike Erwin）創立的非營利組織，執行一項「積極計畫」（The Positivity Project）*，[3]貢獻許多培養兒童品格的研究資料，該計畫也提供美國所有學校有理有據的品格發展指導。每週，學校會根據學生的年齡層，制定出不同品格優勢的學習方案，同時透過互動練習，學習在應對進退中表現品格特質。而這項「積極計畫」獲得非凡的成功，許多學校都有意願採用這套方案，使得艾文不得不加快腳步，滿足他們的需求。從學校對品格教育的迫切渴望，更加凸顯了一個重點，即我們還需要做更多的工作，引導孩子走向擁有正確價值觀的人生道路。

對人類詮釋世界與解決問題的影響

在心理學成為獨立學科的第一個世紀時，正向品格心理學還未受到關注。奧地利精神分析學家佛洛伊德（Sigmund Freud），著重以心理學治療精神障礙；俄國生理學家巴夫洛夫（Ivan Pavlov），則以心理學研究學習的基本原理；美國行為學家史基納（B. F. Skinner）認為，心理學家應該只研究動物與人類的外顯動作與行為，對於無法觀察的特質與狀態，基本上是不科學的。然而，近期的認知心理學家則是研究感知能力、注意力、記憶與決策，但並未探討品格是如何影響人類詮釋世界與解決問題的概念。

不過，情況如今正在轉變。現在在任何一場心理學家會議中，都能發現品格成了重大的討論主題，使品格的科學根據愈發成熟。本書作者馬修斯和其他心理學家正積極設計新的方法，分類、衡量與發展品格，促使品格在領導力與信任、克服逆境所扮演的角色受到更多了解。

他們根據實際的經驗，建立起個人品格在社會展現韌性的連結，因而受到許多組織的關注。現今大學院校、軍隊及私人企業，正在把品格的評鑑與發展系統化，整合到選拔、教育、訓練與培養學生、員工的方法中，而針對運動團隊，無論是業餘還是全職，都在向專攻品格研究的心理學家尋求建議，幫助他們建立並維持具高度競爭力的團隊。此外，《財星》五百大企業、非營利組織及其他團體，都徵求專家協助了解如何灌輸品格文化。簡言之，品格心理學研究的快速進展，可望補救正在經歷的品格危機。

我們察覺到，大眾對重返核心價值與高尚品格，擁有迫切的渴望；新興的品格研究也結合了以品格為本的領導，給人明天會更好的企盼。接下來的章節，你會看到品格與

* 有關積極計畫的細節，請見網站：posproject.org。

領導力有直接緊密的關聯，但並不局限在軍隊或《財星》五百大企業的執行長。我們寫這本書，是因為品格強大的競爭優勢與培養品格的方法，應該普及到大眾，因為獲得品格優勢，將有助於取得人生各個面向的成功，甚至你的業績和人際關係也會改善。最重要的是，世界將變得更好。

你大概會問，品格究竟是什麼？為什麼品格對成功如此重要？我的品格可以改變嗎？怎麼做？我要如何展現更好的品格？我又該怎麼維持？我要如何培養他人的品格？解決前述問題，就是本書的任務。我們將教你品格的科學，以及根據數十年來，在最險惡環境下領導他人的經驗，教導你培育自己與他人品格的技巧。品格將帶給你個人競爭的優勢，而你或許又能成為別人追隨的榜樣，並幫助所有人成長茁壯。

品格的定義與特點

西點軍校的秋天，是極為美好的時節，煥發著金黃色和橘色光彩的樹葉，映襯著山丘下蜿蜒而過的藍色哈德遜河（Hudson River），場上足球隊的刻苦練習，是為了下一次大型競賽做好準備。在西點軍校的塞爾樓（Thayer Hall），一年級新生雖心中忐忑卻懷著憧憬；有「牛」*之稱的大三生則坐在教室裡，上一堂所有軍校生的必修課——「軍事領導」，主要學習品格的價值，他們閱讀由馬修斯撰寫的品格文章，了解何謂品格、如何評鑑，並且學習如何對戰鬥中的士兵賦予使命感。

軍校生熱烈參與討論，因為他們想了解更多，所以不斷拋出一堆問題：「西點會幫助我培養品格嗎？」「怎麼做？」「我能做些什麼來加強自己的品格？」「我要如何利用自我知識改進領導技巧？」「正向品格能夠對抗戰爭與人生的逆境嗎？」而這學期所探討的品格與領導力，便幫他們奠定了基礎。

軍校生也被要求思考「**品格**」（character）這個名詞，可以使用在哪些地方：

- 麗莎真有個性（quite a character）！
- 哇！這完全不符合吉姆的性格（out of character）。
- 我們鼓勵孩子有良好的品格（of good character）。

---

* 西點軍校稱呼學員的方式與一般大學生不同，不稱為大一、大二、大三或大四生，而是稱為四等、三等、二等和一等學員。另有通俗的稱呼是：大一是「平民」（plebe），大二是「一歲馬」（yearling），大三是「牛」（cow），大四是「第一」（firstie）。

- 他在商店行竊，因為他的品性不好（a bad character）。

他們學到的，正是我們在本書打算要做的事，希望你能更準確了解品格的概念、知道如何評量品格、如何培養自己和他人的品格，並且養成以品格達成目標的技能。

我們幫品格下了正式的定義：「**一個人的為人處世對世界有益的話，這個世界也會帶給他好處。**」[4]而**這個定義包含三個重要部分：（一）品格包含實際行為；（二）這個行為對世界有益；（三）這些造福人世的益處，反過來也會對這個人有幫助。**

倘若我們只是以正道看待他人與世界是不夠的（雖然值得讚賞），因為想法和感覺必須轉化為行動，而且這些行動必須具有正面的感染力。舉例來說，或許有人覺得街上的乞丐很可憐，但同樣的同情心，卻可能促使一個具有強大品格的人舉辦慈善活動，募款購買毯子和外衣給無家可歸的人。由於軍校生了解其中的差異，因此許多學生放棄春假，去幫助全國及世界各地需要救助的人，無論是紐約市的遊民，還是受颶風重創的波多黎各救災行動。

品格定義的第三部分雖常被忽略，卻是說服眾人（也包括你），花時間培養及維持核心品格的關鍵因素。實際經驗已經證明，正向品格特質會為他人謀福利並讓世界變得更好，可增進個人的幸福快樂；而學者也一致贊同，品格是一種人性特質，涉及人與環境間互惠互利的交換。

史丹佛大學心理學家比爾．戴蒙（Bill Damon），終其一生都在研究道德品性（moral virtues），他認為品性和生活滿意度有關。戴蒙指出，「追求高尚目標的人充滿了喜悅，即使他們必須不斷做出犧牲。」[5] 這是種「你幫我搔背，我也幫你搔背」的互惠情況，只是這個「搔背」，意味著真誠而有益的行動。

品格的另一個特點，就是不分時間與地點。在西點軍校，如果你在教室裡誠實，到了教室外卻對別人信口胡說自己的成績與行動，就違反品格的概念。若在學校不能堂堂正正做人，到了校外也會拋棄自己的價值觀。重要的是，品格會隨著時間發揮影響，接下來的內容你會發現，品格像其他行為及特質一樣可以透過學習而來的，如果悉心引導，將能隨著我們的成長而發展。

我們在西點軍校便體認到這一點，因此我們給予違反榮譽準則的一年級新生酌情的空間比四年級生大，因為新生有更多時間學習並內化這些價值。

堂堂正正做人，就是將這些價值變成本質的一部分，如此一來，一旦遇到危及這些價值的情況時，我們不必花心思思考對錯，因為我們的自然反應，就是展現出這些內化的原則。

另一個思考方式，就是想像你的手裡拿著一杯全滿的咖啡，卻不小心被人撞到手臂而灑了出來，這些灑出來的咖啡就是杯子裡的本質。假設你在開車時，被人搶了車道，你會咒罵並狂按喇叭？還是深吸一口氣，慶幸自己沒受傷？當有同事幸災樂禍跟你閒聊另一名同事家裡的麻煩事，你會一起八卦？還是會離開，並提醒對方那位同事的家庭可能有困難，而且也不關他的事？當你看到一張票據上的金額有誤，發現是某位客戶多付錢給公司了，你會假裝沒看見並將支票存入銀行，還是寫封電子郵件給客戶並修正問題？生活周遭總會發生無數個意想不到的狀況，但我們都是憑藉著本能做出反應，我們的行為已真實反映出自我內化的價值，如果我們能持續培養品格，未來無論是面臨何種情形，都能展現出和品格價值一致的行為。

在某種程度上，強化一個人的品格，包括要做有益他人的好事，進而又給一個人帶來好處，以及不分時間、地點持續執行，是建立信任的必要條件；甚至以我們的經驗來說，信任是成功領導人最重要的一部分。

身為人類，我們基於天性和社會化的過程，能意識到良好品格的含意，而根據品格的科學研究顯示，我們生活的地方、文化、種族、國籍，對品格並無影響，因此全世界的人對於正向品格與品性的構成條件，都有共同看法。或許，不同的文化會強調或重視某些特定的品格特質，但對於正向品格應該具備的樣貌則有相同共識。

六大道德品性和二十四種品格優勢

品格的優勢，人人都能獲得。儘管美國首任總統喬治·華盛頓與櫻桃樹這個真假難辨的故事，大家都聽過，但這則故事的品格價值，對每個人來說都一樣嗎？還是價值取決於個人成長的文化？現代心理學提供了更全面的方法，將完整的正向心理優勢加以分類，並促進我們理解。

最廣泛且最有用的優勢分類法，最早是在二〇〇四年，由兩位正向心理學的奠基者提出——密西根大學的克里斯多夫·彼得森博士、賓州大學的馬汀·塞利格曼博士。[6]他們協力研究過去數百年來，心理學家和社會科學家對品格所知的一切。他們還研究了全世界的主要宗教，以及從古希臘哲學家亞里斯多德到當代哲學家的著作，塞利格曼和彼得森從中找出人類共同的二十四種品格優勢。這二十四種品格優勢舉世皆同，而且不因特定文化而異。例如，世界各地都重視「誠實」的特質，並且毫不懷疑是品德高尚的標誌，但不代表所有人都會誠實（很遺憾，絕對不是）。

透過塞利格曼與彼得森的思考，醞釀出成千上萬的品格研究。在美國與德國，一項針對超過一萬二千名成人進行的研究顯示，愛、希望、好奇求知、熱情、感恩等品格優勢，與生活擁有高滿意度相關。[7] 舉例來說，孩子罹患癌症，心態較樂觀的父母在應對孩子疾病的挑戰上，比悲觀的父母來得好。[8]

在另一項研究中，馬修斯調查品格對美國陸軍作戰指揮官遇到問題時的影響，例如一名指揮官忍受手下數名士兵，在戰爭中被殺害；另一名指揮官則作戰到一半時，接到妻子通知他離婚的消息；還有人效力的是個不講道德的指揮官，容許自己的營隊貪汙受賄。馬修斯發現，無論是何種挑戰，都會運用品格優勢來應對逆境，而他們在應付棘手的處境時，最常求助的是彼得森與塞利格曼所列舉的五種優勢：團隊合作、勇敢、愛的能力、堅持和正直。[9]

塞利格曼與彼得森將二十四種品格優勢分為六大道德品性：

- **智慧與知識**（創造力、好奇心、思想開明、熱愛學習、洞察力）

- **勇氣**（勇敢、堅持、正直、熱情）
- **正義**（團隊合作、公平、領導力）
- **人道**（愛的能力、善良、社交智慧）
- **節制**（寬恕、謙卑、謹慎、自律）
- **超越**（鑑賞力、感恩、希望與樂觀、幽默感、靈性）

我們概述每一種品格優勢，有助於定義我們是什麼樣的人。藝術家可能會發現，自己最重要的品格優勢，集中在豁達的道德品性；士兵則可能在勇氣會特別強大。通常，我們最強的品格優勢會分布在六大類。一位身為教師與學者的教授，必須信奉且展現熱愛學習與好奇求知，但當他轉換為家庭成員及家長的角色時，愛的能力與仁慈的人道優勢，在這時就很重要。因此，要擁有充實幸福的人生，就必須由各種品格優勢來鋪路。

發掘自己的品格優勢

現在，你可以了解自己的品格優勢了，我們提供了一組問題進行思考，以發掘自己的品格優勢。只要完成下列評分表，便可快速評估你的二十四種品格優勢。

品格優勢評分量表

利用以下「品格優勢評分量表」，幫你的二十四種品格優勢評分，分數為一分到九分，舉例來說，如果你覺得自己思想相當開明，可以給自己七分或更高分。如果你覺得自己的看法相當僵化，給自己三分或更低分。如果你的思想開明程度普通，或者依主題而異，那麼給四、五分或六分就很合適。

創造力								
1	2	3	4	5	6	7	8	9

好奇心								
1	2	3	4	5	6	7	8	9

思想開明								
1	2	3	4	5	6	7	8	9

團隊合作	熱情	正直	堅持	勇敢	洞察力	熱愛學習
1	1	1	1	1	1	1
2	2	2	2	2	2	2
3	3	3	3	3	3	3
4	4	4	4	4	4	4
5	5	5	5	5	5	5
6	6	6	6	6	6	6
7	7	7	7	7	7	7
8	8	8	8	8	8	8
9	9	9	9	9	9	9

謙卑	寬恕	社交智慧	善良	愛的能力	領導力	公平
1	1	1	1	1	1	1
2	2	2	2	2	2	2
3	3	3	3	3	3	3
4	4	4	4	4	4	4
5	5	5	5	5	5	5
6	6	6	6	6	6	6
7	7	7	7	7	7	7
8	8	8	8	8	8	8
9	9	9	9	9	9	9

靈性	幽默感	希望與樂觀	感恩	鑑賞力	自律	謹慎
1	1	1	1	1	1	1
2	2	2	2	2	2	2
3	3	3	3	3	3	3
4	4	4	4	4	4	4
5	5	5	5	5	5	5
6	6	6	6	6	6	6
7	7	7	7	7	7	7
8	8	8	8	8	8	8
9	9	9	9	9	9	9

品格優勢的分析結果

要判斷你的品格優勢，只要注意這二十四個項目中，哪些分數比較高，並找出最高分的六、七種優勢，儘管它們有些關聯也無妨。接下來，觀察你的優勢在六類道德品性中如何分配，從下方表格中，圈出你最高分的品格優勢。

智慧與知識	勇氣	正義	人道	節制	超越
創造力	勇敢	團隊合作	愛的能力	寬恕	鑑賞力
好奇心	堅持	公平	善良	謙卑	感恩
思想開明	正直	領導力	社交智慧	謹慎	希望與樂觀
熱愛學習	熱情			自律	幽默感
洞察力					靈性

不同處境會展現不同的品格優勢

品格優勢最棒的一點，就是每一種都是正向有益的。想想你在日常生活中扮演的不同角色，包括在家庭、工作或學校時，你與家人、朋友、同事等人的相處，是如何使用最重要的優勢。

彼得森和塞利格曼提供更有系統的方式評量品格優勢——行動價值優勢量表（Values-in-Action Inventory of Strengths, VIA-IS）。VIA-IS是由多個問題所組成，藉此洞悉一個人獨特的品格優勢概況。VIA-IS可在線上免費取得，請到www.authentichappiness.org，註冊後在「Questionnaires」（問卷）選單中尋找「VIA Sarvey of Charater Strengths」；完成測驗後，你可以獲得不同的意見回饋類型，我們建議你索取由高到低的品格優勢評分排序。

無論你的結果為何，要記住，沒有不好的品格優勢。彼得森與塞利格曼認為，觀察你最高的五、六種優勢最有啟發性，他們稱為「**特徵優勢**」（signature strengths），這些非但是你分數最高的品格優勢，也是你最容易藉此達成目標、回應挫敗、在學校或工作中脫穎而出，或是提高個人與社會幸福感的品格特徵。你還能觀察自己的特徵優勢，究竟是集中在一、二類的道德品性，還是分散在六種類別，進而找到更深的含意。

即便是分數最低的品格優勢，也具有啟發性。如果你重視的品格特質，你的分數比較低，也不要氣餒，別忘了，這只是評分排序。就算你的優勢和其他人相較之下較高，但你重視的優勢可能有一些會排在最後。舉例來說，你重視「靈性」的優勢可能你的分數偏低，但或許跟別人比起來，可能還是高的。

在觀察品格優勢時，必須記住，我們會依照自己的處境，本能展現特定的品格優勢。也許靈性不是你的強項，但在特定時期或人生的特定處境時，靈性可能變得很重要。有句格言：「散兵坑裡，沒有無神論者。」

想要成功且自我調適良好，不但需要認識自己的品格優勢，還要配合不同挑戰加以運用。將你的優勢想像成一個工具箱，我們的目標就是學會將適當的優勢運用在適當的工作中。

透過教育與環境培養

當你對自己的品格優勢有了清楚的認識後，這個資訊有何用處呢？本書的核心主軸就是，品格可以加以培育、發展，也不會局限於目前所擁有的品格。

我們在西點軍校看到，學科、軍事、體適能課程的設計，明顯是為了讓軍校生了解自己的品格，並磨練出在戰鬥中領導士兵所需的品格特質。父母知道，自己的行為舉止對孩子的品格塑造影響深遠；從幼兒園到高中的學校教育，也體認到，公民道德與品格是全人教育中至關重要的部分；包括科學理論和實務經驗者都一致認為，領導人、父母及老師的行為，對品格發展極為重要。

品格不會憑空出現，你是否能確實展現正向品格，你所身處的團體文化扮演著極為重大的角色。後面的章節裡，將仔細檢視各種不同的團體，對於正向品格的發展與表現所造成的影響。

領導人是關鍵人物

你可以改變自己的品格，但品格並非只存於內在，而是會受到周遭文化的影響，諸如單位、學校、職場或其他團體的文化，對於整體的成長、價值觀、士氣、學習、發展及任務的成功都至關重要，而需要為這種文化負責的人，便是指揮官、校長、執行長或領導人。

受到部屬信任的軍中領導人，如作者序提及的德畢中校，他了解戰略、戰術和程序，展現專業的作戰能力，傑出的工作技能勝任領導人的職位，但光憑這些卻還不足以在戰爭中達到有效領導，因為像他一樣的成功領導人必須擁有誠實、勇敢、高度正直，且真心關注士兵福祉的品格，而他們往往將士兵的需求及福利，放在個人榮耀或升遷之上；最重要的是，以士兵為先的領導方式，一定要出自真心，否則真相很快就會被戳破。

遺憾的是，有些領導人在這方面失敗了。作者序提到新營長的故事，儘管他的專業能力勝任領導人，但品格卻不及格，所以在部屬的信任與領導上都失敗了。大部分的士兵寧願領導人的能力一般，最好能真心關懷他們，成為部隊高尚品格的表率。雖然品格與關懷無法像能力一樣，有具體的評判標準，但對於能成為備受他人信賴的領導者，卻同等重要。

想想你自己經歷過的領導人，包括職場上的經理、教練或老師，就算不是戰爭中的士兵，你也需要一個有能力、品格高尚，而且關心你的領導人。教練若是了解種種規則、訣竅，卻不夠正直，即便擔任領導人也會失敗，更沒有能力帶領團隊常保勝利。有能力又高度正直的警官，將自己的職業生涯擺在首位，卻忽略了部屬的福祉，也將永遠無法受到完全的信任或尊重；上司若與老闆開會時，將你的創意當成自己的功勞，那麼他也不可能獲得你的信賴或尊重。

品德缺失助長黑心

吉姆．菲德烈克（Jim Frederick）在他的著作《黑心》（*Black Hearts*）中，描述第五〇二步兵團第一營布拉沃連第一排的行動。該步兵團在二〇〇五年後期部署到伊拉克，在士兵與裝備皆不足的狀況下，卻被指派到伊拉克有「死亡三角洲」之稱的地區。[10]人力不足又駐紮在幾乎天天遭受敵人砲火的前哨，傷亡慘重，士兵非但吃不飽、睡不好，還要不斷面臨戰友的死傷。

這些士兵戰戰兢兢，經常出現備受敵人威脅的不安全感，由於他們被孤立在層級較高的總部之外，所以第一排很快就建立自己的規範和行事方式，卻有違陸軍士兵應有的操行標準與紀律。

二〇〇六年三月十二日，第一排有四名士兵因為長期累積的不滿情緒爆發，竟對當地一戶伊拉克家庭進行恐怖的報復。在怒氣與挫折的刺激，以及品德缺失的管理風氣助長下，這些士兵強暴一名十四歲少女，不僅將她殺害焚屍，還射殺了她的父母與六歲的妹妹。最後，有五名士兵因為這起事件遭到起訴，並被判刑。針對第六名士兵的控告，為了換取他的證詞，雖然幫他撤訴，但他必須從陸軍行政退役（administrative discharge）*。

《黑心》舉了一個極端的案例，當領導人不能適當監督、信奉、鞏固成員之間的正向價值與品格時，將可能導致重大錯誤。當然，還有許多案例來自體育界、教育界、政治界和企業界，強調正向品格必須是所有領導人的關注重點。

同樣重要的是，團體本身也必須有清楚的核心價值，並靠明確的架構和獎勵制度，以形塑正向品格。舉例來說，陸軍的七種核心價值為忠誠、責任、尊重、無私服務、榮譽、正直和個人勇氣，必須時時提醒領導人與士兵，包括正式訓練或是一些小物品，例如鑰匙圈或海報。《黑心》提到的那些涉案人，如果他們能經常強調並實踐這些價值，團隊文化的傳承就大不相同了。

品格高尚的團體，會將他們的價值反覆灌輸到內部，但不會想到才做。每個層級的領導人都必須內化並實踐這些價值，藉此成為典範，無論是陸軍、地方上的親師會、運輸管理機構、投資公司等組織。由於這個主題十分重要，因此本書用了整整一章的篇幅，探索和敘述各界團體的實例，說明如何實現貫徹正向的職場風氣與文化。

塑造正向品格不單單從個人內在著手，也要重視生活及職場的外在環境。領導人更應該學習在團體中建立正向文化，以促進員工、學生或成員能在正向品格的基礎上，做最重要的事。

品格要應用在生活各層面

每年美國職棒大聯盟球季結束後，會從三十支球隊的數百名球員中挑選出一人，頒發最高榮譽——「克萊門提獎」（Roberto Clemente Award）。該獎項不是頒給擊出最多全壘打的球員或三振數領先聯盟的投手，而是頒給「最能代表棒球競賽精神」的球員，包括球場內與球場外的展現的非凡品格、社區參與、慈善與熱心貢獻。[11]

球迷們都知道，「克萊門提獎」是為了紀念羅伯托．克萊門提（Roberto Clemente）所設，他不僅是名人堂球員，還在一九七二年球季結束的數週後，在運送物資和援助給尼加拉瓜地震災民時，死於空難。他的高尚品格，就是將社會利益置於個人安全與需求之上。

---

* 區分為榮譽退役（Honorable Discharge）、一般退役（General Discharge）、非自願性退役（Undesirable Discharge）等，此類退役之性質屬於一般人事行政性退役，由人事單位依人事規定辦理。

二〇一八年，克萊門提獎頒發給聖路易紅雀隊捕手雅迪爾・莫里納（Yadier Molina）。莫里納的確是優秀的球員，或許在他的球員生涯結束後，會名列紐約古柏鎮的棒球名人堂。莫里納出身在波多黎各一個熱愛棒球的家庭，小時候就聽父親說起克萊門提的偉大故事，家中還陳列著克萊門提的照片。[12] 莫里納的父親講述克萊門提的故事時，除了表明他是多麼傑出的球員，也稱讚他「球場外」更加優秀。

莫里納必定是將他父親的話牢記在心，因此他在球場外的善行義舉，始終表現出人道的品格優勢。幾年前，莫里納成立慈善組織「Foundación 4」，幫助生活貧困、受虐、罹癌等身處逆境的年輕人。

「Foundación 4」打造了兒童的安全之家，並購買最先進的設備，協助波多黎各的醫院治療罹癌與其他重症兒童。莫里納帶頭提供援助，讓波多黎各從颶風瑪莉亞的重創中恢復；為了救災，他募款的金額超過八十萬美元，自己更是在風災過後，連續十四天在波多黎各從早忙到晚，提供災民援助和慰問。

無論是帶領棒球隊、軍事部隊，還是其他團體，領導人不僅要盡到自己的職責，還必須具備莫里納的人道行為。在球場上與球場外，他非但能幹稱職，且將仁慈與愛的品格，應用在生活的各層面。體育競技也如同其他行業，我們仰賴隊友的支持和扶助，以發揮我們的潛力，莫里納就是透過自己正向品格的感染力，提升隊友士氣。事實上，不管是哪一支球隊，球迷們都非常清楚，團隊士氣與表現的優劣，都與榜樣的好壞有深刻影響。

獲得成功人生的優勢

接下來的章節會深入探討，品格對個人與團體文化的塑造，是極為重要的領導關鍵。我們將品格優勢拆分為頭腦、感情與膽量，也就是善於思考、同情他人及勇氣的品格優勢。第五章將完全聚焦在信任，把這裡提出的概念加以擴大延伸；接著，會深入探討團體對促進、影響及維持正向品格的作用。

當了解成為優秀領導人的品格特質後，本書將教你如何為團體挑選有能力且有高尚品格的人，並提出培養個人正向品格的最新方法，包括西點軍校的「領導人發展系統」（Leader Development System）。

對品格發展最有幫助的，莫過於從逆境與挑戰中學習，所以我們研究應對的方法，並討論為什麼有人無法展現正向品格，如何減少失敗的方法。即使是最優秀的人，有時也無法堂堂正正做人，所以我們將找出人人都能應用的要領，預防失敗的可能。

最後一章，說明品格在生活各層面的重要性，並提供完整統一的方法以達成目標。本書中，我們一再強調並舉例說明品格與領導力之間的關係，期待引領讀者走過這趟探索之旅，品格不僅對你的幸福安樂有舉足輕重的重要性，對你所領導、追隨或教導的人也是如此，學會建立並維持品格，將獲得成功人生的優勢。

第2章

膽量優勢：達到卓越的道德勇氣

我了解到勇氣不是缺少恐懼，而是戰勝恐懼。勇敢的人不是不怕，而是克服了恐懼。

——納爾遜·曼德拉（Nelson Mandela）[1]，
南非第一位民選總統、諾貝爾和平獎得主

美國北卡羅萊納州的城鎮布萊登伯勒（Bladenboro），充滿濃濃的愛國精神，尤其在二戰結束後的數年更是如此。

一九四五年，巴瑞．布里傑*被布萊登伯勒奠基者的兒子——小布里傑（H. C. Bridger, Jr.）收養。布里傑對戰爭依稀有些印象，隨著他的成長，他知道自己想報效國家，就像戰爭期間，他所敬愛的那些來自全球各地的大人一樣。他的繼兄，麥柯利亞．布里傑（McCrea Bridger），在二戰期間的飛航司令部（Ferry Command）駕駛飛機，也是最早啟發布里傑從軍想法的人。

布里傑在田納西州西沃恩軍事學校（Sewanee Military Academy）上中學，加深了他從軍的熱情，並在一九五八年錄取北卡羅萊納大學。隨著噴射機時代的到來，人類開始探索太空，布里傑在大學時期，便迫不及待加入美國空軍預備軍官訓練兵團（Air Force Reserve Officer Training Corps），一九六二年畢業時，被任命為美國空軍少尉。接著進入飛行學校，分配到空軍戰鬥機中隊。由於美國參與越戰的程度迅速升高，此時擔任上尉的布里傑，隨即在南越和北越執行飛行的戰鬥任務。

一九六七年一月二十三日，是布里傑永生難忘的日子。他隨駐紮在泰國烏汶皇家空軍基地的四九七戰術戰鬥機中隊飛行，他駕駛的 F-4 幽靈戰鬥機在北越上空故障。被迫跳機後，他被北越俘虜，很快就被關到惡名昭彰的「火爐監獄」（Hoa Lo prison），這裡又被美國俘虜戲稱為「河內希爾頓」**。從此，他展開了二千二百三十二個煎熬折磨的戰俘日子，直到一九七三年三月四日，才被遣送回國，結束這一切。

布里傑從小在父母與社區的關愛中成長，他所塑造的品格，便在此時面臨考驗。河內希爾頓的情況極為惡劣，布里傑和其他戰俘長年吃不飽、衣不蔽體，即使在乾季相對溫暖的天氣，他們還是常常覺得冷。到了雨季更糟，河內的平均高溫超過攝氏三十二度，低溫通常也只到攝氏二十七度。

更糟糕的是潮溼，雨季的溼度平均在八五％，導致許多時候的體感溫度超過攝氏五十四度。蛇蟲鼠蟻更是司空見慣，這種環境條件很容易引發疾病，所以許多戰俘一直有腸胃問題和其他慢性病。對一個健康的人來說，已經難以忍受這些病痛，對戰俘來說，更可能致命。戰俘常遭受刑求和虐待，有時嚴重到行動不便長達數週或數月。獄卒也可能毫無預警出現，讓他們絲毫沒有放鬆心情與療傷的時間，無法靜下心來思考，甚至不

* 一九八四年從美國空軍退役，是美國著名演說家、越戰老兵、前戰俘。
** 法國殖民時期在北越所蓋的最大監獄，而在越戰期間則是惡名昭彰的戰俘營。

知道何時才能結束。

布里傑被釋放時，已經當了六年又四十天的戰俘，其他人甚至更久。陸軍上尉弗洛伊德．詹姆斯．湯普森（Floyd James Thompson），在行駛觀察機時被擊落，於一九六四年三月二十六日被俘。他可能是越戰期間被俘最久的美國戰俘，被囚禁將近九年（三千二百七十八天），最後六年就在河內希爾頓。由於不確定被囚禁到何時，甚至沒有被釋放的可能，使他們的處境更加恐懼，也導致有些人絕望而失去信心。

多年後，從空軍中校退役的布里傑，開始回憶他的經歷：

如果你被北越俘虜，就像被放進一個水泥箱，你不知道會發生什麼事，你只剩下自己的思維和價值。等到你終於被帶去審訊，他們會給你兩個選擇：澈底和北越陣營合作，或去刑訊室。[2]

布里傑的經歷與為國報效的行徑，讓他獲得無數獎項與勳章，其中之一是銀星勳章（Silver Star），這是美國空軍頒發給英勇事蹟的第三高獎勵（最高獎勵為榮譽勳章〔Medal of Honor〕）。他的銀星勳章嘉獎令上，說明了他的遭遇，同時肯定他對責任的奉獻精神，讓他得以在如此艱困的處境下堅忍不拔：

> 該名軍官的出眾表現在於，儘管成為北越戰俘，但在對抗敵方武裝力量的軍事行動中，卻表現得英勇無畏。敵人無視於對待戰俘的國際協議，動用精神與肉體的殘酷手段取得情報、供詞和宣傳資訊。這位美國人，以自己內心深處的力量抵抗他們的要求，反映出他的盡忠職守，也為自己與美國空軍贏得偉大榮譽*。[3]

我們以巴瑞・布里傑超過六年的戰俘歲月、返回美國時的言論，結束這段故事。他的描述總結了他的品格，與身為戰俘時的光榮功勳：「現在我回家了，並且心滿意足地知道，我是光榮盡責。」

---

* 在退役軍人表彰網站（Veteran Tributes），可以看到布里傑的銀星勳章嘉獎令內容，還有榮譽勳章受獎者、戰俘、三軍將領，與鮮為人知的陸軍、海軍、空軍、海軍陸戰隊隊員的致敬頁面。網址：www.veterantributes.org。

拆解勇氣的成分

所幸大部分的人，永遠不必飛到敵人境內，執行戰爭任務。但同樣地，正因為我們是人，所以無可避免會遇到一些需要道德勇氣、恆毅力或正直的處境，甚至在你最意想不到的時候，需要行為上的勇氣。當我們面臨威脅生命的疾病時，除了需要道德勇氣，還有正直與誠實。

很多時候，行為上的英勇事蹟，要比始終保持誠實和正直來得容易。一名警察追捕持槍的嫌疑犯，是行為上的英勇；但當行動結束後，你還是得繼續向前。我們每天要面對正直與誠實的挑戰，因此你的防備不能鬆懈，只要搞砸一次，可能要花上數年的時間，挽救其他人對你的信任與信心。本著這項精神，西點軍校生被教導要選擇「艱難的正道」，而非「易行的不義」。*4

對布里傑和同樣淪為戰俘的同袍來說，道德勇氣讓他們不屈不撓、堅忍不拔，即使會因此受傷，也要挺身維護正道。這些榮譽和正直的價值來自他們的教養、精神信仰、軍事訓練與文化中，他們關注的焦點始終在別人身上，而不是自己。很難想像，在長年累月的囚禁下，要堅持這樣的價值觀需要何種堅定意志。就像布里傑所述說的：

對身在越南的美國戰俘來說，我們所處的邪惡墮落，摧殘著我們的身心；但是為了陪伴在比我們更有需要的人身邊，每一個無私舉動，都更強化我們良善之心的價值觀與精神的力量。因此，榮譽是支持著我們盡可能在刑訊室中停留得更久，避免同伴遭受酷刑的依歸。[5]

膽量，不只是理解行為與道德勇氣之間的區別，美國心理學家保羅・萊斯特（Paul Lester）與辛西亞・派瑞（Cynthia Pury）指出，被視為勇敢的舉動必定有三個因素。[6]

自由選擇的意志

勇敢的舉動，必定包含有意識且深思熟慮的決定。布里傑自願到空軍服役，並選擇當戰鬥機飛行員，是在他有意識的選擇下，將自己置於險境，同樣歸類於勇氣。非奮美

＊這段話來自西點軍校的學生祈禱文：「讓我們選擇艱難的正道，而非易行的不義，而且當我們能獲得完整的事實，就永遠不要以半真半假的陳述為滿足。」

國人權運動領袖馬丁・路德・金恩（Martin Luther King, Jr.）為了捍衛自己的價值，改善他人的處境，冒著個人遭受傷害與身敗名裂的風險；他不僅展現非凡的行為勇氣，道德勇氣更啟發了同世代與後代子孫。

歷史上，充滿了具備勇氣且家喻戶曉的代表人物。例如英國戰地護士南丁格爾（Florence Nightingale），近代的德蕾莎修女（Mother Teresa），還有較鮮為人知的人物，例如反納粹義士索菲・蕭爾（Sophie Scholl），她的故事不僅有啟發意義，又能說明道德勇氣的力量。

蕭爾是慕尼黑的大學生，在二戰時，連同兄長與朋友發起地下反抗運動。她在一九四三年被納粹逮捕，同年二月二十二日被送上斷頭台處決。就像那個時期的所有年輕人，蕭爾雖身處強烈納粹意識的環境，但她卻認同父親與兄長漢斯（Hans）的反納粹看法。

蕭爾在得知東部戰線大規模處決俄羅斯戰俘，並殺害猶太人之後，她義憤填膺，開始和一小群異議分子，撰寫呼籲消極抵抗納粹政權的小冊子，並到處發送。蕭爾因流傳這些小冊子被捕，被判叛國罪，連同她的哥哥漢斯與另一名學生克里斯多夫・普羅布斯特（Christoph Probst）被處決。蕭爾的話反映了她全心全意獻身對抗邪惡的納粹政權，至今依然振聾發聵：「如果透過我們的死，能讓成千上萬的人覺醒並起而行動，那我死了又何妨。」[7]*

每一天，道德勇氣都對我們的生活，造成莫大影響。如同學生在學校挺身對抗霸凌的行動，雖然不會登上新聞頭條或名留青史，但道德勇氣卻是構成公民社會，不可或缺的基本元素。

追求崇高或有價值的目標

會做出勇敢無畏的舉動，必定是為了追求社會所重視的目標，如同布里傑的行為與道德勇氣，是由他對同袍戰俘與國家的愛所激發，而不是基於個人的利益。反之，有些人做出愚蠢荒謬又危險的行為，並不是為了達到勇敢的目的。從《歡笑一籮筐》（*America's Funniest Home Videos*）或 YouTube 影片裡可以發現，在青少年之間流行一

* 參考漢斯與索菲・蕭爾的姐姐英格・艾歇蕭爾（Inge Aicher-Scholl）所著的《白玫瑰一九四三》（*The White Rose: Munich, 1942-1943*），其對蕭爾的人生與死亡有激勵人心又引人入勝的描述。而索菲與漢斯的故事也曾被數次翻拍為電影，如《帝國大審判》（*Sophie Scholl: The Final Days*）。

時的熱潮——蒙眼挑戰（Bird Box Challenge），即蒙上眼睛開車，同時進行直播，或放到社群媒體供人瀏覽的情形，不是真正的勇敢，純粹是愚蠢荒謬！

重大個人風險

展現真正的勇氣，必須和你的切身利益有關，可能是物質、道德，或兩者皆有。布里傑當時有兩種選擇，他可以放棄捍衛美國《憲法》的誓言，和敵人合作；或者拒絕洩露軍事機密與玷汙國家的聲明，而被送進刑訊室。但他最終選擇的是維護自己的道德價值，放棄與敵方合作，因此遭受嚴刑拷打，甚至還有危及性命的可能。

另一個勇氣的典範是日本外交官杉原千畝，一九三九年，他被派駐到立陶宛領事館。許多猶太人在認清納粹統治下的危險後，紛紛逃到立陶宛，希望在當地尋求庇護，或是從當地轉往其他目的地，但若沒有簽證的話，幾乎不可能合法出境，特別是猶太人。看到猶太人遭受迫害，又預期還會有嚴酷殘忍的行動發生，杉原千畝一再請求上級核發過境簽證給他們，讓他們可以逃離。但每次的請求，都被拒絕。

因此，杉原千畝出於崇高的動機，選擇冒著極大的風險，公然違抗上級，以他最快的書寫速度，核發過境簽證給猶太人（當時這項工作是手寫進行），只要一有空閒，他日夜不停地填寫簽證。從一九四〇年七月三十一日開始，到九月四日領事館關閉，他被迫離開為止。

在他離開時，他將簽證章交給一位流亡者，以便核發更多簽證。杉原千畝的行為，據估計讓六千名猶太人得以逃離納粹。因為他無私的舉動，這些猶太家庭將有四萬名後裔得以來到人世。

杉原千畝為什麼這麼做？他違抗命令的下場，可能會被政府監禁，甚至被處決，而他的家人也可能會遭難。在被問及原因時，他只回答：「我們的住處窗外，盤桓著幾千人，我真的沒有其他辦法了。」在他過世的那一年，他曾說：「我告訴外交部，那是人道問題。我不在乎自己是否會丟掉工作，任何人在我這個位置都會做同樣的事。」[8]這也讓其他人從不同角度，看待他的勇氣。

一九八四年，以色列為了正式紀念猶太大屠殺，成立猶太大屠殺紀念館（Yad Vashem），並表彰杉原千畝為「國際義人」（Righteous Among the Nations），這項榮譽是頒授給二戰期間，冒著個人性命危險，解救猶太人免於納粹滅絕的非猶太人。直至今日，他依然是唯一獲頒這項榮譽的日本公民。

除了前述三項勇氣道德的象徵，確實是重要的考量因素，我們認為還有以下三個因素也很重要。

不是單一反應的個人勇氣

以布蘭登・馬洛柯（Brendan Marrocco）為例，美國士兵在伊拉克最致命的威脅之一，就是穿甲爆破彈，這是一種將金屬片變成裝甲子彈，用來穿透裝甲的攻擊彈藥，會搭配「簡易爆炸裝置」的路邊土製炸彈使用。

二〇〇九年四月十一日晚上，復活節的前夜，伊拉克北部薩拉丁省的一支巡邏隊返回基地時，同行車隊的第二輛車觸發了一枚穿甲爆破彈，炸彈立刻穿透防地雷反伏擊車*的車門。這些車輛裝有保護鋼板，為了保護車內人員，免受簡易爆炸裝置的傷害。但隨著戰爭開打，敵人將穿甲爆破彈發展成路邊的簡易爆炸裝置，用意是為了穿透防地雷反伏擊車的車門，在車內造成致命的金屬碎片噴濺。這次的穿甲爆破彈，炸穿駕駛員的手腳，並重傷砲手及車上指揮官。

駕駛員是來自紐約史坦頓島（Staten Island）的一等兵布蘭登・馬洛柯，他的雙臂和雙腿的傷勢嚴重，頸動脈撕裂，砲彈碎片插進眼睛和臉，造成嚴重的撕裂傷，包括一眼眼窩破裂、鼻子斷裂、失去八顆牙齒，脖子和臉灼傷，左耳膜也被刺穿。

攻擊發生時，部隊立即要求醫療後送直升機，送往位在提克里特（Tikrit）的戰鬥支援醫院。不幸的是，在沙塵暴期間，最初的天氣評估判斷，不允許直升機飛到攻擊現場。雖然醫療後送直升機飛行員會參考天氣預報，但他們知道攻擊事件的嚴重程度，而且三條人命就取決於能否盡快得到適當的醫療照護。

儘管明知大半夜在沙塵暴中飛行的風險，他們還是毫不遲疑地快速準備好一架直升機，飛行四十五分鐘後到達攻擊現場，載著包含布蘭登在內的所有傷兵，撤退到提克里特的戰鬥支援醫院。

抵達醫院時，一名士兵已經死亡，醫療團隊竭盡所能搶救駕駛員布蘭登。由於受傷士兵需要輸血的訊息在基地迅速傳開，於是有超過一百五十名士兵排隊捐血，就為了保住同袍弟兄的性命。醫療人員急切搶救布蘭登的性命，幾個小時後，他們將布蘭登送到恢復室。他的命保住了，但布蘭登失去了雙臂和雙腿，他的頭被紗布整個包裹住，還蓋

＊ 替士兵抵禦地雷、簡易爆炸裝置和其他相關威脅能力的戰鬥防護用車。

上了毯子保暖。

布蘭登幾天後才醒來，那時他已轉送到美國華特・里德國家軍事醫療中心（Walter Reed National Military Medical Center），但對他來說，在戰鬥支援醫院所得到的照護與關懷，才最為重要。

在戰鬥支援醫院那一整夜，布蘭登被輸送了二十八公升由同袍捐獻的血。當他在恢復室時，醫療團隊判定他需要到伊拉克首都巴格達（Baghdad）外，一家位於巴拉德（Balad）的醫院，接受更好的照護。但由於沙塵暴使得能見度持續為零，因此空中交通管制不允許飛往巴拉德。不過，醫療後送直升機團隊和機上護士，仍是載著布蘭登飛往巴拉德，在那裡又幫他輸了八・五公升的血，並接受額外的照護。不久後，布蘭登被送到德國蘭茨圖爾（Landstuhl），接著送到華特・里德國家軍事醫療中心，在這裡終於恢復意識。

時間快轉到二〇〇九年十一月，卡斯蘭接到消息，布蘭登和他的家人正要飛往夏威夷，參加第二十五師的歸國歡迎活動。布蘭登所屬的排，在他預定的航班之前幾天抵達，他們決定在布蘭登抵達夏威夷的那一刻迎接他，而不是在布蘭登到達活動現場時，才歡迎他們。

整個排（約二十五名士兵）都拿到了檀香山機場的通行證，得以走到布蘭登的飛機抵達出口。當飛機到達時，最後一個下機的乘客就是布蘭登。整個排的人正在等待，人人伸出雙臂，高聲歡呼，布蘭登雙臂和雙腿都裝上了義肢，不用人幫忙，他自己從空橋走到隊友的懷抱。四周的人都眼眶含淚，儘管困難重重，這一排的人終於能和受傷的同袍團聚。

二〇一二年十二月，只剩兩截殘肢的布蘭登，經歷了十三個小時的手術，移植了遺體捐贈的雙臂，讓他如今還能局部使用雙臂。他心理與生理上的剛毅，是堅韌的典範，是克服逆境、遭遇人生悲慘處境時，所需要的堅忍不拔。

布蘭登的故事是膽量優勢的絕佳案例。不分男女，身處惡劣處境卻長期堅持不懈的人，會在持續前進時獲得力量，儘管面對生命加諸到他們的一切，但憑藉著心理與生理的剛毅和恆毅力，他們會設法度過挑戰並克服障礙。

勇氣並非曇花一現，就像布蘭登的勇氣品格是長期展現的。我們希望你永遠不必承受像布蘭登一樣的挑戰，但日常生活中堅持著成功所需具備的勇氣，也是勇氣道德所代表的典範。

真正的勇氣是無私

在美國歷史學家史蒂芬・安布羅斯（Stephen E. Ambrose）的著作《諾曼第大空降》（*Band of Brothers*）的結語，麥克・藍尼中士（Sergeant Mike Ranney）的孫子問他是不是戰爭英雄，麥克・藍尼給了寓意深遠的回答，他說：「不是，但我和一班英雄一起服役。」[9]＊儘管大部分人不會同意他的說法，因為麥克・藍尼本人明明是個英雄，但他的回答頗能代表展現偉大勇氣的人。

還有其他案例，薩利柏格機長（Captain Sullenberger）駕駛空中巴士A320，因遭到鳥擊導致引擎熄火，他將全美航空（US Airways）一五四九號班機迫降在哈德遜河，並協助將乘客和機組人員送上橡皮艇和救生艇後，自己最後一個離開飛機。

事後，「飛行員及導航員協會」（Guild of Air Pilots and Air Navigators）頒發獎章給薩利柏格機長和整個機組團隊。紐約市長彭博（Michael Bloomberg）贈予他們市鑰，更受到紐約州長大衛・帕特森（David Paterson）與總統歐巴馬（Barack Obama）的高度讚揚。二〇一六年，湯姆・漢克斯（Tom Hanks）演出電影《薩利機長》（*Sully*），這部由好萊塢傳奇明星與導演克林・伊斯威特（Clint Eastwood）執導的電影票房，大獲成功。

當問到薩利柏格機長，對自己那天的行為，有什麼話要時，他對自己那一刻的個人勇氣輕描淡寫，「我們都覺得當一般人置身非比尋常的處境時，他所做出的勇敢或負責行為，彷彿是一時心血來潮而做的選擇……但我相信面臨那些處境的人，其實早在多年前就已經做出決定。」[10]也就是說，他將自己那天的英勇表現，歸因於多年的訓練和經驗，而不是突然湧現的個人勇氣。

美國軍方將最高英勇獎章「榮譽勳章」，頒發給在戰場上展現偉大勇氣的三軍官兵，每一枚榮譽勳章附有一段嘉獎令，以描述獲獎的英雄行為。

從第一次世界大戰到最近的衝突，韓裔美籍心理學家朴蘭淑（Nansook Park）分析了一百二十三位榮譽勳章得主的嘉獎令內容。她找出這些嘉獎令中都會提及的品格優勢，包括勇敢、自我規範、堅持（恆毅力）、領導力、團隊合作、創造力與善良。最重要的是，朴蘭淑發現，謙卑是貫穿整個敘事內容的品格優勢，就像《諾曼第大

* 這段引言普遍都誤認為是理查．溫特斯少校（Major Richard Winters）所說，因為他在 HBO 的迷你影集《諾曼第大空降》中引述這句話，但他清楚指出這句話，是出自他的朋友麥克．藍尼之口。

空降》的藍尼中士，榮譽勳章得主會否認自己是英雄，而且總是指出與他們一同效力的人才是真英雄。

在英勇人士中，謙卑竟是顯著的共同特質，他們欣然承認，日常訓練在關鍵時刻對他們是有幫助的，對他人的愛也能激發行動力。如果你遇到一個人，自稱是英雄或自認十分勇敢，多想一下，這個人恐怕不是。

恆毅力是一種特殊的勇氣

安琪拉・達克沃斯在著名心理學家馬汀・塞利格曼的指導下，展開恆毅力的研究，她提出一個問題，為什麼天賦高的人無法到達最高成就，又為什麼天賦可能不高的人，卻能擁有偉大成就。

在擔任馬歇爾學者（Marshall scholar）的期間，她觀察到：「所有馬歇爾研究員都非常聰明，但不是所有人都能達到傑出的成就。」[11]達克沃斯在她的暢銷書《恆毅力》將這個簡單的問題，變成一項長達多年的探索，拆解天賦與恆毅力之間的關係，而她為恆毅力下的定義是「對長期目標的熱切追求」。

達克沃斯的第一個任務，是研擬出可靠的恆毅力衡量標準，分數從低到高為一分到五分，並開始測試不同類型的人，看看恆毅力對完成不同任務的影響。

你可以先做恆毅力的測驗，只要回答 angeladuckworth.com/grit-scale 的十個簡單問題，立刻就能得到結果，顯示你在各年齡層、數十萬形形色色參與者當中的排名。

恆毅力，是勇氣道德的一種特殊形式，跟其他形式相比，恆毅力的作用是長期的，最適合用在需要花上幾個月或幾年，才能完成的工作，例如兢兢業業上完大學或醫學院；在音樂或運動方面，堅持長時間的練習以勝過他人；或是克服長時間考驗生理或情感的處境。

前文提及的巴瑞．布里傑展現的恆毅力，不僅幫他熬過了河內希爾頓裡超過六年的監禁與酷刑，還幫助被監禁的戰俘同伴熬過牢獄生活。布蘭登．馬洛柯所展現的驚人恆毅力，是承受多年的手術等各種醫療方式，努力從創傷中康復，並開始適應他的「新生活」。

達克沃斯在最早的研究中，先是觀察恆毅力與教育的關係，[12] 例如誰比較有恆毅力，是中學畢業生，還是大學畢業生？恆毅力高的人比起恆毅力低的同儕，教育程度也會比較高嗎？

達克沃斯先檢視超過一千五百名、二十五歲以上成人的恆毅力分數，再按照教育程度計算恆毅力分數：高中肄業、高中畢業、大學肄業、副學士*，學士與研究生學位（包括碩士、博士、醫學博士等）。猜猜結果如何？恆毅力會隨著教育程度而階梯式增加嗎？答案的確是差不多！

每當教育程度提升一級，恆毅力分數就會明顯上升。只有一個例外，拿到副學士學位的人，恆毅力不僅比教育程度低的人高，甚至也高於那些完成學士學位的人，且分數和完成研究生學位的人相當。

這個研究結果，觸及到恆毅力的意義核心。也許你有副學士學位，或者你是這些學生的教師，會注意到副學士的學生和傳統大學生有很大的不同，他們通常年紀較大，有些有家庭，也有許多還在職工作，既要撫養小孩，還要每週工作至少四十個小時，更要完成學位，不只需要高智商，還要具備對學業的熱情和堅持不懈，才能花超過兩年的時間取得學位。如果你有副學士學位，那你可能是朋友圈裡，最有恆毅力的人！

達克沃斯也進一步研究恆毅力和年齡是否有關，她利用同樣的樣本，計算二十五歲至三十四歲、三十五歲至四十四歲、四十五歲至五十四歲、五十五歲至六十四歲和六十五歲以上各族群的平均分數，這時她發現有個階梯式關係，每提高一個年齡層，恆毅力分數也會升高。有趣的是，差距最大的一階，是從五十五歲至六十四歲和六十五歲以上之間。

達克沃斯還分析恆毅力與轉職頻率的關係，她發現恆毅力分數越高的人明顯比分數低的人，更不會頻繁轉職。這一點很重要，因為實現重大成就，往往需要時間和持續努力，而頻繁轉職就是按下重置鍵，重新歸零；反之，堅持在同一職位或鮮少變動的人，更能利用恆毅力達成長期目標。

那麼，年紀愈大、教育程度較高的人，恆毅力分數也高，又代表什麼呢？恆毅力對預測執行困難任務的成功與否，會有影響嗎？超過十年的心理學研究顯示，的確有影響。

舉例來說，賓州大學選修大學部心理學課程的學生中，恆毅力高的人，成績較好。恆毅力用在預測成績，甚至比美國大學入學考試SAT**分數更有用。[13]有趣的是，SAT分數較低的學生，往往恆毅力分數較高，表示常春藤名校裡聰明的學生，他們的恆毅力可能低於智力不高的人。或許SAT分數較低的學生正是靠堅持（恆毅力）達

* 美國兩年制初級大學畢業所授予的學位，通常是已有工作經驗的社會人士，想要針對部分專業能力進修。

** 由大學理事會執行管理的標準化測驗。在美國，這個測驗連同ACT（由ACT考試委員會執行），被普遍用於大學申請入學，類似台灣的大學學測。

成目標，而不是只靠未經訓練的智力。[14]

有個令人頗感興趣的研究結果，參與全美拼字比賽（Scripps National Spelling Bee）的兒童，恆毅力高的參賽者，進級比賽的機會比較大。雖然拼字比賽的兒童都很聰明，但對他們而言，恆毅力與智商並無關係，也就是說，知道一名參賽者的智商分數，無法得知他的恆毅力分數。針對這些參賽者進行調查後顯示，恆毅力高的兒童，對拼字比賽下的工夫多於恆毅力低的參賽者。因此，儘管生來聰明，但是更努力的兒童，往往名列前茅。[15]

達克沃斯還進一步觀察了與前述受試者不同的對象。二〇〇四年七月，她幫西點軍校二〇〇八級的所有入學新生，舉行恆毅力測驗，一直名列美國最佳院校之一的西點軍校，讚譽並非浪得虛名，這些入學新生很快就能親身「體驗」。

他們入學的第一個夏天，都會進行一項具有挑戰且令人筋疲力竭的課程，稱為「軍校生基本訓練」，更有名的說法是「野獸營」或簡稱「野獸」，只要六週的時間，就能讓他們從平民百姓蛻變為士兵。

他們清晨五點起床（青少年可以想像這種睡眠時間的改變帶來的痛苦），學習軍中的規矩，參加嚴格的實地訓練。紐約州北部地區的夏天天氣，總是又熱又冷又溼，再加上第一次遠離朋友、家人和手機，許多人覺得野獸營是他們遭遇過最有挑戰的環境。大部分的人都能成功完成野獸營，並展開四年的學科、軍事、領導培訓及體能訓練，但有些人則是做不到。

達克沃斯想知道，對通過野獸營的人，恆毅力是否有影響？結果發現，恆毅力是預測誰能完成野獸營的唯一因素，而且恆毅力和 SAT 分數沒有密切關聯，因此可以完成野獸營的膽量測驗，智商便顯得並不重要。

西點軍校生的研究結果（之後反覆研究多次），證實能透過恆毅力預測。適應軍事訓練並順利通過野獸營，和頭腦的優勢（智力）沒有什麼關係，但是和膽量優勢幾乎密不可分，當你又冷、又累、渾身溼透，擁有高智商無濟於事，但靠著絕不放棄的堅韌精神和決斷力，完成漫長困難的任務，就會表現出恆毅力的本質。恆毅力不只對西點軍校生很重要，在針對美國陸軍特種部隊所做的研究顯示，當身處極為艱困的訓練環境時，恆毅力也很重要。[16]

在結束恆毅力的主題之前，請先完成恆毅力調查表，取得分數後，觀察你和達克沃斯研究過的各群組相比表現如何，以下是她最初研究恆毅力的部分對照分數：

二十五歲以上的成人（研究一）	三．六五分
二十五歲以上的成人（研究二）	三．四一分
常春藤盟校大學生	三．四六分
西點軍校二〇〇八級生	三．七八分
全國拼字比賽決賽參賽者	三．五〇分

所以重點是什麼？很簡單。在完成令人卻步的困難工作時，恆毅力是一種品格優勢。最理想的組合是，既聰明又有恆毅力，這不免讓人想到，愛迪生（Thomas Edison）的名言：「天才是一％的靈感加上九九％的汗水。」[17]拼字比賽參賽者或西點軍校生的案例，就是最好的證明！

打造膽量優勢的六方法

想打造自己的膽量優勢，並學會更熟練運用現有的優勢，有以下六點建議：

認識自己

首先，評估自己，你可能會發現，自己已經具備強大的行為與道德勇氣、正直、恆毅力。回頭檢視第一章的二十四種品格優勢，你的自我評量如何，並看看你的恆毅力分數。你有哪個品格優勢來自勇氣的類別？跟大學生、西點軍校生與其他人相比，你的恆毅力又是如何？

回想你的經歷，你曾經在何時、何地、在什麼情況下，曾有英勇表現（行為勇氣）、捍衛正確的事（道德勇氣與正直）或是努力數月、數年達成一個目標（恆毅力）？等你自我評估後，就能有系統找出自己一種或多種優勢的勇氣品性，幫你完成艱難任務。

或許很難預測需要表現英勇行為的狀況，但你可以想到能運用正直、誠實、恆毅力、熱情與活力的情境，並制定讓你運用一種或多種優勢的方案。這樣做有助於你在任務中獲得成功，讓你鍛鍊勇敢，並加強這些技能，甚至還能讓你感覺更好。[18]

實踐勇氣

在面對困難任務時，將這些優勢制定一個達到目標的計畫，養成習慣。何種挑戰是你害怕的？你可以進行這項預備行動，無論是實際演練，或透過想像在心中演練。當你一再使用這些優勢，並對應到不同的狀況中，將讓你更容易在面臨出乎意料的挑戰時，活用這些優勢。美國心理學家萊斯特與派瑞告訴我們，必須練習「掌握勇氣」[19]。

尋找榜樣並效仿

在你的家庭、職場或學校，誰是勇氣品性的楷模？試著研究他們的言行舉止跟效仿；藉由閱讀英勇無畏者的事蹟，也可以間接學習。加拿大心理學家亞伯特・班杜拉（Albert Bandura）教我們從觀察中學習，是改變自己行為、信仰、態度與品格，最常見也最強大的方法。[20]

善用社群激勵和回饋

找出可以客觀評估你的行為，並提供建議的第三人，而你給他人的回應，要誠實且具有建設性，例如你寫的書沒有任何進展，是因為你在處理電子郵件或做其他事，你需要別人的意見回饋，或對自己誠實，洞悉自己，才能繼續工作；或許你的孩子希望小提琴拉得比別人好，但他總是在練習時分心，此時你委婉且誠實的提醒，或許能激勵他堅持練習。

欣然接受壓力

將壓力想像成某種和機會相伴相隨的存在，而不是把壓力當成有破壞性、會造成傷害的負面事物，就更能保持專注力和動機做困難的事。藉由學會在面對生理與情緒壓力的情況下，順利工作，可強化在高壓時，堅持不懈的能力，這是勇氣的標誌，士兵稱為「擁抱爛事」。

與勇敢之人為伍

朴蘭淑針對榮譽勳章得主的研究顯示，社交聯結是展現勇敢行為的關鍵。跟你來往的人，他們所設定的標準，你通常做得到，也可能做不到。儘管你無法改變家人，但你可以選擇朋友；如果你有朋友在勇氣的道德品性不及格，或許你就該建立新的朋友圈了。如果在你的職場中，同事的品性不及格，或許你就該換工作了。

終結平庸，晉升卓越

身為領導人，可以培養他人的勇氣品性，在此以一則故事總結本章。故事的大意是，西點軍校原本經常輸球的美式足球比賽，如何變成美國最優秀的大學課程之一。雖然膽量優勢具有重大的影響力，但這個轉變靠的是鍛練球員和教練的品格優勢，在你閱讀這則故事時，看看能否辨認出，西點軍校領導人與陸軍美式足球教練團，是如何打造勇敢文化。

屢戰屢敗到反敗為勝

當卡斯蘭受命擔任西點軍校校長時，他的上司陸軍參謀長雷蒙・奧迪爾諾將軍（Raymond T. Odierno），在交接儀式中公開向卡斯蘭喊話：「打敗海軍。」

在頗負盛名的「海陸大戰」（Army-Navy Game）是由美國陸軍西點軍校和美國海軍學院進行的年度美式足球對決。二〇一三年，卡斯蘭接任時，陸軍已經連續十二年輸球，在此之前的十七個球季，經由五位教練的指導下，仍創下十六季輸球的慘痛紀錄，奧迪爾諾本身也是西點軍校的美式足球員，他深知改革陸軍美式足球課程，是反敗為勝的關鍵。

當國家讓軍隊執行艱難任務時，不會希望他們只是做到表面不錯或盡力，而是期待軍隊能成功完成任務，還要符合國家及軍隊的價值，而非不擇手段。

當二千五百萬人收看每年十二月舉行的「海陸大戰」時，不僅是在觀看軍校運動比賽，還會檢視國家與軍隊未來領導人的資格，期待他們拿出恆毅力、堅韌、紀律、心理與生理的剛毅奮戰。奧迪爾諾身為陸軍參謀長，肩負陸軍與美國人民之間的信任關係，他明白，國家對陸軍及未來領導人有著什麼樣的期望。

二〇一三年，「海陸大戰」比賽期間，卡斯蘭觀察到球隊表現平庸，沒有展現出未來陸軍領導人應有的品格水準，並從中得到發人深省的領悟。比賽是十二月一個下雪的寒冷午後，於費城進行，比賽期間，許多陸軍球員擠在暖氣風扇附近，他們關心的是自己的保暖，而不是緊盯場上的進展。奧迪爾諾在場邊觀看比賽，也注意到相同情況。

到了中場休息時，陸軍以零比十七分落後。當海軍與陸軍教練從更衣室回來時，一名電視記者對他們進行訪問。她問海軍教練肯恩．紐馬塔洛羅（Ken Niumatalolo），天氣對他的球員或比賽計畫是否有影響？他回答，天氣絕對不會有影響，因為他知道天氣預報說比賽日會又溼又冷，所以前一週，就讓球隊在這些條件下做戶外練習。

海軍未來領導人與海軍美式足球隊，以及陸軍未來領導人與陸軍美式足球隊，兩者的差別就如同二千五百萬美國人所目睹的，兩隊表現幾乎是天壤之別。陸軍球員擠在暖氣風扇旁取暖，不關心球場上的戰況；而海軍球員對各種變因做好充分準備，並且全心投入比賽。猜猜看，最後比數多少？又是誰贏？海軍的連續贏球紀錄又多了一年，比數是三十四比七。

卡斯蘭體認到，陸軍美式足球隊必須改革平庸的文化，才能邁向卓越。為了實現這一點，西點軍校就得像美國管理學家詹姆．柯林斯在《從A到A+》一書中提到的，把對的人拉上車。[21]

因此，卡斯蘭聘請一位既熟悉軍校，又善於打造贏球計畫的教練傑夫．蒙肯（Jeff Monken）。儘管西點軍校能和美國優秀的球隊打球，但不太可能招募到優秀的新生球員。因為在西點軍校除了要過著有紀律的生活，畢業後還要執行服役五年的義務，所以球員通常會選擇一般大學。

西點軍校的球員比起他校的球員，體重可能輕個幾公斤，速度也慢了幾毫秒，不過這都不是贏球的重點，因為具備紀律、心理與生理的剛毅、強韌，以及堅持追求卓越的膽量品格，才是勝利關鍵。

比賽中，一支球隊有八到十次進攻的機會，若想贏球，通常要累計三十分左右的成績，也就是說，拿到球時，有一半次數要得分，不管是射門得分，還是達陣得分。但在一支沒有紀律、頻頻傳球的球隊裡，想得分的機會確實比較少，諸如漏球、被攔截、罰球都是缺乏紀律的表現。但是，紀律可以靠教育和輔導建立，這樣做能增加得分的機會，減少常見的錯誤，這是致勝關鍵，也是卓越的表現。

要衡量球隊的堅韌程度，可觀察每一場比賽的最後一節分數。到了第四節，最堅韌、剛毅且身體健壯的球員將會堅持到最後一刻，並在最有需要的時候主導比賽。只要心理與生理比對手強健，就是扭轉局勢的因素，因此到了比賽尾聲，無論對手的體重或速度如何，心理與生理的強悍堅毅，才是平衡比賽的重點。

為了創造卓越的文化，陸軍球隊必須從膽量的品格開始著手——堅毅、規範與紀律，並透過學習，以發揮更大的潛能。試著將你的表現想像成一個鐘形曲線，有時成績高於平均，有時則低於平均，但是大部分都在平均值。

不過，維持平均無法進步，只有將你的能力發揮到最高水準，才能展現卓越，無論是在比賽、練習，還是在課堂上、晚上在自修教室，甚至是私人生活和社會中，都能有高於平均值的表現。當你的表現始終保持高於平均值，就會產生新的平均值，你會發現自己位居卓越區。杜克大學籃球教練麥克．沙舍夫斯基（Mike Krzyzewski）也是西點軍校畢業生，他說得最好：「我渴求的不是成功，而是卓越，因為當你達到卓越，成功自然隨之而來。」[22]

身為陸軍美式足球隊的新教練，傑夫．蒙肯總是會先到球隊的更衣室，仔細檢查每位球員的裝備，如果有球員發現同伴沒有確實按照球隊的標準擺放，必須向蒙肯報告，並要求該名球員牢記，有紀律注重一切細節，才是贏球的重要因素。

春訓前幾週，蒙肯清晨五點半就在體育場進行一場墊上操練（mat drill）。這是一種相當激烈的體能訓練，團隊全員需要每分每秒都付出百分之百的努力。如果看到哪個球員沒有全力以赴，整個團隊就必須重複整套練習，他們也能很快從中學會心理與生理的剛毅和紀律的重要性，並且還能了解到，無私是團隊成功的關鍵。他們在學習膽量的品格優勢時，像是紀律、剛毅、無私、忠誠與團隊合作等特質，也對他們產生了新的意義和重要性。

蒙肯執教的第一年，他的球隊贏了四場比賽，輸掉八場。每一次輸球都是慘敗，但蒙肯會確保每位球員，都能從輸球中學到經驗。隔年的球季，則是二勝十敗，但看得出陸軍球隊更強悍，也更有競爭力，因為輸球的比賽中，有七場只落後七分，甚至更少，其中一場輸給海軍的四分，是因為最後一球決勝負的關係。

二〇一六年，陸軍是八勝五敗，這是十五年來第一次贏了海軍，之後則是在季後賽獲勝。二〇一七年，陸軍拿下十勝，再次打敗海軍；在季後賽時，對上排名前二十五名的球隊，並以最後一球獲勝。二〇一八年表現更好，球季拿下十一勝，是陸軍有史以來獲得最多的勝利，他們再次打敗海軍，連勝三年，並贏得武裝部隊盃（Armed Forces Bowl），以七十比十四分，打敗休士頓。

二〇一八年的美式足球球季期間，陸軍對空軍的年度對抗賽，更有特殊意義。勝利者將贏得夢寐以求的總司令獎盃（Commander-in-Chief's Trophy），這代表總統會在白宮玫瑰園頒獎。比賽在第四節接近尾聲時，陸軍領先三分，球在中場區的五十碼線，第四次進攻需要一碼的距離，才有下一次進攻的機會，比賽剩下約四十五秒，陸軍必須做出關鍵決定：他們可以設法拿到下一次進攻的機會，拖延時間等待終場；也可以棄踢，把球給空軍，他們就有機會射門得分取得平局；或是達陣直接贏球。但如果他們不能拿到下一次的進攻機會，空軍就有不錯的起始位置，甚至有贏得比賽的機會。

對大部分教練來說，會選擇棄踢，因為爭取下一次進攻機會太冒險，但對蒙肯來說並不是，他選擇用一碼的距離爭取下一次進攻，於是陸軍得以延長時間到終場並贏得比賽。他做出爭取下一次進攻的決定，清楚彰顯出卓越的文化與建立致勝方案所需的恆毅力。賽後採訪中，他被問到為什麼選擇下一次進攻？他的回答很簡單：「如果我們的第四次進攻無法前進一碼，那就不配贏球。」[23]

蒙肯的致勝方法與光明正大的贏球態度，是經過時間考驗證明的，可作為球隊和其他團體將平庸變為卓越的榜樣。在驚人的轉變中，最高階層的領導人，扮演著關鍵的角色。由於陸軍參謀長奧迪爾諾向新任西點軍校校長羅伯特．卡斯蘭清楚表達，他無法接受西點軍校生在球場上的平庸表現，對他們的發展也有負面影響，包括美式足球隊員與團隊的其他人，因此卡斯蘭評估狀況後，決定以勝利為第一優先，聘請能創造恆毅力、決斷力與堅韌文化的蒙肯教練，在擔任總教練的第一年，蒙肯發現球員根本沒有恆毅力，他們對自己的裝備草率馬虎，只關心自己的冷暖，避免身體不適，而非贏得比賽。所以蒙肯創造出一種環境，讓球員必須遵守規則並堅守嚴格標準，以提高他們的恆毅力。他設計有挑戰性的體能操練，使團隊全員必須全力以赴，建立不屈不撓的精神。蒙肯發展團隊文化的重點，是成為好的隊員，而不是受人喜愛和親切友善的形象，他要球員清楚知道，自己應在練習和比賽中發揮極致的努力，並要和夥伴合作無間。

如果這則故事只對西點軍校的美式足球隊有意義，那就不值得一提了，事實上，其他團體也需要勝利，例如企業必須出類拔萃才能生存；執法單位必須建立類似的勇氣文化，行事光明正大、誠實正直，才能英勇地服務社會；對各級學校來說也一樣，擁有勇氣的教師與行政人員，才能教育出具備相同特質的學生。

本章要傳達的內容很簡單：透過有效的領導，是有可能改善膽量優勢。制定明確的準則、賦予高度的期待、獎勵優秀的表現，還有懲罰放棄勇氣的人，這些方法都將讓個人、團隊與各種組織，能光明正大以正道取勝。

第3章

頭腦優勢：解決問題需要多元智能

沒有智慧的權威，就像沒有刃口的沉重斧頭，只會製造傷痕，不會產生光滑面。

——安．柏瑞絲翠（Anne Bradstreet）[1]，美國女詩人

所謂頭腦優勢，不只是智商，而是構成知識與智慧的道德品性。對正向心理學家馬汀．塞利格曼和克里斯多夫．彼得森來說，知識與智慧的道德品性是「獲得知識與使用知識必備的認知優勢」[2]，能增進知識與智慧的品格優勢，包括創造力、好奇心、思想開明、熱愛學習與洞察力。無論你的智商是一百一十分，還是一百四十分，都能擁有、培養並展現這些優勢。當我們在生活中面對許多問題時，就需要展現這些特質。

不動武，把戰亂變和平

在伊拉克增兵期間，薩拉丁省的巴格達北部是烽火不斷的一區，當地絕大部分是伊斯蘭教最大教派遜尼派的聚集地，也是伊拉克前獨裁者海珊（Saddam Hussein）的家鄉。

遜尼派正發生內亂，由約旦的蓋達組織（Al-Qaeda）、伊拉克首領札卡維（Abu Musab al-Zarqawi）領導的激進派，轟炸薩邁拉城（Samarra），摧毀伊斯蘭教第二大教派什葉派的聖地阿斯卡里清真寺（Al-Askari Mosque）。

阿斯卡里清真寺建於西元九四四年，是全世界什葉派最重要的聖地之一，而轟炸清真寺的目的，是要製造遜尼派與什葉派之間的火爆衝突。薩邁拉城正好位於巴拉德的美軍基地之外，除了衝突不斷，美軍也成為武力爆發下的目標，使得該地區成為伊拉克全境最動盪不安的區域。

在這樣的背景下，美軍第四裝甲騎兵團第三裝甲營營長戴夫．霍德內中校（Dave Hodne）受命一項任務，就是要擊敗叛亂分子，出兵並支援伊拉克的保安部隊，協助羽翼未豐的當地政府建立政權。這肯定是個倍感壓力的任務，但霍德內利用他的才智，設法幫助伊拉克該區，走出擾亂他們多年的困境。

霍德內的處理方法不同以往，前指揮官以強硬手段發起戰爭，將主要戰力集結到他設想的決戰點，藉此造成間接的嚴重傷害和意想不到的後果，使得伊拉克民眾對他們評價兩極，導致聯合部隊受到攻擊。

但霍德內不用粗暴的戰爭達成任務，而是開始思考解決問題的方法。他和兩位富裕的伊拉克人交好，並說服他們將資金匯集起來，創立一家伊拉克銀行。這家銀行可以貸款給當地小型企業，提供資金，幫他們創業或重建事業。但這項策略有風險，因為在海珊政權下，伊拉克的經濟體系並沒有銀行。霍德內必須克服許多質疑、累積大量信任，才能讓這個方法澈底執行。但霍德內並非一般的指揮官，他有高超的社交技巧，讓他可以取得成立銀行所需的信任。

最早一筆貸款，是撥款給已荒廢多年且無法運作的番茄糊工廠，讓業主可以購買零件替換，工廠得以再次運轉，這對人民來說相當重要，因為工廠營運了，農人的農產品就可以銷售。

由於伊拉克是農業區，而美索不達米亞的農業耕作，需要從底格里斯河與幼發拉底河引水灌溉；為了從河裡引水，必須先讓水流入灌溉水渠，再從水渠流向田間，這需要一套完善的灌溉系統。但經過四年的戰爭，運轉抽水機的電力網早已無法運作，灌溉水渠不僅毀壞且泥沙淤積。

在伊拉克，運轉與維護灌溉系統，是政府的責任，因此當地農民向政府施壓，要求修復水渠並恢復電力網運作。政府也開始進行修繕，隨著抽水機恢復功能，河水流向灌溉水渠，又從水渠流向田裡，於是農夫又開始種植番茄。

這些之所以重要，還有另一個原因，基礎建設的修復讓農人得以種植番茄，也因此重振當地民眾對政府的信心，相信政府有回應民眾需求的能力。若要成功對抗叛亂活動，合法建立當地政府的政權，至關重要。

現在農夫開始種植番茄，並將番茄裝上小貨車，送到番茄糊工廠，一切運作順利，但又引發另一個需要解決的問題。由於工廠緊鄰巴格達和摩蘇爾之間的主要幹道，而等待番茄在此卸貨的卡車太多，造成穿過巴拉德鬧區的公路，導致交通堵塞。

一位有創業精神的伊拉克人，在工廠旁邊興建停車場，解決了交通堵塞的問題；因為農民要等待其他卡車卸貨，所以另一位伊拉克創業家開了一間小吃店，販賣食物給農民；甚至有人興建小型旅社，給那些徹夜等待的人。很快地，又有人開始製造番茄糊罐頭，還有創辦罐頭標籤的工廠。

產業已經默默復甦，許多先前參與叛亂的年輕人有了工作，政府也重獲民心。更重要的是，巴拉德原先是伊拉克最動盪不安的地區之一，現在卻是最和平的地方，成為其他城市處理叛亂問題的模範。

在伊拉克自由行動初期，美軍飽受批評，因為運用強硬手段處理叛亂分子、伊拉克本地的安全部門與當地居民。但這樣做摧毀不了他們的意志，反而增強抵抗，使得安定該區的任務更加艱鉅。

但處理叛亂活動必須花時間才能找出有效的方法，例如與當地各大勢利首領與相關盟友建立關係。此外，建立這些關係的前提，是必須了解當地文化，甚至預測任何決策所造成第二、第三和第四順位的影響。雖然戰場上錯綜複雜，但最大的武器並非坦克與步槍，而是「兩耳之間的六寸之地」*，也就是對戰場複雜情勢的理智認識。[3]

番茄糊工廠重新營運的案例說明，當領導人運用智慧的道德品性解決複雜的問題時，就會展現品格優勢。霍德內也可遵循前任指揮官的方式，以蠻橫武力打敗敵人，但他卻展現了至少三種頭腦優勢，完成他的軍事目標。

他利用**創造力**研擬方案，提供貸款贏得當地領袖的合作。另外，他展現**洞察力**了解當地文化背景與居民需求。而且，他不管與美國人或伊拉克人共事，在執行計畫時，都保持**思想開明**。結果顯示，霍德內的作為，大幅降低了人民的敵意、反抗與生命損失，也賦予當地政府權利，因此有很大一部分，可歸功於他的智力。

番茄糊工廠的案例還有另一個重要的啟示：霍德內的指揮系統讓他得以發揮創造力、洞察力與思想開明，完成任務。但其實在軍隊和其他團體中，領導人往往不會授權下屬發揮自己的頭腦優勢，然而，晉升為准將的霍德內卻回憶道：「我由衷感激那次的經歷，使我有機會為卡斯蘭將軍效力。準確地說，是因為他給予部屬發揮的空間，才能達成目標，他的智力、天賦與品格，影響了他麾下的所有指揮官。」[4]

聰明才智具有多元面向

傳統定義的智力

研究智能的心理學家，將智能分成一般智能（以智商單一衡量個人智力）與特定類別智能。由於大部分的人不會花時間思考自己的整體智商，只忙著利用它，無暇關心真正的價值，但要察覺智能的多元面向，或許能讓我們了解，應該如何運用特定類別的才智來解決問題。

美國心理學家羅勃．史坦柏格（Robert Sternberg）發現，綜合智能可細分為三種類別：分析、創造與實用，稱為「智力三元論」，每個人在這三種智力上各有優勢與平衡。

分析智力，是分析、比較與評估的能力，有助於衡量問題；創造智力，是在擬定解

＊可參考吉姆．馬蒂斯（Jim Mattis）與賓．韋斯特（Bing West）的《混沌呼號》（*Call Sign Chaos*）書中，「戰場上最重要的六寸，就在你的兩耳之間。」

決問題的方案時，引入創新與創意；而實用智力，可以應用分析智力與創造智力執行解決方案。[5]

雖然存在這三種智力，但多數人通常會比較擅長其中一種。例如，有人是學識淵博的蛋頭理論家（高分析智力），但無法將絕佳的概念化為實際用途，也無法想出有創意的方法解決問題。不過，也有人在取得絕佳計畫和有創意的解決方案後，能發揮自己的實用智力付諸實現。而霍德內完全展現了這三種智力，並且從部屬和當地伊拉克人當中找出關鍵人物，能協助自己發揮實用智力以推動計畫。

哈佛大學心理學家霍華德．迦納（Howard Gardner），將智能分為八種類型：語文、邏輯數學、空間、音樂、肢體動覺、人際、內省與自然觀察者。例如，大學教授或許十分擅長語文和邏輯數學智能、警察則善於人際智能、運動員則可能在肢體動覺智能勝過他人。英國自然學家達爾文（Charles Darwin）的自然觀察者智能則超乎尋常，能看出別人難以發現的生態模式。[6]

在了解相關的頭腦優勢後，我們要表達的訊息很簡單，傳統定義的智商相當複雜，但我們每個人都有獨一無二的智能型態，有些可能水準一般，但有些可能很傑出。若想充分利用頭腦優勢，在學校、職場或社會出人頭地，就必須知道自己擅長的智能類型。

優秀的領導人認清自己的智力優勢和弱點後，便能打造一支能補足智能的團隊，幫助團體邁向成功。

創造力

創造力能提供創新且與眾不同的解決方法，有時又稱「跳脫框架思維」[7]，可以從不同的視角看待事物，例如觀察出物品的額外用途。

馬修斯的父親就有這種本領，他買了一輛一九五〇年分、價值五十美元的老舊雪佛蘭汽車（Chevy）給十六歲的兒子葛倫（Glen）。有一天，葛倫開著車，油門踩到底時卻卡住，馬達以最高轉速加速前進，幸好葛倫及時打空檔，開到路邊，才避免釀成車禍，並將故障的車子推回家裡的車庫。

由於馬修斯的父親經歷過經濟大蕭條，因此生性相當節儉，為了讓車子再次上路，他需要應急的簡便方法解決油門故障的問題。他仔細檢查車輛，發現原來是控制油門踏板的彈簧壞了。他笑了笑，突然跑去雜物間，拿出一個捕鼠夾，並固定在油門踏板上，於是汽車能再次行駛（至少撐一陣子）。事實上，能想出這種解決辦法的人不多，而這輛捕鼠夾汽車也早就不在，但這則傳奇卻是創造力優勢的見證。

心理學家發現，創造力優勢的人擅長使用擴散性思考（divergent thinking），意即對特定問題產生多種解決方案的能力。美國已故喜劇演員喬納森・溫特斯（Jonathan Winters），曾在一個電視節目，進行一段演出，有人拿一樣常見的東西給他，接著他便滔滔不絕說出這樣東西的非典型用途，例如一支尺很快就成了釣竿、步槍或十幾種其他東西，這對有創意的人來說，是很擅長的事。

有創造力的人具備相同的人格特質，他們往往具有高度的恆毅力，因此一旦專心投入解決問題，就不會輕易放棄。他們思想開明，不論種族、宗教或文化，都能接納所有人。激發他們創造力的動機，是來自於工作本身，而非金錢和名聲等外在獎賞。他們胸有成竹也能接納自我，但缺點就是可能野心勃勃、霸道，有時還會態度不好、對別人不耐煩。這類人大多有高標準的父母，因此他們小小年紀就能對自己選定的領域展現熱情，過程大多也會有導師給予支持，並對他們產生很大的影響力。[8]

好奇心

好奇心，是從探索新想法與機會中發現樂趣的特質。按照你的興趣廣泛程度與日常行為，就能大概了解自己的好奇心程度。你喜歡只專注自己的事（好奇心不高），還是你喜愛閱讀、體驗新想法和活動？也許你沒有太多藝術天分，卻喜歡參觀美術館或欣賞藝術。或者你加入讀書會，是因為你發現，討論不同書籍、作者與體裁的想法，既有收穫又充實。若想要更有系統評估自己的好奇心程度，可參考行動價值優勢量表（簡稱VIA-IS）中，好奇心的分數。相對於另外二十三種品格優勢，你的好奇心優勢落在什麼層級？

好奇心與各種正向結果有關。高度好奇的人往往擁有比較正面的情緒和感受[9]，他們通常不會感到無聊，在工作、學校或娛樂方面，喜歡更有挑戰的事。好奇心也和複雜的決策有關，還會與他人形成更緊密且有意義的關係。一項研究指出，好奇心較高的年長者存活率高出五年以上。[10]

思想開明

思想開明的人會傾聽並思考與自己不同的想法和觀點，做決定時，會運用縝密的判斷力，展現良好的批判性思考；面對相互矛盾的證據時，不會冥頑不靈，而是會改變想法，順應新資訊調整態度與思維。

思想開明也會造就好結果。思想開明的學生在各種認知測驗的成績，包括美國大學入學測驗SAT，都勝過其他人。保持思想開明的領導人所做的決定會比堅持特定信念或意識型態的人來得好，甚至還會接納與自己意見相反的人，並授權他們表達與領導人不同的想法。[11]

思想開明的人會將五花八門的創意都列入考慮，由於能容許多樣化的想法，因此能擴展理解力，變得更有同理心，也獲得更好的解決方法。相反地，狹隘的思維只能產出見識短淺的解決辦法，或許那些點子夠用，但可能阻礙其他更好的想法。如果納入多樣化的創新思維，將帶來更多的解決方案。

若無法發揮思想開明的優勢，影響的層面可能會很大。例如，有人相信美國登陸月球，是一場精心騙局，還有人相信世界是平的。問題甚至會擴及到全球，例如科學證據已經證實全球氣候正在變遷，但因為總總原因致使有些政治人物和其他人不太相信、也不理會，然而全球議題不容忽視，因此各國必須聯手簽署國際協議解決這項難題，倘若有一個國家否認排放大量溫室氣體，並拒絕改善問題，那麼人人都會遭殃。

你的思想有多開明？可以看看你的VIA-IS思想開明分數，或者回想自己的行為、態度與信仰，最好詢問親近的朋友，並了解原因。對於自己的思想開明程度，要誠實以對，大部分的人或許對某些事接受度很高，但遇到其他狀況卻會抗拒改變；尤其是思想保守的人，大概不會聽從要改變的建議。反過來說，如果你確實評估了自己的思想開明程度，或許就可以證明你的思想有多開明！

熱愛學習

熱愛學習的意思是指，無論是正式學習或自學，都能從學習新技能與知識中得到樂趣。熱愛學習可能表現在特定主題或各種新事物時的熱情，激發我們深入研究，藉此累積更多知識。在熱愛學習的人身上，通常可以見到，他們會興高采烈說著自己讀過的新書、正在參加的課程或提出解決常見問題的新方法；他們比較喜歡積極學習，而不是從事消極的活動，例如看電視。

心理學家找出許多與熱愛學習相關的好處，包括對學習新事物有正面情緒、提高面對困境時的恆毅力、強化自主性、提出更好的策略與自我效能＊。[12] 熱愛學習的潛在核心也跟總體幸福感有關，包括心理與生理，也有證據顯示，熱愛學習可能有助於預防隨著年齡增加的認知退化。[13]

在熱愛學習方面，你的表現如何？同樣看看你的 VIA-IS 分數，再回想你的行為。你有參加過教學活動嗎？會參觀美術館，欣賞自己感興趣的藝術品嗎？你有大量閱讀嗎？文學類與非文學類都讀嗎？當學到新事物時，你會感到興奮，並樂於和朋友討論嗎？這些都是熱愛學習的明確指標。

洞察力

洞察力等同智慧，是其他頭腦優勢的產物，也就是創造力、好奇心、思想開明與熱愛學習，都是構成洞察力的原因；然而，洞察力無法一蹴可幾，需要時間的累積，是持續且終身的過程。

一個人可能在特定領域有洞察力，其他部分則沒有。以經驗豐富的教師來說，可能理解良好教育對自己與他人的意義，但缺乏對其他議題的洞見。雖然洞察力會隨著經驗的深度與廣度成長，但並非絕對，而是取決於其他品格優勢，以及反思事物的能力；不過，洞察力和智能是兩回事，不必是天才也能睿智英明，因此光有知識，不等於有洞察力。

洞察力，是從生活中獲得意義的基本條件。面對會引起焦慮的議題時，一位生物學家竟反思道：「這些在一百萬年後，根本無關緊要！」雖然他是想開玩笑，但是能將個人試煉與磨難放在更大的格局下觀察，確實有助於處理日常生活中的煩惱。

這就是為什麼心理學家會發現，年紀較大且有高度洞察力的成年人，儘管有健康、財務等不如意的問題，幸福感依舊較高。然而，究竟是逐漸變老變成熟而累積洞察力，還是洞察力讓他們變成熟，我們不得而知，但心理學家都知道，洞察力和一個人的成功調適，的確有正相關。[14]

---

* 由美國心理學家阿爾波特．班杜拉（Albert Bandura）提出，指衡量一個人對完成任務和達成目標能力的信念程度或強度。

再次檢視你的 VIA-IS 洞察力分數。自我反省對洞察力特別重要。當突然遭遇挫折時，你能冷靜地觀察整個事件的來龍去脈嗎？別人會徵詢你的建議嗎？如果你年紀較大且經歷豐富，從何時開始就有人會經常徵詢你的建議？舉例來說，新任助教可能主要和學生一起工作，但隨著時間過去，同事可能漸漸會向他諮詢。

那麼，你的導師是誰？你大概不會只因對方在某項主題上學識淵博，就認定他是你的導師，若想確認一件事實，通常只要滑鼠按個一、兩下就能上網搜尋。然而，選擇某人作為你的導師，是因為他能設想周到，並讓你具備洞察重大議題的能力。因此，當有人向你徵詢意見、觀點與建議時，就成為你是否具有洞察力的最佳指標。

靠智慧整合敵對雙方，成功達標

二〇〇七年，伊拉克增兵的同時，遜尼派內部也發生政治運動。溫和的遜尼派認為，為了他們的未來，最好與伊拉克代議政府協調一致，即使這個政府的領導高層多數是什葉派。

一直以來，什葉派與遜尼派間的教派衝突，世代不絕，但溫和的遜尼派認為，未來若建立在極端主義上，無法帶來最佳利益。於是，遜尼派開始支持美國扶持的代議政府，這就是所謂的「覺醒」。然而，溫和的遜尼派從叛亂改變立場支持合法政府，這種轉變既敏感又危險。因為遜尼派叛亂黨從原先對抗伊拉克美軍與其他盟軍的角色變成加入美軍，共同對抵抗他們以前的夥伴——激進的遜尼派，所以將這些新夥伴納進團隊除了有風險，更大的考驗是爭取他們的信任與信心。如果先前的敵人變成你現在必須信任的夥伴，會有什麼感覺？

原先的叛亂分子變成支持政府的人，稱為「伊拉克之子」（Sons of Iraq）。將他們整合進伊拉克軍隊，並讓伊拉克軍方高層接受是一大挑戰，因為軍方首領大多是什葉派，基於遜尼派與什葉派歷代以來的猜忌，整合伊拉克之子，不是一朝一夕就能建立必要的信任。由於美軍迫切他們融入，因此努力將他們編入伊拉克的安全部隊，除了需要少將階級的專注投入，其他位階的軍官也要各司其職。

西點軍校出身的少尉山姆・柯金斯（Sam Ketchens）負責監督大約三百名伊拉克之子。柯金斯在西點軍校打過橄欖球，是個鬥志旺盛、堅毅剛強的軍官。他在步兵服役時，是名突擊士兵，也是營上最優秀的年輕軍官。卡斯蘭從柯金斯還在就讀西點軍校時就認識他，也密切觀察柯金斯和伊拉克之子的共事情形。

柯金斯被指派的任務，是將伊拉克之子整合進伊拉克軍隊，並安排他們參與行動，以封鎖外國士兵從敘利亞邊境穿過札茲拉沙漠（Jazira Desert）非法進入境內。然而，取得伊拉克軍方領袖的支持、接納這些前遜尼派戰士，是最為棘手的部分。但柯金斯很聰明，他懂得協商、勸說，贏得伊拉克軍方同僚的認同，並讓這些前叛亂分子獲得需要的支援、裝備與糧食配給，讓他們完成任務，成功封鎖外國士兵從敘利亞進入的路徑。

卡斯蘭回憶，當時在柯金斯指揮作戰的城鎮中，與他會面的情形。那時，卡斯蘭與柯金斯討論任務，柯金斯的手機響了，他不靠翻譯官，直接以伊拉克本地的阿拉伯方言和伊拉克之子的其中一位首領，進行五分鐘的通話。等柯金斯講完電話，卡斯蘭問他在哪裡學阿拉伯語，還講得那麼好，柯金斯回說是待在伊拉克期間學的。在任務的後期，柯金斯與大約十五位首領舉行會議，他們是那三百名伊拉克之子的族長，那是一場很成功的會議，當卡斯蘭離開時，他對這個只有二十三歲的美國陸軍少尉讚譽有佳，竟能成功辦到這件事。

智慧，是能夠利用一個人的知識與經驗，做出縝密準確的判斷[15]，而柯金斯天生對這方面就擅長。他的頭腦優勢使他脫穎而出，也善用人際關係的技巧，讓原先敵對的兩方，建立合作順暢的關係，使他成為成功的領導，並順利完成任務。

有效改善陳腐的官僚文化

哲學家會探討「刁鑽」的問題，如同氣候變遷、世界飢荒、戰爭與政治不安的問題，因為太過複雜，以至於要得到解答似乎不太可能。[16]同樣地，當一個龐大複雜的團體遭遇慘重失敗，收拾殘局可能令人卻步，這就跟其他規模巨大的問題一樣刁鑽，但領導人還是得出面解決，儘管恆毅力與決斷力等膽量優勢對解決問題有一定的幫助，但往往少不了頭腦優勢。

以原則為本，把團隊需求置於個人之上

不管是三十人的小企業，還是美國政府的最大部門，要如何改變團體文化？如果

你身為領導人，擁有一個超過三十萬人的組織，而官僚文化已經讓組織遺忘初衷，那你要怎樣改變方向？由於改變文化並不容易，因此必須透過領導人的品格與價值作為驅動力。

二〇一五年，一名年邁的退役軍人摔斷腳，自行開車前往西雅圖普吉特灣榮民醫療中心（Veterans Affairs Puget Sound Health Care System）急診室。抵達醫院時，儘管停車位離急診室的距離只有三公尺，但因為他的腳腫得很嚴重，根本無法走過去，後來打電話向急診室求助，但醫院的接聽人員拒絕協助，並請他撥打一一九。沒多久，消防隊抵達，帶著這名退役老兵走那三公尺的距離。

當這件事在新聞和社群媒體上瘋傳時，榮民醫療中心引述規章條例，為自己的行為辯解，說明退役軍人必須進入醫療中心的建築物後，他們才能給予治療。顯然這種凡事講規則的官僚文化，辜負了這位老兵，導致整個退役軍人團體的不信任。

在退役老兵摔斷腳的前一年，還發生一件難堪的事。二〇一四年，鳳凰城榮民醫療中心竄改預約系統，讓人誤以為退役軍人能在十四天內取得預約。然而實際上是，並非在退役軍人提出申請時就掛號，而是等到第十四天才安排，像是符合規定的最低標準。

有位告密者揭發，一位退役老兵就在等待預約的期間死亡，儘管他早在二十週前就提出申請，但沒有幫他預約。後來，督察長的調查發現，他們大量竄改資料，意圖模糊鳳凰城榮民醫療中心的拙劣績效。督察長收到二百二十五件對鳳凰城榮民醫療中心操控預約時間的指控，而其他榮民醫療中心也有四百四十五件。

沸騰的民怨在榮民醫療體系的領導階層中引發震盪，導致部門的首長辭職，由聯邦調查局（Federal Bureau of Investigation, FBI）展開刑事調查，部門最高層共有十七位主管，最終有十三人革職。[17]

時任總統歐巴馬了解退役軍人事務部必須改革，也要改變照顧退役軍人的方式，因此他指派羅伯．麥唐諾（Robert McDonald）負責此任務，他是寶僑公司（Procter & Gamble, P&G）退休的董事長、總經理、執行長。麥唐諾也是西點軍校畢業生，曾在陸軍服役五年，接著在寶僑服務三十三年，領導北美、亞洲與歐洲區的業務，還帶領了幾次重大企業改革。[18]

麥唐諾接任後馬上採用高績效組織模式，就產生立竿見影的效果。該模式可以梳理榮民醫療中心的問題，並專注在組織改革。麥唐諾說：「對我來說，目標、價值與原則是每個組織的基石。二〇一四年所發生的事，明顯違反了目標、價值與原則。」[19]

麥唐諾自上任開始，就密集研究整個組織。他和高階領導會見退役軍人、退役軍人服務團體、榮民醫療中心員工、國會議員與相關幕僚，希望從各方面檢視榮民醫療中心，但還是以退役軍人的立場為主。他們設法會見批評榮民醫療中心的人，以了解他們的擔憂和問題，從初始的評估顯示，部門秩序雜亂無章，因此需要有道德的領導階層快刀斬亂麻，建立該機構、員工與老兵等利益相關者之間的信任。

麥唐諾實施 MyVA 計畫，目的是授權員工實現絕佳的顧客服務，以改善退役軍人的體驗。[20] 這項計畫不僅立刻獲得實際成效，更重要的是，重建退役軍人的信任。

麥唐諾也清楚知道，持久的改革除了需要整個部門的認同，還要團結榮民醫療中心各階層員工的能力。為了促進員工團結，麥唐諾引進「領導人培養領導人」的內部訓練課程，不僅極具遠見，成果還相當顯著。從夜間清理地板的清潔員，到高階經理人的每個員工，都能認同組織的願景和使命，明白自己的工作，為每位使用醫療中心的退役軍人提供所需的服務，整體目標是讓退役軍人事務部成為聯邦政府中，首屈一指的顧客服務機構。[21]

羅伯．麥唐諾是個以身作則、凡事力行品格的領導人，品格是他的領導基礎、人際交往的根據，也是推動組織的原則。在一份名為《我的信仰》（*What I Believe In*）的報告中，麥唐諾列出「驅動我的日常行為」的十項原則。[22] 第一項原則是，「過著有目標的生活，要比毫無方向、虛擲生命更有意義和收穫」，他的人生目標是「改善生活」。光是憑這點，歐巴馬總統可能找不到第二人選，可以將一個原先凡事講規則的僵化組織，改革成以原則為本的組織。

麥唐諾有一項原則是「品格是領導人最重要的特質」[23]，他將品格定義為「永遠將團體的需求，置於自己的需求之上」，表示領導人的品格是非常重要的核心，而他終其一生都遵循這項原則。在他身為陸軍上尉時，他將士兵的需求置於個人之上；任職寶僑公司時，他確保每位主管都要為團體的績效負起個人責任。

麥唐諾是在西點軍校時，開始發展自己的領導哲學，當他還是西點軍校新生時，只能有四種回答：「是、不是、沒有藉口、我不明白。」讓他擔任領導人時，與自己的品格定義完全一致，也就是將他人的需求優先於自己的需求，沒有「可是」的選項，代表沒有含糊其辭或藉口。

在西點軍校，他還學到「選擇艱難的正道，而非好走的不義之路」。如麥唐諾所說：「一個信守諾言的領導人，可以期望他做不受歡迎的事時，始終能永遠遵循『艱難的正道』，領導人必須真心相信，由道德方針指引的人生，跟自私自利、只顧自己人生的人相比，擁有更深刻、更豐富滿足的收穫。實踐理想的品格，需要勇氣、決斷力、正直與自律，也必須信守自己的言行，清楚知道這是領導力最強而有力的展現。」[24]

麥唐諾擔任寶僑執行長期間，管理亞洲業務時，展現了理解當地文化所需的智慧與洞察力。在日本做生意，他了解比利時的做法不能套用在日本，就像山姆·柯金斯在伊拉克學習阿拉伯語，寶僑補助外國工作的員工上語言課，目標不是要說得流利，而是就算只會粗淺的當地語言，也能培養理解文化的素養，創造溝通橋梁，建立信任。

若需要品格領導人的典範，不僅要善用情感與膽量優勢，更要以頭腦優勢領導，羅伯·麥唐諾會是個很好的起點。

打造頭腦優勢的六方法

了解自己的智能並系統化運用

智能有不同種類，你可能從高中以後，就沒有做過正式的智力測驗，所以值得花時間和金錢預約一位智能教練，對你的智能進行評估和討論。

回顧迦納提出的八種智能，細想你過去的成敗，接著由高至低依序排列你的優勢，或只標出前三、四種能力，在確認自己的優勢後，就能有意識在解決問題時運用。山姆·柯金斯就是利用自己對語言的熟練掌握，和共事的伊拉克人建立信任。

發揮創造力

在平常解決問題的過程中，設計一個創造力階級，透過腦力激盪的方式，產出不同的想法。如果你是經理人或領導人，召集小組協助你將一個問題導出數個解決方法，尤其當問題愈複雜，這個階段愈重要。你還可以觀察有創意的人，是用了哪些方法解決問題；閱讀創意人士的傳記也很有用。

找回天生的好奇心

兒童天生有好奇心，但隨著長大成人，興趣開始變得狹隘。成人通常覺得很難找出閒暇時間，探索新觀念和思考方式，但成功者人士卻因好奇心而成長茁壯。

建議可以從事需要好奇心的活動，例如參觀博物館、花時間閱讀藝術或科學。寫日記也是一種方式，每天寫下覺得有趣且想多了解的新事物，然後進一步採取行動並多加學習。

採用反事實思考法

刻意接納與自己原本思考方式相反的觀點，會讓人思想更開明。深信全球氣候變遷正在發生的人，應該系統化探討反對事實的論點，而否認氣候變遷的人也應當如此。深思熟慮進行「反事實思考」，對其他觀點也會有更深刻的理解，這是特別重要的社會態度與信念。

有時，只是讓自己暴露在觀點的不同，對容忍、接納他人的信念與態度，可能就有深遠的影響。心理學家也指出，在教育中，大量灌輸思想更開明的世界觀，能發揮正面影響。

或許，你已經擁有大學學位，甚至更高的學歷，但抽空額外參加一門哲學或社科課程，可能會很有趣又有收穫。探索議題時，盡量養成與別人不同觀點的思考習慣；參加讀書會時，從書本與讀書會成員身上，學習不同的觀點（這是一種可搭配紅酒與乳酪的活動）。

進行終身學習

學習也許就只是為了學業，但也可能學習對工作、擔任主管，或對家庭與社會關係有幫助的新事物，而軍方深信終身學習的重要性。因此，你可能對號稱全球最大教育培訓機構美國陸軍的訓練方式，感到很意外，但實際上所有士兵，無論是士兵還是軍官，從軍期間都被要求接受專業的軍事教育和訓練課程。

西點軍校生畢業雖有學士學位，但會立刻銜接初級軍官領導課程，不管將來在哪個部門服役，都能具備領導他人所需的技能。他們可能還會上各種技能的短期課程，例如學習戰鬥降落傘跳傘（又名空降訓練）。四年後，還要進修上尉正規班（Captain’s Career Course）。晉升少校後，則是到指揮參謀學院（Command and General Staff College）研習。最後晉升更高階的人，還要到陸軍戰爭學院（Army War College）進修。

軍人的終身學習至關重要且不可或缺，而軍隊的所有部門都付出大量的時間與資源。你可以主動了解自己的組織，可能會有的訓練機會，但如果你是自由業或在小公司工作，就算沒有教育訓練的資源，你還是能自己找機會，例如報名一、二個電腦課程；努力取得管理學位；學習一種將來可幫你服務更多不同顧客的新語言。當然，所有學習不一定都必須和工作有關，或許你學到最有收穫的新事物中，可能跟工作毫無關係。學習新的休閒技能也會帶來好處，例如學滑雪很有趣，過程中還能交到新朋友，並能到訪新景點；打橋牌、學畫畫或寫詩、到不熟的地方旅行，做這些事都會擴展你的視野，激發更多的學習欲望。

靠社交培養洞察力與智慧

洞察力與智慧，是由複雜與豐富的個人經驗累積，也是以其他頭腦優勢為基礎，所以遵循前文提出的建議會很有幫助。

就算有人很聰明又見多識廣，但可能缺乏洞察力和智慧，要獲得洞察力和智慧並沒有捷徑，光靠年紀增長也未必能掌握這些能力。不過，高社交智慧可能會有幫助，也就是學會應用其他頭腦優勢、多考慮他人意見、花時間思索個人生活與工作中重要事、從大格局思考等，這樣做可以累積洞察力與智慧。

第 4 章

情感優勢：人性關懷，跟工作能力一樣重要

心善淵，與善仁，言善信。

——老子，道教始祖、道家思想創始人

二〇〇九年三月七日，卡斯蘭與美軍高級指揮官奧迪爾諾前往位於伊拉克北部薩拉丁省拜吉（Baiji）的重要煉油廠，和廠長一同開會。拜吉距離霍德內處理番茄糊工廠的巴拉德不遠，這裡同樣有激進與溫和遜尼派兩方的紛爭問題。

這座煉油廠能為脆弱的社區和經濟提供穩定能源，所以是當地的重要設施。但煉油廠的營運能力取決於維持安全的能力，如果無法正常營運，就會造成民眾與中央政府之間的不滿，而且美方承諾為居民建立的安穩經濟與政府，先前付出的努力就會宣告失敗，因此這件事的結果相當重要，關乎是否贏得伊拉克民眾的支持。

正當要開會時，卡斯蘭的助理遞給他一張紙條，向他報告，有一個步兵排在薩邁拉作戰，距離他目前所在位置，直升機航程約二十分鐘，一名士兵不幸受了重傷。卡斯蘭知道丹尼爾．海德（Daniel B. Hyde）是薩邁拉的排長，猜想受傷的人可能就是他，心臟都快跳出來了。卡斯蘭要求助理隨時報告最新情況，並查出受傷士兵的名單，同時暗自為海德和他的部隊祈禱。

卡斯蘭的前一個職務是擔任西點軍校的指揮官，當時便和海德熟識。指揮官屬准將位階，職位次於軍校校長（後來由卡斯蘭接任），主要負責西點軍校生的軍事、品格與體育發展。身為指揮官，卡斯蘭會定期和軍校生領袖接觸，他們也會常常徵詢他的建議與指引。

在卡斯蘭擔任指揮官的第一年夏天，海德是負責新生訓練的大四生。在海德三年級的春天，他與班上同學競選大四生領袖。在那一學年裡，海德是本校軍團的領導人，指揮超過一千一百名軍校生，在所有大四生中，卡斯蘭對他印象最深刻。

海德具有無可挑剔的價值觀、過人的能力和精力；他在智力與體能方面是模範生，每一項任務都首屈一指。他以名列前茅的成績畢業，可以選擇任何陸軍專業擔任軍官，後來到有「尖刀」之稱的步兵服役。從西點軍校畢業之後，又從步兵初級軍官領導課程結業，海德選擇到夏威夷的第二十五步兵師報到。隨著戰爭日趨激烈，對他來說，選擇什麼部門已不重要，因為人人都會在伊拉克或阿富汗輪調。

時間回到二〇〇三年，正好是恐怖分子對美國發起九一一攻擊的兩年後，海德畢業於加州莫德斯托（Modesto）的高中。就和許多同輩一樣，九一一事件深深觸動了他，於是在眾多一般大學與軍事學院中，他選擇了西點軍校。他深知畢業後，自己會置身在嚴酷的戰場。讓人不禁想問，有那麼多選擇，為什麼會有人為了國家利益而讓自己置於險地。

二〇〇八年四月，卡斯蘭離開指揮官的職務，成為夏威夷斯柯菲爾德營（Schofield

Barracks）第二十五步兵師「熱帶閃電」的指揮官。該師部在二〇〇八年十一月，部署到伊拉克北方，丹尼爾．海德調度任務，成為該師的一員。

到了伊拉克，卡斯蘭明確表示要保持聯繫，也為這些他擔任指揮官時就認識的前軍校生加油打氣，其中也包括丹尼爾．海德。卡斯蘭回憶，他在巡視戰場時，探望了海德，並授予戰鬥步兵徽章（Combat Infantry Badge），藉此鼓勵並告訴他要保重。

海德被指派到薩邁拉，是什葉派聖地阿斯卡里清真寺所在地，也是全世界最重要的什葉派聖地之一，這裡更是激進遜尼派領袖札卡維發動攻擊的目標，不但摧毀清真寺，更在遜尼派和什葉派之間製造衝突，海德就身處其中。

二〇〇九年三月七日，海德巡邏途中，車輛遭到一名叛亂分子投擲手榴彈攻擊，碎裂的銅片穿透裝甲車門。在卡斯蘭收到攻擊事件的第一手報告後，幕僚便緊盯戰爭的最新進展。儘管卡斯蘭不斷禱告，但最後報告表示受傷的士兵就是海德，更令人難過的是，竭力搶救後，海德仍不幸離世。

後來，卡斯蘭以最快速度飛往海德所在的地方，並要求單獨陪在海德的遺體身邊，那是卡斯蘭人生中最艱難的時刻之一。他抱著海德，說著自己對他的關愛，非常遺憾發生這種事。卡斯蘭的痛苦與悲傷不僅讓海德家屬感到欣慰，也讓海德領導的部屬揪心。

卡斯蘭的行為更鞏固了愛、同情、關懷、承諾與忠誠等品格特質。

該步兵師返國後，軍眷出席歡迎士兵歸鄉的活動，也邀請在任務中殉職士兵的家屬，看著其他家庭歡迎他們摯愛的人回家，對他們來說，無疑很難受。但師部希望讓他們知道，他們依然屬於這個大家庭，無論未來需要什麼支援，師部都會在。

海德的父母十分勇敢也飛來參加儀式，卡斯蘭陪伴他們一段時間。卡斯蘭和其他士兵表達了對海德與其家人的愛，並向他們保證，師部永遠感激海德的犧牲。

直到今天，卡斯蘭都和海德的雙親保持聯絡。他到海德的高中演講，告訴學生海德是多麼優秀的人、領導者和軍官。卡斯蘭也前往海德在莫德斯托的長眠之地探望，雖然很難受，但再次接近海德，卻給了卡斯蘭一種告別結束和安慰的感覺，同時也給海德的家人與朋友慰藉。西點軍校更為了追悼海德，將一項夏日訓練活動以他命名，西點軍校二〇一九年的整個班，便稱為海德特別小組，在他們完成訓練時，還請海德的父親對他們演說。

海德和許多為國犧牲的人一樣，永遠不該被遺忘，他是個前途遠大、天資過人又才華洋溢的軍官，我們不知道為什麼他會離開我們，但他的故事很重要，而且對未來世世代代的領導人，始終有啟發的意義。

海德過世後，卡斯蘭就戴著刻有他姓名和死亡日期的手環，這是許多人紀念殞落士兵的方式、是情感的力量、是對海德與家人的同情與愛，即使在他離開多年之後，永遠不會忘記丹尼爾．海德，還有他為了捍衛國家所做的犧牲。

擄獲人心、成功帶人的關鍵

身為一個師的指揮官，卡斯蘭要負責規畫、領導和執行重大的戰爭任務，也要關懷二萬三千名士兵的福祉。在大型企業或私人機構中，中尉相當於基層管理職，而受卡斯蘭指揮的中尉有數十位，如果沒有時間陪伴海德的家屬也是情有可原，畢竟卡斯蘭還有仗要打，但他還是挪出時間，這對海德的家屬和其他士兵來說，有著無法衡量的影響。

從這個案例可以看出情感優勢與領導的關聯，卡斯蘭真心關懷海德、他的家人及同袍戰友，說明情感優勢如何將一個專業能力強的領導人，變成受部屬信任、尊敬、有改革能力的領導人。

情感優勢在生活各領域中都至關重要，儘管膽量與頭腦優勢在許多方面都對我們有幫助，但感情優勢卻能讓我們成為受信任的領導人、朋友、家長或隊友。對所有人來說，愛的能力、慈悲、寬恕與感恩，都很重要，也超越了文化、背景與時間，代表身而為人的意義。

成功的領導人都了解這一點。想想你曾經工作的地方，大概會記得一些領導人擁有情感優勢，大方關心成員的福祉，但也有相反的案例。

成功的領導人用各種不同方式展現關懷，許多只是簡單的動作，都有助於打造高效能的工作環境，例如送生日卡片給員工、安排社交活動讓成員可以在工作之外的場合分享經驗，或者真誠關心員工的家庭或個人福利。

對部屬的績效給予正式認可，也是職場上表現關懷的一種方式。當你想到「來自地獄的老闆」，應該不會想到他的專業能力，而是抗拒這種缺乏情感優勢的領導人。這類領導人自私自利，只關心部屬在專業上的工作表現，不會表現任何關心。

美國職棒聖路易紅雀隊（St. Louis Cardinals）總教練麥克・席爾特（Mike Schildt）非常懂這個道理。雖然他沒打過職業棒球，卻是從聖路易紅雀球團的農場系統＊一路晉

＊簡稱「農場」，具備選才、培養、訓練、晉升等多種功能，在美國職棒小聯盟是一個比較完整的概念，是當作大聯盟球隊的年輕球員、受傷或暫時下放的大聯盟球員比賽之處。

升，執掌過每個等級的獲勝球隊。外行人可能以為，理想的總教練應該要有大聯盟等級的打球經驗，才能掌管球隊。但優秀球員當不了傑出教練的案例，在棒球界比比皆是，例如美國職棒生涯全壘打紀錄保持者貝瑞・邦茲（Barry Bonds）就不是總教練；美國棒球之神貝比・魯斯（Babe Ruth）想要執掌球隊，卻始終做不到。那為什麼紅雀隊在二○一八年球季中，聘請席爾特擔任總教練？

主要是因為席爾特對球員的真心關懷與愛護，在球場上與球場外，將球員凝聚成團結的隊伍，並肩合作贏得傑出成績。席爾特受到許多紅雀隊球員的敬愛，他們常常提及席爾特在賽前召開的「球經」會議，並對他的至理名語朗朗上口：「我在這裡不是為了批判你們，是為了愛你們。」[1]二○一九年球季結束後，席爾特被提名為年度國聯最佳總教練（National League Manager of the Year）時，肯定了他的領導力。

情感優勢帶來的正面效果，席爾特是絕佳典範。他有相當豐富的棒球專業知識，但他與其他教練的差異之處是，他有能力與球員打成一片，並創造一個有凝聚力的團隊。最有意思的是，棒球場上都稱呼領導人為「**經理**」，不像足球或籃球都稱呼「**總教練**」。

棒球總教練會聘請許多技術專家，例如打擊和投球指導員，以提升技巧或糾正壞習慣，還會教導專業技術知識，但事實上，席爾特和其他成功的棒球總教練之所以能讓團隊贏球，很大一部分要歸功於以情感為主的品格優勢。可以回想自己生活中有哪些情況，是情感優勢讓個人或團體的成功關鍵。

四大情感的品格優勢

在 VIA-IS 中，六大道德品性的某些品格優勢比較傾向情感優勢，都是積極正向關注他人，並真心關懷他人的幸福安康。這些品格優勢有愛的能力、慈悲、寬恕與感恩，可以單獨存在，也可以和其他品格優勢結合。如何與他人互動和聯繫，以及身為領導者如何啟發他人達到團體目標，這些都是很重要的品格優勢。

愛的能力

心理學家將愛分為「激情之愛」與「慈悲之愛」。當你經歷激情之愛，你會知道這種愛包含對一個人無法克制的思念，通常是在戀愛關係的早期階段。回想你的初戀體驗，就會明白激情之愛是什麼。至於慈悲之愛，是一種比較持久而穩定的愛，對他人有種長久而強韌的正面情感聯繫，但缺乏激情之愛的強度，像是父母對子女的愛，或子女對父母的愛。

還有一種重要的愛尚未獲得心理學的充分認可，那就是領導人對部屬的愛、團隊成員對彼此的愛，例如卡斯蘭對丹尼爾．海德的關懷、紅雀總教練席爾特對球員的感情，案例都不罕見，也象徵成功領導與團隊缺一不可的要素，這是一種強大的慈悲之愛。

一起發生在密蘇里州春田市附近的悲劇，就是代表慈悲之愛的案例。二〇一八年九月七日晚上，格林郡警長辦公室副警長埃倫．羅伯茲（Aaron Roberts）接到一處偏遠地區的出勤要求，完成勤務後，羅伯茲繼續巡邏。那晚，暴風雨襲擊，猛烈的大雨狂下好幾個小時，就在他用無線電通報總部自己即將返回後不久，羅伯茲再次呼叫總部，並向調度員說他的巡邏車從一座橋上被沖進湍急的河水。調度員一再企圖與他重新聯繫，卻再也沒收到羅伯茲的答覆。經過密集搜救後，發現羅伯茲陳屍在巡邏車中，是被湍急的水流沖走後溺死身亡。

副警長羅伯茲的殉職，對同仁和整個社區是一大震撼。警長辦公室和當地其他執法單位一同給予副警長的遺孀金姆（Kim）與家屬支持與鼓勵。該社區流露出的愛，別具意義。

在副警長意外身亡後的那段時間，格林郡警長吉姆．阿諾特（Jim Arnott）和警員們的行為，展現了最深刻的慈悲之愛。警長阿諾特協助金姆清理車庫，他注意到車庫角落有一輛一九九五年出產的三菱汽車 Eclipse。金姆說，初次遇見羅伯茲時，就是這輛車引起她的注意，不過羅伯茲也有吸引她的特質，「那天晚上，我打電話給好友，跟她說我要和羅伯茲結婚。我們開玩笑說，我是為了他的車子才跟他約會、才嫁給他。」

阿諾特體認到這輛車對金姆意義重大，便詢問她是否可以重新組裝這輛車，恢復可以行駛的狀態。在警員、社區鄰居的協助下，二〇一九年三月十九日，阿諾特將修好的車送給金姆。儘管修車花費超過七千美元和數百個小時的勞動時間，但整輛車猶如新車，讓金姆深受感動，向當地的報紙記者說：「這輛車有太多貴人，完全超出我的想像。我無法想像這件事到底有多少人幫忙。」[2]

這種愛的表現除了金姆受惠，也感動了其他人。藉由公開展現對副警長羅伯茲和金姆的愛與關心，所有出力修車的人也都受益了。「那是令人引以為傲的一刻，我為我的社區感到驕傲，因為那是隆重的大事。」阿諾特說。

任何形式的愛，對擁有美好人生來說至關重要，也是能讓人們在生活中獲得意義與目標的品格特質。如果這項特質的分數高，你和別人可以發展出密切的正向關係，你對他們的愛也會得到回應。在你的 VIA-IS 中，愛的能力分數是多少？彼得森與塞利格曼研究好幾個愛的能力案例中[3]，這項特質分數高的人，以下問題的答案都是「是」。

- 你讓他人覺得可以自在做自己？
- 你讓他人覺得受到信任與支持？
- 別人不想與你長久分開？
- 你幾乎願意為對方做任何事？
- 你覺得他人的快樂跟自己的快樂一樣重要，或是更重要？
- 你為了他人的福祉，可以堅定努力？
- 你十分關愛他人？
- 你深深覺得必須陪伴某人？
- 你對某人有熱切情感？

善良

將善良標榜為人類最理想的核心品性，是不爭的事實。童子軍深受「善行」觀念的薰陶，天天做好事或幫助他人[4]，而在我們成長的過程中，同樣被教導「己所欲，施於人」*。[5]

不過，了解善良是情感的正向特質，是一回事，而會真正仁慈待人，又是另一回事。像是學童之間的霸凌事件層出不窮；在社群媒體上，許多人貶低並妖魔化那些與自己政治或觀點不同的人；政治人物為了鞏固自己的地位，灌輸有害情緒的價值觀。

簡而言之，這個世界似乎充滿了仇恨與憤怒，還沒來由將情緒化為仇恨言論和暴力。例如：女性穿著長罩袍而遭陌生人辱罵；恐怖分子殺人，只因為信仰或政治觀點與自己不同；電台主持人否認康乃狄克州紐頓（Newtown）有二十名兒童遭到精神異常的持槍歹徒殺害，使得成千上萬的人竟然相信他的話，導致那些失去摯愛的家庭更加痛

* 又稱為「恕道」（Golden Rule），由《馬太福音．七：十二》：「你們願意人怎樣待你們，你們也要怎樣待人，這是律法和先知的總綱。」。

苦；基督教會成員聚眾圍堵殉難士兵的葬禮，對著他們的家人叫囂怒罵……諸如此類的事件，不勝枚舉。

如果媒體經常報導悲慘無情的故事，會讓人以為善良在現今社會已被侵蝕殆盡。會有這種想法也不能怪誰，但做出這種斷定，等於落入了常見的決策思考謬誤，即心理學家所說的「可得性捷思」（availability heuristic），指一個人做出的決定或得出的結論，是根據記憶裡最容易取得的資訊，因而導致思考偏差，也就是人們會受到大量相關報導的影響，認為善良是一種失傳的品性。

舉例來說，許多年紀較大的美國人害怕入室搶劫等暴力行為，因為若有年長者在家遭到攻擊，媒體常常會當成頭條報導。但在實際生活中從過去到現在，年輕男性才是最常見的被害者，卻因為媒體「見血才有頭條」的文化，使得年長者漸漸相信自己比實際上更脆弱無助。

「可得性捷思」也是以類似的方法造成人們對善良有不復存在的觀點。由於善行鮮少成為新聞，但稍加反思，可能就會想到許多相關案例。像是暴風雪後，有個女人開著鏟雪機清理老邁鄰居家的車道，不是別人要求，也從沒指望有任何報酬；一個學生教導同學微積分；剛生完小孩的同事，工作小組的成員幫她的家人準備三餐。諸如此類的日常善行，根本不會上新聞。

志願服務，是另一種善良。許多小鎮消防隊是由消防義工服務。在美國四分之一的志工中，平均每年一個人奉獻五十個小時的時間與心力做義工。舉例來說，送餐到府（Meals on Wheels）等組織，如果沒有志工，就完成不了任務；天災過後，民眾排隊捐血給紅十字會。因此美國志工的經濟影響力相當可觀，光一年就達一千八百四十億美元。[6]

心理學家指出，對做善事的人來說，跟接受善行的人一樣有益，甚至得到更多回報。那些行善的人，身心健康情況，都可能比非志工好。雖然對此沒有進行廣泛的科學研究，但在宗教著作、世俗文獻中，記載的祕聞軼事和傳統文化，都有一種觀念，就是行善會轉變、改善一個人的性格與福德。

理查．麥金尼（Richard McKinney）算是一個案例。麥金尼曾經是個充滿仇恨的白人至上主義者，原本策畫要轟炸一座清真寺。有一天，他決定拜訪隔壁的穆斯林鄰居，要質問對方伊斯蘭教的邪惡與錯誤之處，但鄰居只是親切和善地傾聽，漸漸地，麥金尼的仇恨不見了，轉而改信伊斯蘭教，如今是當地一座清真寺的阿訇*，教導其他人和平

---

* 在波斯語的穆斯林中，是對伊斯蘭教的學者或教師的尊稱。

與善良的要旨。[7]

猶太人「修復世界」（tikkun olam）的習俗，是另一種自古以來認同善良是構成文明社會的重要元素。「修復世界」是指行事要積極正面、對社會有利，也就是要從事能促進他人福祉的行為。「修復世界」是一種複雜的概念，但核心意義是表達基本的人性善意，同時理解實踐善意會讓世界更美好。

耶魯大學社會學教授尼古拉斯．克里斯塔基斯（Nicholas Christakis）認為，善良是人類的核心特質。他在《藍圖》（*Blueprint*）一書中，用演化生物學證明，善良是一種讓眾人協力合作的利他行為。[8] 士兵犧牲自己的性命，好讓其他人存活，是一種明顯的利他行為。二〇〇七年六月一日，美國陸軍中士崔維斯．艾金斯（Travis Atkins）抓住一名穿著炸彈背心的恐怖分子，在爆炸的同時，也奪走了艾金斯的性命，但他的行動救了三名同袍。[9]

日常生活中的善良行為，能促進成功的群體生活。根據克里斯塔基斯的說法，人類的遺傳基因，天生就有無私行為的結構，而人類在這方面並非特例，英國生物學家珍．古德（Jane Goodall）在研究黑猩猩時，也觀察到類似的行為；野鼠也會努力救出受困在籠裡的同伴。[10]

因此，我們認為善良並非失傳的品性，一直是重要的情感優勢，可以促進積極正向的社會關係，同時建立自己的幸福感與自我價值觀。

寬恕

二〇一九年三月十五日主麻日（Friday Prayer）*期間，一名持槍歹徒攻擊紐西蘭基督城的努爾清真寺（Al Noor Mosque）與林伍德伊斯蘭中心（Linwood Islamic Centre）。短短數分鐘，就有五十人死亡、五十人受傷，其中一些人的傷勢嚴重。槍擊案的嫌疑犯布蘭頓・塔朗特（Brenton Harrison Tarrant）是二十八歲的澳洲人，在種族仇恨的刺激下，塔朗特多年策畫這起攻擊事件，身為槍械俱樂部會員，他能合法購買槍枝。由於澳洲持有槍枝的法律限制，是要求購買人必沒有任何犯罪紀錄，並提出正當理由，所以塔朗特使用的武器不是「軍用型」的突擊步槍。

我們只能想像被害人家屬的痛苦與折磨，但對這種殘暴可恨的行為，不是每個人

* 伊斯蘭教聚禮日，於每週五下午在清真寺舉行的宗教儀式。

都會報仇。法立德・阿瑪德（Farid Ahmed）的妻子胡絲娜（Husna）就是那五十名死者之一，但阿瑪德呼籲大家寬恕。在基督城舉辦的攻擊事件死者紀念儀式上，阿瑪德說：「我不想要一顆心像在火山裡燃燒，火山有怒火、憤懣、狂暴，沒有安詳，只有仇恨。從內在燒毀自我，也燒毀了周遭，我不想擁有那樣的一顆心。」[11]

阿瑪德對這起事件的反應，代表寬恕的情感優勢。寬恕的美德是跨越時間、文化，還有宗教與哲學思想的根本法則。彼得森與塞利格曼指出，寬恕在猶太教、基督教、伊斯蘭教、佛教與印度教，都是教義中的一部分。[12]

阿瑪德的伊斯蘭信仰教導他，塔朗特也是他的弟兄，雖然塔朗特必須為自己可恨的行為負責，但也必須給予寬恕。基督徒從主禱文中學習到，「原諒我們對祢的過犯和傷害，就如同我們原諒別人對我們的過犯與傷害」。寬恕的範圍很廣，例如阿瑪德的故事或我們所遭遇過大大小小的傷害等情況。

歷史也有許多寬恕的案例。一九六二年到一九九〇年，在南非種族隔離的制度下，遭囚禁的曼德拉（Nelson Mandela）經歷的痛苦與憤怒，對許多人來說，可能相當崩潰；但曼德拉超越這些情緒，成為南非史上最偉大的統一力量，當上該國首任黑人總統，他的名字對全世界來說，等同寬恕。

美國文化人類學家珍妮絲・哈珀（Janice Harper）寫道：「如果一個人被折磨監禁將近三十年還能寬恕他人，那應對日常生活中被冒犯和殘酷的行為，我們從他身上能學到哪些的啟示呢？應該寬恕那些對自己造成痛苦毫無悔意的人嗎？」[13]

心理學家發現，寬恕會減輕負面情緒，例如憤怒、敵意、憂鬱與焦慮，[14]這是有道理的，因為仇恨需要消耗大量精力，也會降低了正向參與感，然而有適應能力的人，能學會將負面情緒化為對社會有益的情緒。

二〇一八年二月十四日，佛羅里達州派克蘭（Parkland）道格拉斯中學（Stoneman Douglas High School）發生一起槍擊案，奪走十七條師生的性命，許多倖存者協助成立一項運動，以預防未來發生大規模凶殺案件，包括二〇一八年三月二十四日，在華府和其他八百八十個地方，由學生起「為我們的生命遊行」（March for Our Lives）的運動，呼籲政府重新檢視美國的槍枝法律。

再次檢視你的 VIA-IS 分數，你的「寬恕」落在什麼層級。如果是在前五、六個優勢，很好！如果比期望低，可以思考能練習寬恕的小地方。幸好，大部分的人不太會有像阿瑪德一樣的經驗，但人人都必須處理日常生活中的過錯，而練習寬恕小失誤，或許能建立原諒重大過失的能力。

感恩

感覺最強大的情感優勢之一，能在生活中給予並接受感謝。感恩最偉大的一點就是，親身實踐帶給你的正面好處，可能大於接受感謝的人。正向心理學家推薦一個簡單的練習「感恩拜訪」（gratitude visit）*，能減少如憂鬱等負面情緒，同時增加正面情緒，如快樂與生活滿意度。[15] 因此心懷感恩，或許真的是施比受更有福。

當然，接受感恩也很好，就像教師收到學生的真心讚美之後，會有美好的感受和滿足感。感恩不限形式，可能是一句謝謝、鼓勵或更有排場的表達方式。

馬修斯也有類似經驗，他花了超過一年的時間，輔導一名酒駕被捕的軍校生。在此之前，馬修斯已經認識這名軍校生，他們互相信任，所以這名軍校生很自然找上馬修斯擔任他的輔導導師。像這種嚴重違反校規的事件，通常結果就是開除學籍，但這名軍校生在西點軍校的紀錄良好，如果排除這次事件，也顯示他未來有擔任陸軍軍官的前途。於是他沒有被退學，而是被安排到嚴格的正式輔導，並延畢一年，觀察他能否成功完成計畫。

接下來的一年，這名軍校生坦承自己酗酒，不但參加藥物濫用的諮詢輔導，還成立一個由軍校生主導的支持團體，以協助其他正努力對抗藥物濫用的軍校生。馬修斯和這名軍校生經常碰面，討論自我認識、社會關係、學業成就與身為陸軍軍官的意義。最終，這名軍校生成功通過輔導計畫，與二〇一九級的軍校生從西點軍校畢業，並授階為少尉。

在這名軍校生畢業的前幾天，馬修斯收到他的信：

我想親自感謝您過去三年來的輔導。從未想過能遇到像您一樣，關心體貼、聰明絕頂又善解人意的人。雖然我犯了錯，很嚴重的錯，但您卻一路支持幫助我。

在沒有人相信我的時候，您相信我，我萬分感激。當我陷入低谷時，您給我的尊重，比西點的任何人還多。在我犯錯而要在西點軍校待上第五年之後，您也繼續輔導我。就算是我運氣好，但如果沒有您的幫助、鼓勵與啟發，不可能有今天的我。

在我走向下一個任職地點之際，我想正式謝謝您，感謝您這三年來為我所做的一切。希望很快能夠再見到您，從您這裡得到的正向體驗和學識，我將銘記在心。

＊約見你要感謝的人，在他面前念出感謝信，將會發現自己的情緒得到很大的正向提升。

再次感謝您，感謝您的一切，能夠與您同行，是我的榮幸。

當遭受逆境與剝奪時，也會讓人更感謝生活中的好事。舉例來說，在伊拉克與阿富汗戰爭最激烈的時期，陸軍作戰指揮官的感恩之心（連同愛的能力）在戰爭後會大幅增加。有些領導士兵作戰的軍官會遭遇同袍死亡，他們也要忍受艱困的環境，並長時間與家人分開，所以等到任務結束回家後，他們會更感謝家人、安全的家園，還有日常生活中的點點滴滴。[16]

感恩也能表現在日常環境中。檢視你的感恩分數，像寬恕一樣，想想有什麼地方，可以大方公開表達你對他人的感激。無論是謝謝以前的老師，對你的人生所帶來的影響；或只是謝謝配偶某天的善意舉動，這樣做都能鼓舞你的心情。

並肩作戰、同甘共苦的凝聚力

日常生活中，情感優勢十分重要。適時表達感恩，付出愛、善待與寬恕他人，能大幅改善日常生活的品質。表達這些情感優勢，是社會關係的基礎，也能幫我們感受到自我價值。

在遇到逆境時，情感優勢似乎更有著深刻與深遠的影響。在受傷或身亡同袍旁的士兵，或扶助殉職員警家屬的執法人員，在處理危急狀況下的領導人，必須擁有情感優勢才能備受信任，也要受到部屬、同儕與上級的信任才能成功。

英格蘭國王亨利五世（Henry V）對情感優勢瞭若指掌。一四一三年至一四二二年，亨利五世執政期間，正值英法百年戰爭，這場爭奪法國統治權的戰爭從一三三七年打到一四五三年。一四一五年十月二十五日，是基督徒紀念聖克里斯賓（Saint Crispin）* 的日子，亨利五世迎戰法國軍隊，史稱「阿金庫爾戰役」（Battle of Agincourt），面對法軍大隊人馬，英格蘭士兵對即將到來的戰爭，感到緊張又害怕。

亨利五世看出軍隊士氣低落，為了鼓舞士兵，發表了「聖克里斯賓節」演說，最終打敗法軍，迎接勝利。在戰爭過後的一百八十年，英國文豪莎士比亞把這段歷史寫進劇本《亨利五世》第四幕。莎士比亞筆下「兄弟連」（Band of Brothers）的演說，英軍共

* 紀念基督教聖徒克里斯賓兄弟殉道所設的節日。

同經歷艱難的戰役，戰士間的情誼、愛、忠誠與承諾，讓至今仍處在嚴峻戰爭考驗中，經歷艱難、失敗與成功的士兵感同深受。

想像國王身處悲慘的戰爭中，同樣經歷著士兵所遭遇的艱辛與危險，便竭盡所能、全力以赴，不願讓國王失望。「兄弟連」的演說，總是能引起士兵的共鳴，尤其是「我們是少數幾個人，是幸福的少數幾個人，我們這一支親如兄弟的隊伍，今天與我一起浴血奮戰的，就是我的弟兄。」

十五世紀的軍隊主要由男性士兵組成，如今的部隊性別兼容並蓄，男女都會經歷這些挑戰，因此「弟兄」只適用全男性的部隊，現今的軍隊更常用「弟兄姊妹」來稱呼有男有女的部隊。無論稱呼都準確捕捉到情感優勢，還有這些弟兄姊妹之間存在的忠誠和情感聯繫。

弟兄姊妹的概念也能在一群人齊心協力、克服挑戰與逆境的情況發現。《今日美國報》（*USA Today*）專欄作家莫妮卡・羅爾（Monica Rhor），描述一群住在德州休士頓的非洲移民，這些正值學齡階段的年輕移民擺脫了非洲難民營的險惡環境後，到了美國卻面臨新的挑戰。在反移民的年代，他們除了要學習新語言、適應新文化、在校努力求學，還會受到霸凌與種族歧視。[17]

於是，非營利組織 reVision 負責人查爾斯．羅徹梅爾（Charles Rotramel）與休士頓當地的年輕人合作，讓他們參與青少年司法體系。羅徹梅爾察覺到這些年輕移民，不僅要在更大的群體找到歸屬感，還要幫他們為自己的人生賦予意義和找到目標，於是他招收這些孩子，成立一支名為 reVision FC 的足球隊。

在球隊的更衣室，貼著大大的標語，上面只有一個字——家，一幫弟兄就此誕生。不管在球場上或球場外，隊員互相照顧，如果成員有個人或財務的問題，隊員會挺身而出。「他們就像我的兄弟，」一名球員說，「當我少了什麼東西，他們會給我。如果他們沒有，我也會給他們。」[18]

國際總足世界盃冠軍美國國家女子足球隊（US Women's National Soccer Team）也體現了這種姊妹情深的情誼。要贏得世界冠軍，不只需要運動天賦和動機，還需要團隊凝聚力。球隊副隊長梅根．雷皮諾（Megan Rapinoe）說：「大家都想擁有一支團結的隊伍，我們確實做到了。每當有人需要依靠時，那個人可以放心依靠整個團隊。」團隊成員凱莉．歐哈拉（Kelley O'Hara）補充道：「在這樣一個團隊中，令人振奮雀躍。我們在球場上表現出來的是互相扶持、互相照顧，並為了彼此贏球，這也是我們在球場外的真實感受。」[19]

從前述弟兄姊妹情誼的忠誠案例，可以看出愛、熱情與承諾，會使與弟兄姊妹全心投入並肩作戰，即使可能會犧牲自己的性命，也不會拋下對方。這種來自同甘共苦的品性，讓你對隊友的支持奉獻，或許會比對血緣手足還更加強烈。

從日常社交互動，強化情感優勢

對於如何強化情感優勢的方法，心理學家並未多加研究，但有一個理論似乎與培養這些優勢特別相關，可以改善日常互動與領導力。

美國心理學家卡爾．羅傑斯（Carl Rogers）的人本主義心理學，是根據他多年來針對遭受心理、情緒苦惱的人進行治療所發展出的理論。他對情感優勢的精闢洞見可以引導自己與他人分發展這些能力。

羅傑斯認為，人類的適應力會在童年時期開始發展。他最重要的概念是「無條件正向關懷」（unconditional positive regard），就像父母愛子女，不應該有「價值條件」（conditions of worth）。

兩個孩子各自在不同的家庭長大，兩個小孩偶爾會調皮搗蛋，但隨著他們的成長，父母希望孩子在學校要努力取得好成績。其中一組父母雖然口頭上說愛孩子，卻對小孩加上價值條件，當孩子行為合乎規矩且成績不錯，家長才會對他表示愛與關注，但若是小孩沒有達到目標，就對他冷酷疏離。

另一個孩子的父母，始終對孩子表露無條件的愛。當孩子達不到標準，家長會糾正行為，並提出改進行為的方法。他們可以區分清楚何時該糾正、小孩的行為，以及何時該對小孩付出無條件的愛。羅傑斯觀察到，在價值條件下成長的孩子，通常會焦慮、憂鬱，長大成人後的適應力會比較差。

羅傑斯的理論可以應用在社群互動裡，能強化情感優勢。與家人或其他人互動時，要分清楚價值條件與無條件正向關懷。身為領導人，當部屬的任務失敗，重點應集中在幫助他下次做得更好，避免不自覺為犯錯的人貼上壞人的標籤，應發揮無條件正向關懷，強化社會關係，並肯定他仍然會是個成功的配偶、隊友或領導人。

大部分的人都具備情感優勢，但有人不擅長表達，因此如何表達情感比較自在，因人而異。有人可能話不多，而是默默付出和接受愛，就像父母犧牲自己為孩子付出，即便沒有時時掛在嘴邊，但確實也是愛的表現；關心年邁父母的成年人也是一樣，行動更重要。

不管透過行動還是言語，設法適時刻意表達愛、善良、寬恕與感恩，並養成習慣。言語和行動也要真誠，不要嘴裡說著愛，但行為卻是傷害對方。此外，專注那些對人生具有重要意義的人，並透過言行舉止向他們表達這些情感優勢。簡單寫一封感謝函，你所獲得的好處，會比你付出的更多。

第 5 章

信任：攪動人際互動的無形力量

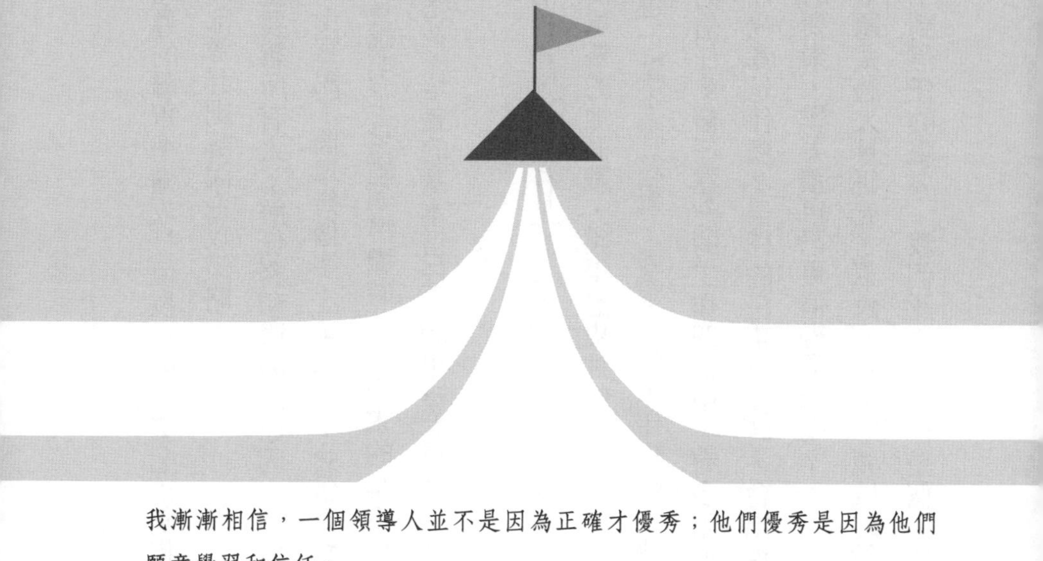

我漸漸相信，一個領導人並不是因為正確才優秀；他們優秀是因為他們願意學習和信任。

——史丹利．麥克克里斯托（Stanley McChrystal）[1]，
暢銷書作者、跨域領導（CrossLead）共同創辦人

一九九一年二月，在美國領導的聯軍準備攻打伊拉克前，第七軍團指揮官佛瑞德・法蘭克斯（Fred Franks）中將向部隊詳細解說進攻策略。

法蘭克斯認為，當務之急是要讓所有人了解任務和戰略的原因。他總結報告時，法蘭克斯問大家是否有疑問，一名士官說了簡單幾個字：「別擔心，將軍，我們相信你。」

在那短短一瞬間，那位士官說明了身居領導職時，所追求的基本精神。這位士兵把信心寄託給長官，是長時間建立、培養的基本信任，如果沒有信任，任務很有可能會失敗。

根據多年領導經驗，我們明確肯定，信任是有效領導的最重要元素。士兵對法蘭克斯的信任，促成第七軍團在沙漠風暴的地面戰，獲得歷史性的勝利。

信任在戰爭中不可或缺，這一點不容忽視。回想你的工作經驗，遇過最好和最糟的主管，你會怎樣形容對他們的信任？信任在你的工作關係中，有多重要？如果你是主管，你認為部屬信任你嗎？信任究竟是什麼？信任的紐帶斷掉時，會出現什麼情況？有可能修復嗎？能藉由了解信任的要素，學著讓自己更值得信賴嗎？

心理學家針對「信任」的主題做過大量研究，軍隊、企業等領域的領導人會根據自己領導與影響他人的經驗裡，學到信任的重要。我們認為，信任是個人與領導人的必備特質。難以想像在沒有信任的環境下，人類還能有效運作。然而，信任似乎正遭到政客等人的摧毀，他們自認為可以削弱人們對媒體、司法體系、教育等機構的信任，達成自己的目的。

人們更傾向於相信自己在社群媒體上看到、讀到或聽到的資訊，若不符合自己個人見解的新聞，都會被認為是「假新聞」。例如，有人不讓小孩接種疫苗，因為他們相信毫無根據的消息，認為接種疫苗會導致自閉症或是政府控制思想的陰謀。過去曾經備受尊崇的機構正遭受攻擊，最後的結果就是信任流失。

美國參謀首長聯席會議前主席馬丁·鄧普西（Martin Dempsey）在《激進包容》（*Radical Inclusion*）一書中，討論何謂「數位回聲」。他認為，社群媒體讓所有人都能發表，無論內容的真實程度為何，重要的不是事實真相，而是有多少點閱或「讚」。如果流量比事實更重要，那真相就再也不重要了。當真相被扭曲時，信任也會化為烏有。這種情況天天都在上演，我們應該捍衛遭受威脅的信任。[2]

信任流失，會有什麼長期影響？如果執法單位和法院體制都不受信任，那麼大家可能會覺得沒必要遵守法律。如果所有新聞都是假新聞，大家只會根據個人的偏見與成見做決定，而不是分析事實作為依據。

不幫兒童接種疫苗的運動，令人不安，因為原本已經根除的麻疹，卻有捲土重來之勢，就在紐約州羅克蘭郡（Rockland County），有二五％的兒童沒有接種疫苗[3]，導致麻疹死灰復燃，情況嚴重到該郡發出禁令，禁止未接種疫苗的兒童前往公共場合。

信任是什麼？

信任是在兩人或多人之間的關係中，期待對方做出互惠互利的行為表現。更深入探討，信任有兩個要素：首先，信任需要可預測性，也就是在關係中的每個人，行為始終表裡如一；相反地，當可預測性和一致性消失，信任也會隨之瓦解。即使伴侶只騙了對方一次，也可能不再被信任。其次，信任包含風險，你期待自己信任的人能做正確的事，但如果對方沒有，接下來可能會有負面結果。例如，一名警員在搜查車輛時，他信任搭檔會掩護自己，如果搭檔沒做到，嫌犯很可能會攻擊警員或逃逸，因此背棄信任需要付出代價。[4]

在危險的環境中，對軍隊和執法單位來說，信任更顯得特別重要，因此研究並了解信任，不但有助於教育、訓練，還能培養更優秀的士兵和執法人員，也能知道信任是如何運作的。

美國軍事心理學家派屈克・史威尼（Patrick J. Sweeney）進行一項特別的信任實地調查。二〇〇三年，美國出兵伊拉克時，史威尼（當時為中校）正在攻讀社會心理學博士學位，雖然史威尼原本預定在完成博士學業後，到西點軍校教心理學和領導，但大衛・裴卓斯（David Petraeus）將軍（當時為少將）要求他暫停學業，在二〇〇三年三月協助伊拉克的初步軍事行動。他同意後，史威尼迅速制定研究題目，對戰爭士兵進行信任研究。

史威尼設計一份調查問卷，在任務期間讓軍官、士官與一般士兵填寫，不過這種方法的外在效度（external validity）*，必須抱持保守態度。當史威尼結束任務後，重回學業，花了好幾個月分析他在伊拉克蒐集的資料，並成功完成論文與答辯。史威尼取得社會心理學博士學位的論文題目，在北卡羅萊納大學應該從未見過。

史威尼的研究成果相當有啟發作用。他發現士兵對領導人的信任有三個主要因素，

＊ 指實驗結果類推到其他環境的有效性。

稱為「信任三C」：能力（Competence）、品格（Character）、關懷（Caring）。

能力：具備專業知識與技能

首先，領導人要獲得信任，能力必須在士兵的眼中合格稱職。領導人也必須向部屬證明，自己具備專業知識與技能，要是能力不足將會導致士兵不必要的傷亡。

品格：信任的關鍵條件

品格，是形成信任紐帶的必要條件。陸軍信奉的七種基本價值：忠誠、責任、尊重、無私服務、榮譽、正直與個人勇氣，是軍方認為的品格基本要素。源自數百年的軍事經驗和文化，直接描繪出本書探討的頭腦、情感與膽量優勢。

史威尼發現能力雖然重要，但不是產生信任的充分條件，高尚的品格也相當關鍵。一個專業又有能力的領導人，若不忠誠、推卸責任、不尊重人等，是無法受到士兵的信任。如果品格不及格，領導也會不及格，因為失去了部屬與上級的信任。

關懷：真誠展現同理心

信任的第三個要素，是真誠關懷士兵的福祉。關懷不是盲目迎合個人的任性想法，而是面臨困境，還能做出對士兵有利的事。關懷他人的領導人會展現同理心，與士兵共同承擔風險，一起面對令人畏怯的挑戰。在最惡劣的處境中，體貼的領導人會確保以最大的尊重，對待殉職的士兵，將遺體送回家鄉，使家人得到一絲絲的慰藉。

史威尼強調的信任三要素，每一項都不可或缺。若領導部隊的軍官能具體表現出能力、品格與關懷，將會更成功，除了士氣更高，士兵也更願意全力以赴，完成指派的任務。

美國南北戰爭蓋茨堡之役（Battle of Gettysburg）就說明了信任三C超越時空的永恆本質。接下來，在你讀到描述這場戰役的文字時，請試想能力、品格與關懷在這一場戰役有何貢獻？同時想想，如何運用在自己的處境中。

責任、忠誠與信任的典範

一八六三年七月一日至七月三日，北方聯邦軍（Union Army）在蓋茨堡之役中不屈不撓，兩年來首次擊敗南方邦聯軍（Confederate Army）。參與戰役的部隊包括威廉・柯維爾（William Colvill）上校所領軍的明尼蘇達州步兵團。指揮官溫菲爾・史考特・漢考克（Winfield Scott Hancock）將軍發現南方邦聯軍集中火力攻打北方聯邦的中央戰線，迫使北方聯邦的戰線慢慢後退，讓漢考克預料到明尼蘇達州步兵團可能會面臨慘敗的結局，但他仍下令柯維爾攻打南方邦聯軍。

柯維爾也完全清楚，自己和手下將要面臨的命運，但他們還是盡忠職守服從命令，攻打南方邦聯軍，以爭取時間讓北方聯邦軍重整旗鼓。雖然最後打贏勝仗，但明尼蘇達州步兵團卻損失慘重，超過八成的人喪命。這場代價高昂卻成功的行動，就是責任、忠誠與信任的絕佳典範。

在這三天的戰役中，不管是哪一方，都沒有露出欠缺勇氣的行為。其中一場比較有名、具歷史意義的戰爭，發生在第二天午後的小圓頂（Little Round Top）*，也就是北方聯邦戰線的最左側。

南方邦聯軍的將軍羅伯特・李（Robert E. Lee）下令指揮官詹姆斯・隆史崔特（James Longstreet）直接從小圓頂的路線攻打北方聯邦軍的左側。但讓戰況更岌岌可危的是，北方聯邦軍將領丹尼爾・施克萊斯（Daniel Sickles）的軍隊原本位於小圓頂右側，竟把戰線往前推移，企圖占領更高的陣地，使得左側士兵孤立無援又毫無防備。

就在隆史崔特準備進攻時，北方聯邦軍高級工程師古維尼爾・沃倫准將（Gouverneur Warren），被派去勘察戰線左側的地形，他發現隆史崔特即將發動攻擊，又看到關鍵地帶沒有軍隊留守，他立刻召集部隊防守小圓頂。北方聯邦軍旅長史壯・文森（Strong Vincent）中校，下令緬因州第二十團不借一切堅守小圓頂的最左側。

北軍第二十團由鮑登學院（Bowdoin College）教授約書亞・張伯倫（Joshua Chamberlain）中校指揮；他備受部下敬愛。當張伯倫的手下抵達戰線時，及時擊退南軍隆史崔特指揮阿拉巴馬第十五團軍隊的攻勢。雖然南方邦聯軍一再發動攻擊，但一再被北軍擊退。

就在南軍第十五團重新集結、準備再次攻打之際，北軍張伯倫召集手下的領導，評

＊ 位於蓋茨堡南部的小岩石山。

估自己團的處境，他發現死傷慘重，幾乎彈盡援絕。在這種情況下，無論是誰都會下令撤退，但張伯倫牢記「不惜一切守住陣地」的命令，因此拒絕撤退。於是，張伯倫下令剩下的士兵「上刺刀」*，準備衝下山丘攻打南軍。

「上刺刀」意味著短兵相接的肉搏戰，肯定會有傷亡。我們無法知道士兵在收到命令時，腦海閃過什麼，但這就是指揮官與士兵之間，重要的互信，因為士兵可以無視自己的安全，執行指揮官的命令。若在缺乏信任的情況下，士兵絕對不可能遵從這種威脅生命的命令。

張伯倫是如何和自己的部隊建立信任關係？無論什麼情況，張伯倫始終和手下同在，與他們共患難，永遠身先士卒。在蓋茨堡之役之前，他接管另一支緬因州兵團的戰敗部隊，有些士兵因叛變而被捕，他也接獲指示，在必要時，可以射殺叛變者。但張伯倫沒有將他們當成「多餘的包袱」，而是跟他們溝通、講道理、付出關心，並說服他們和緬因州第二十團一起奮戰。像他這樣有能力的領導人，可以得到手下的尊敬和信任，讓緬因州第二十團在劣勢下獲勝，幫助北軍撐過蓋茨堡之役第二天，繼續奮戰，並在第三天結束時打贏勝仗。張伯倫的能力、無可挑剔的品格，以及對士兵的真心關愛，讓他得以大獲全勝。

溝通，也是信任的關鍵因素

大部分的工作都很重要，會面臨各種壓力，也會受到嚴格要求。可以從自己的經驗回想，史威尼的信任三C如何呈現在自己的工作經驗中，或許會有幫助。你的主管是否有展現能力、品格、關懷？如果主管全具備或少了其中一項，對你的表現或士氣有什麼影響？你是否願意跟隨一個有能力，但缺乏品格，也不會對你表達關心的領導人？或許最重要的是，要如何建立自己的信任三C？

還有一個對信任至關重要的因素，那就是溝通（Communication），或許可以當成信任的第四個C。有效的溝通，是建立、維持信任的必要前提，而且不能是單向的溝通。各種長久而有正向回饋的關係，都是建立在平時的坦誠溝通。就像婚姻需要雙向溝通，每個伴侶都必須互相商量、傾聽對方，但單向溝通，則是走向離婚。

以張伯倫為例，當他接管另一支緬因州有叛變士兵的部隊時，士氣肯定很低迷。但他由衷表達尊重、愛與目標，加上他良好的溝通技巧，使叛變士兵變成願意冒著生命危

＊刺刀是軍人最後的手段，意味著戰鬥進入最後階段。上刺刀也代表捨我其誰的戰鬥精神。

險共同奮戰的同袍。這些士兵有如此大的轉變，是因為領導人展現出尊重、關懷、目標的領導力。

在組織中，垂直溝通也相當重要。在高風險的職業，上下級的溝通無礙尤其重要，因為這些職業的團隊成員，在執勤時，彼此的言語互動必須清楚且即刻。美國真人秀節目《刑警辦案現場》（*Live PD*），可以看出執法人員彼此間是如何溝通，還有在危險情況下，又是如何與嫌犯談話。但在相對風險較低的工作環境中，書面溝通可以幫員工對工作形成共識。

卡斯蘭曾看過一種團隊活動，稱為「捕鼠器練習」（mousetrap exercise），在活動進行中，有一個人會被蒙住眼睛，必須靠隊友的言語指揮，用手摸索避開桌面的捕鼠器。由於蒙眼者知道誤解口頭指令會造成的痛苦，因此必須全心信任隊友的溝通技巧。成功的口頭指令，可以讓蒙眼者安全且毫無痛苦完成任務。此練習呈現溝通對建立信任的重要性。

溝通失敗可能會立即造成工作和任務的負面影響，長久下來，會侵蝕彼此信任感。因此，溝通或許可以視為信任三C的一部分。無論歸在哪一類，一旦有成員的橫向與垂直溝通不良，便會讓其他人陷入險境，久而久之信任將瓦解。

卡斯蘭在美國陸軍聯合戰備訓練中心（Joint Readiness Training Center, JRTC）擔任觀察員兼檢查員時，注意到溝通對建立信任的重要性。該中心位於路易斯安那州利斯維爾附近的波爾克堡（Polk Fort），任務是培訓即將部署到戰爭區的部隊，讓士兵有機會在真實戰爭的環境中練習。為期三週高壓且艱苦的訓練，是為了對抗經驗老道又熟悉地形的可怕敵人，竭盡所能做到最貼近現實作戰的情況。資深士兵通常會說，他們寧可要實際作戰，也不要到陸軍聯合戰備訓練中心受訓。

卡斯蘭的職責是視察旅級戰鬥隊*的狀況，可以自由行動，在戰場上任意走動，並參與部隊的任何會議、交戰或活動。美國陸軍聯合戰備訓練中心，像是領導實驗室，卡斯蘭觀察到，在參加演習的指揮官中，有天賦與不合格的領導人，從中發現傑出領導人的致勝品格和無能領導人的拙劣品格。

卡斯蘭回憶，當他一走進訓練中心的指揮司令部時，充斥著正式與非正式的溝通，立刻能看出這是不是一場成功的演習。資淺領導人向資深領導人報告，資深領導人則會停下手邊的工作專心傾聽；當一天結束時，參謀人員會絡繹不絕向指揮官報告最新資

---

* Brigade combat team, BCT，美國陸軍的基礎部署單位。

訊，他們對自己的工作成果感到滿意，想展現自己的才能。

這是實戰學習、得以成長與團隊合作的文化，眾人發揮主動積極的精神，全力以赴，並從犯錯中學習。指導者也認同錯誤是學習與成長的機會，如此一來，參謀、指揮官與整個部隊，將隨著每一次的行動提升能力。部屬信任長官、長官信任部屬，加深彼此的信賴。

但不是每一支部隊都是這麼運作。當你加入一支不稱職的指揮部，內部靜默冷清，所有人都坐著緊盯電腦，彼此毫無互動。相較於熱烈學習的部隊，內部充滿活力的交流，可想而見兩者的差異。當一天結束，到了向指揮官報告時間，沒人自願，都推託給資深參謀人員。等到指揮官一開口，立刻就能知道為什麼沒人自願向他報告，因為他不懂得鼓舞人心、諄諄教誨，只會當著士兵的面，訓斥同儕。大家也只會一個口令一個動作，因為擔心積極主動、冒險犯錯會引來批評，因此無法從中學習也沒有成長。整體而言，對士兵來說，演習就是一次令人心生恐懼的經驗。

你或許會想起自己的工作環境。你的主管打造了什麼樣的工作風氣？如何進行溝通？對信任有什麼影響？如果你是主管，也許你可以改善內部溝通，將溝通列為優先要務，每天花時間反思，自己在橫向和垂直溝通時，是否傳達了必要的資訊，讓團隊充分發揮，還要發揮傾聽的技巧，才能提升垂直溝通。簡單來說，溝通對信任相當重要，應列為優先要務。

信任瓦解對組織的影響

對團體的成長、價值、士氣、學習、發展與完成任務，團體文化有著極為重要的關鍵。指揮官、執行長或領導人是負責塑造團體文化的角色，要建立團體的品格價值，若要有效領導，信任扮演非常重要的元素。

有許多原因會造成信任瓦解，也許是領導人無能、品格有問題或沒展現對成員的關懷，也可能是成員沒辦法達到有水準的表現。接下來的個案研究，可以觀察失去信任對團體的影響。

募資平台遭詐騙濫用的危機

這是來自商業界的案例。二〇一七年，凱特・麥克盧爾（Kate McClure）和男友馬克・達米柯（Mark D’Amico）在美國募資平台 GoFundMe 設立一個募款提案，為了協助住在費城的退役軍人強尼・博比特（Johnny Bobbitt）。他們向眾人分享博比特窮困潦倒的故事，透過社群媒體籌集捐款，希望協助博比特的生活所需。

世界各地的好心人慷慨解囊，最後募得四十萬美元。麥克盧爾與達米柯的善心舉動，在傳統媒體和社群上獲得大量關注，增加不少捐款。這則善行的故事，兩個美國人幫助一個在戰爭中報效國家的退役軍人，看似沒有什麼不好，但事實上，麥克盧爾和達米柯確實買了一輛露營車給博比特，也捐了二萬五千美元給他，但剩下的捐款卻落入他們自己的口袋，用來購買個人物品和度假。二〇一九年，博比特坦承與麥克盧爾、達米柯合謀詐騙捐助者，最後麥克盧爾也坦承自己涉嫌詐欺罪。[6]

雖說這起詐欺案的涉案人應當受譴責，但對 GoFundMe 也受到牽連。由於 GoFundMe 是營利網站，目的是提供大眾策劃各式各樣的募資專案，例如：幫人支付醫療費、修繕住家或協助像博比特窮困的人。

對 GoFundMe 這類的企業來說，信任是不可或缺的要素。當網站被用來行騙捐款人，尤其像博比特這樣大肆宣傳的案例，可能損害公司的商譽，導致捐款減少，對真正有需求的案例，造成不利的影響。

GoFundMe 必須運用信任三C處理這個危機。首先，他們要證明自己的能力。公司主管公開聲明，他們會徹查詐騙提案[7]，並制定一項受詐騙捐款人可全額退款的政策，藉此表達公司致力保持誠實正直的品格，強化品牌形象。由於該公司持續關懷對貧困大眾的服務，因此產生正面的影響。根據史威尼的信任三C，GoFundMe 採取正確行動，大眾恢復對他們的信任。

性醜聞陰影的天主教會

這是天主教會傷害兒童的危機的事件。由於不少有關神父涉嫌性侵兒童的報導，使得警方展開調查。二〇一八年十月，神父大衛．鮑爾森（David Poulson）坦承自己任職於賓州教會期間，性侵兩名男童。[8]二〇一九年一月，他被判刑十四年。

鮑爾森從一九七九年開始在教會任職，二〇一八年被免去神父之職，性侵情形長達八年。[9]然而，這只是天主教會眾多流傳的醜聞之一，也不是最近才出現。不只有兒童遭神父性侵的指控，還有對修女的指控，這些醜聞早已流傳數十年。[10]無數媒體報導這些案例，已散播到全球各地，在許多人眼裡，教會沒有妥善處理這些危機，導致教徒的信任流失，甚至喪失對天主教的信仰。

二〇一九年一項蓋洛普（Gallup）的民調顯示，超過三分之一的美國天主教徒，因教會未能有效處理性侵事件，開始質疑自己的教徒身分[11]，這個影響也可能擴大到教會之外。

二〇一九年四月，美國有線電視新聞網（CNN）報導「美國社會概況調查」（General Social Survey）的結果顯示，自認為「沒有宗教信仰」的美國人跟天主教徒或新教徒一樣多，三者相加近美國人口的四分之一。[12]一九九〇年代初期，無宗教信仰者的比例急劇升高，原因是天主教會的兒童性侵事件爆發後，才開始有明顯的趨勢。

根據信任三C的分析顯示，教會除了給人品格不及格的觀感，還讓人覺得在能力與關懷上，可能都不合格。由於教會長老不積極解決兒童性侵醜聞，加上沒有採取有意義且有效的行動，在許多人看來就是漠不關心。或許可以用「三振出局」來形容信任三C，當能力、品格、關懷都不及格時，就得付出代價。

天主教會可以從募資平台GoFundMe的案例，找到解決方法。雖然發生在不同的機構（宗教與商業），影響力卻同樣遍及全球，教會可以根據信任三C，回應兒童性侵的危機。

如果可以用真誠且始終如一的態度，展現能力、品格與關懷，久而久之，就能克服醜聞的負面影響。畢竟，對許多人的幸福安康、人生意義與目標，宗教信仰扮演很重要的角色。按照信任三C，有條理地解決醜聞，也可能讓疏離教會的教徒重新接納。因此恢復大眾對教會的信心，就是挽回對教會的信任，而信任三C提供一個好的架構。

教育界醜聞付出的代價

這是來自教育界的案例。一九九二年到二〇〇五年，密西根州立大學運動醫學醫師賴瑞．納薩爾（Larry G. Nassar），性侵超過二百五十名女孩，有些女孩年僅六歲。[13]一九九六年到二〇一四年，納薩爾卻還擔任美國體操協會（USA Gymnastics）國家隊醫療專員，他經常會接觸到企圖心強的年輕體操選手。由於先前的性醜聞被廣泛報導後，警方展開調查，納薩爾最終被控訴與未成年人發生不正當性行為，還被指控收受兒童色情刊物，納薩爾對二十二項刑事罪名坦承認罪，並被判處最高一百七十五年徒刑。

納薩爾的行為不只傷害受害人，還毀了關機構地位和聲譽。在指控他後的幾個月，檢方也對密西根州立大學、美國國家奧委會（United States Olympic Committee）與美國體操協會提起數十起訴訟，指控這些組織對自己的成員監管不力，未曾留意是不是有性侵的跡象，縱使有人投訴，不聞不問也不進一步處理。

除了巨額賠償（密西根州立大學賠償五億美元給受害人），名譽也受到嚴重的損害。在處理危機時，密西根州立大學校長露．安娜．西蒙（Lou Anna K. Simon）遭受嚴厲批評，因此於二〇一八年一月辭職。後來，密西根州前州長約翰．恩格拉（John M. Engler）受命為臨時校長，但短短一年，也在壓力下辭去職務。[14]

醜聞的影響未止於密西根州立大學，美國體操協會除了民事訴訟，還要面臨大眾的嚴密監督，導致理事會成員全體辭職。[15] 儘管這些機構的聲譽受到的影響難以具體評估，但終究付出相當大的代價。不過，比起納薩爾的可恥行為，對許多受害人及家屬的長久影響，這些機構受到的衝擊，更是微不足道。如同天主教會的案例，此事件牽涉到的機構，信任三C都不及格。

這些案例雖然出現在不同領域，卻凸顯信任瓦解對團體聲譽的影響。如果連數世紀以來，在世界上努力行善的天主教會，都因為信任流失而遭受抨擊，那麼任何組織也容易受到傷害。創立於一八五五年的密西根州立大學，如今必須更努力，才能挽回失去的信任。無論機構的歷史多麼悠久、備受尊崇，若因成員的品格瑕疵（或像 GoFundMe 的案例，起因於顧客）而流失信任，會立即危害到聲譽與生存能力。

在變動和高壓下，保持高水準

團體可以怎麼做，防止品格瑕疵？重要的第一步，是承認團體像個人一樣擁有正面與負面的特質，因此史威尼的信任三 C 概念，可以適用於個人和團體。當團體的能力、品格、關懷都達到高水準時，成員之間也會潛移默化。

馬修斯為職業運動團隊提供諮詢，建議他們如何面對搭檔和教練經常更換的狀況下，依舊能達到傑出表現。職業運動團隊和軍隊有許多相似之處，兩者都處於高度競爭的環境，有極大的獲勝壓力，也要經常和親友分隔兩地。選手會被交易或以自由的身分與新團隊簽約；管理高層會變動，團隊所有權有時也會被收購。儘管如此，有些優秀的團隊，還是能年年獲勝。

馬修斯提供的建議，大部分是教導他們信任三C。管理團隊的領導人，若能力足以勝任、品格良好，也關心選手的福祉，往往能成功。常勝不敗的團隊會積極建立信任三C的組織文化，提升選手的績效和品格。他們有明確的使命和願景宣言，並懂得與選手和工作人員溝通清楚。這些獲勝的團隊，對行為、品格有高標準的成員給予獎勵，也對違背這些價值的成員給予懲罰，因此組織的整體成果，就是體質強健，能在任何的變動下，保持一致。

在軍隊、體育等組織中，成員能成功保持好成績，需要團體扮演積極的角色推廣信任三C，並打造互相扶持的文化，但如果所待的團體不認同正向價值觀與循規蹈矩，即使品格良好的人要安分守己也會覺得有難度。

要打造成功的團隊，必須一開始就致力提供積極正向且貫徹始終的工作環境。新進成員學習這些價值，引導成員成為品格楷模，就算面臨人事變動時，也得以維持卓越。

史基納常被引用的一句名言：「老鼠永遠是對的。」，在責怪老鼠之前，先看看老鼠所在的團體。好的團體可以維持卓越，而價值觀模糊或執行力不足的團體，則屢屢失敗。

如何建立彼此信任的領導力？

主管可以藉由評估自己的信任三C，建立團隊與組織內部的信任。西點軍校生一畢業，就會接獲美國陸軍軍官的任命，成為中尉排長，對於領導的職責，想必還不熟練。

排長負責管理的士兵約三十名，包含一名資深士官擔任副排長，三名資淺的士官擔任班長。排長負責訓練整個排的作戰能力，然而副排長在陸軍至少有十年的經歷，大部分都具備戰爭經驗，因此除了最資淺的士兵，排長通常是部隊裡經驗最少的成員。

隨著畢業時間將近，這種迫在眉睫的責任，開始在軍校生的心中造成沉重壓力。我們花了相當多時間輔導軍校生，協助他們做好準備。在輔導時，我們除了探討信任三C，也會討論可以做哪些事確保他們符合標準。

在畢業前幾個月，西點軍校會邀請陸軍作戰部隊的中尉與中士，輔導即將畢業的大四生。這些前輩會分享他們指揮的故事與面對的問題。軍校生聽取每一個經驗，而這些故事大部分都跟信任三C有關。

能力，最容易受到挑戰。如果一名新任排長能清楚知道士兵需要的技能，將使自己受益匪淺。雖然排長的職責不是在戰鬥中操作機關槍，但當一名低階士兵在學習如何使用武器時，若排長能示範如何正確操作，立刻能贏得信譽。

陸軍培養新任中尉的能力，是在他抵達第一個部隊之前，會先在學校經過一連串的學習。士兵通常對新任中尉有高度期待，希望他是個技術熟練且能力合格的領導人，因為他們的性命可能就取決於這名中尉的能力，對新任中尉來說，這也是快速建立信任的絕佳方法，如果缺乏能力，也會急速失去信任。

品格，就沒有那麼明確具體。我們和未來的中尉討論，排上的士兵是如何看待排長設定自己的標準。一些看似不重要的言語或行動，都可能影響品格正面或負面的展現。軍校生聚精會神聽取我們的經驗從中學習，思考當他們接任帶領一個排時，該如何執行。

關懷，可能是一個人的天生特質，也有可能本來就不具備。你可能不覺得自己是會體貼關懷的人，但可以利用行為表現，讓他人確信你真心關懷他們的福祉，例如記得生日，或看出士兵在生活中面臨的難關，給予支持和協助，這些簡單的舉動對建立關懷有很大的幫助。我們會告訴軍校生，花時間和士兵相處，讓他們覺得自己很特別。

但關懷不代表可以縱容下屬，而是要培養他們的能力達到高水準，並且花時間親自帶領他們。關懷，意味著他們的訓練將會嚴格艱辛，但收穫豐富，也代表你會讓他們做好萬全準備，在最嚴酷的環境中操練，對於無法達到這些標準的人，提供補救方案協助他們完成。關懷也意味著你會撥空走遍軍營，確保他們的生活條件令人滿意，並聽取他們對事件發展的意見，士兵在私底下說的話，往往會令你嘖嘖稱奇。

當你看到有事情出錯時，一定要糾正，不能放縱下屬，應該以高標準要求他們，親自協助他們培養技能，也要花時間傾聽，才能了解他們的職涯期望與個人生活。當下屬知道你為他們盡力做任何事時，他們會全力以赴不讓你失望，也會將自己的生命交託給你。

建立快速信任的方法

在軍隊中，軍官與士兵經常流動，指揮官和其他軍官在某個職位上的任期，通常只有短暫的十八個月到兩年，就會再重新指派到其他職務；同樣地，部屬在特定職務上，最多只會待四年。這種大幅調動是為了讓士兵、軍官移往至責任更大的職位，以增加他們的專業與領導能力。等到陸軍上校接管下一個旅的指揮權時，都會有五、六次以上的指揮經驗。資深士兵也要經歷一連串的新職務、晉升與頻繁調動。

當然，頻繁調動，也會有負面後果，導致軍中人員在某方面「樣樣通，樣樣鬆」，在他們對特定職位游刃有餘時，又要再次變動。雖然新任軍官先前有擔任過各種領導職，但在新任命的級別上，仍是個新手；對下屬來說，失去一個有能力又有經驗的領導人，也會感到壓力，因為需要「訓練另一位指揮官」，還要習慣新的做事方式。士兵帶著基本技能，前往新分配的任務時，也必定要經歷一段磨合期，才能在新單位充分發揮，就算有時會是從一個差勁的指揮官，換成能力好的指揮官，但領導人和下屬也都需要一段適應期。

由於人員經常流動，促使軍隊發展出一個策略，加速並緩和人事的過渡更迭，意即美國心理學家保羅．萊斯特提到的「快速信任」（swift trust）。[16]透過授獎和勳章的儀式，除了表揚成員的模範表現，也公開展示成員的任務功績，一眼就能看出新來的指揮官，可能上過美國陸軍遊騎兵學校（United States Army Ranger School）、參與過戰爭，甚至曾被分配到菁英部隊裡。軍事單位也會清楚表達任務和組織願景，讓新任指揮官及士兵可以更快適應新職務。

快速信任不只是軍隊的事，民間機構也可能因為人員劇烈變動，經歷類似的挑戰。新任校長或新任經理雖然不需要穿制服工作，但仍有快速信任的需求，例如：機構會設法藉由正式介紹領導人，讓人建立信任；新領導人可以從每天與人的互動中，加快建立信任的速度。

假新聞造成的信任危機

在組織中，不良行為者跟合法推選或指派的領導人做出破壞信任的行為，是兩種不同的狀況。我們不斷被「假新聞」轟炸，也有政府官員和某些領袖用無能或更難聽的話形容歷史悠久且聲譽良好的機構，例如執法和司法體系。雖然這些機構裡，確實有人長期玩忽職守，但機構本身卻具有韌性。

在全年無休、沒日沒夜的新聞與社群媒體中，這些玩忽職守的程度與影響力，似乎被放大了，過去鮮少登上傳統報紙的行為或事件，現在都成了「新聞快報」！

司法、執法、新聞、教育、商業、宗教與軍方等機構是民主制度賴以正常運作的基礎。信任的削弱會破壞這些機構的合法性，然而做出這些指控的，通常是為了支持特定的政治觀點，或者候選人為了拉攏選民，以獲取更多選票，不在乎社會機構失信於民的結果，自己的利益更為重要。面對觀點與自己相左的機構或個人，就會認定是「假新聞」，長久下來，人們對這些歷來備受尊崇的機構，只會降低信心。

我們認為人性有種種缺點，千古不變，唯一有改變的是如今唾手可得的各種資訊，當然也包括錯誤資訊。過去公眾人物會在深思熟慮後，才會公開發表，但社群媒體的崛起，卻讓人可以用二百八十個字元*，將自己的想法立刻分享給全世界。人們還沒學會如何在社群媒體上，區分資訊的好壞，但明顯壞的遠比好的多，這是美國參謀長聯席會議前主席鄧普西提出的「數位回聲」概念。

為了維護人民對社會機構的信任，個人有義務對每天的資訊風暴，做更加睿智、更嚴格的篩選與解讀。更重要的是，領導人必須為自己在新聞、社群媒體的種種言詞承擔責任，也必須體認到，不負責任的訊息可能造成破壞性的漣漪效應，否則對各級機構和我們的生活會付出相當大的代價。

大眾信任銀行：人們互動時的評價

如果領導人不受部屬信任，他還能成功嗎？如果主管不受老闆信任，他還能受到提拔嗎？如果你在不友善的環境工作，時常當著同儕的面被輕視貶低，你還能跟老闆維持信任關係嗎？

如果我為你工作，你是我的老闆，但我不信任你，那很難找到為你努力的動力。同樣地，如果我是你的部屬，你身為我的老闆卻不信任我，那麼你也很難和我維持良好的關係，因為你會避免將重要的任務指派給我，最後的結果就是我會換工作。[17]

不管是什麼產業，都會提供獨一無二的服務給客戶。在軍事行業，軍隊提供的獨特服務，是使用武力，軍人也會做好奉獻生命的準備。由於軍事行業的客戶是國家，因此使用合乎道德的致命武力，是為了保衛國家，就像所有職業一樣，與客戶培養關係非常重要，這是建立在信任之上的關係。

卡斯蘭回想起一九七〇年代，他還是西點軍校生的時光：

---

* 推特一篇推文的文字上限是二百八十個字元。

越戰期間，我是西點軍校生，每次我穿著制服離開營區，就會被人揶揄、吐口水，甚至騷擾，就只因為我是陸軍。我還記得有幾個設法不去越南的高中老師，勸我別去西點軍校，說我會成為「殺嬰凶手」。當你和客戶的關係是，客戶無法相信你、也無法相信你的組織，就像越戰時期的情況，那是嚴重插曲的控訴。我們絕不希望重蹈覆徹。因此，信任是構成領導力的關鍵要素，也值得研究什麼能創造信任、什麼會摧毀信任。

我們的職業有個重要因素，就是對工作的奉獻。在我們這一行，我們選擇承擔責任，如果不這麼做，就得由別人承擔，無論是國會、其他機構或是美國人民。如果有一個軍人的行為表現違反我們的價值與規範，那個人的行為沒有被糾正，通常人們會對士兵觀感不佳，甚至還可能演變成我們這一行與客戶（即美國人民）之間的傷害，這比對個人領導的傷害更加深遠，我稱為「大眾信任銀行」（Bank of Public Trust）。

我們與美國人民的關係，建立在信任之上。如果我們的軍隊成員，特別是有高曝光率的高階軍官，犯下極惡的行為、逾越我們的價值，不但會帶給他傷害，更會重創整個軍職，還會在人民與軍方之間的信任，留下裂痕。一犯再犯的不良行為，最終可能耗盡信任，最後美國人民對軍方再也沒有任何信任或信心。我們這些在越戰期間從軍的人非常明白，在不受美國人民信任的軍隊服役是什麼感受。

要贏得美國的信任很難，需要行為貫徹始終，表現出最高的價值與標準，時時都要達到美國人民的期望。即使我們做到了，也幾乎不會有人注意到，不過經過幾千幾百次表現出受人尊重的行為，將會慢慢增加信任。

可惜的是，只要有一名高階軍官一次惡劣的行為，或一個出現偏差行為的低階士兵，都可能澈底抹殺儲放在大眾信任銀行的所有信任。其中的運作機制很有趣，但對我們來說，最重要的是，了解到單一士兵或軍官的偏差行為，可能造成大眾信任的損害與影響，失去客戶的信任令人惶恐不安，我們再也不願意回到那樣的時光。

這凸顯出我們承擔責任的重要性。如果看到軍隊成員的行為舉止未達標準，我們的責任，就是讓他們守住標準。如果沒做到，低於標準的行為舉止，將成為新標準；如果一再出現低於新標準的行為，還是沒能糾正，將形成更低的標準，如此惡性循環下，不僅紀律渙散，還會喪失整個軍隊的凝聚力。

各行各業的個人與團體，也會建立信任銀行。學生肯定會更信任能力強、品格良好且真心關懷學生的教師。

社區警政概念的背後也是同樣的原理，個別警察分配到巡邏區，並提醒他們要走下巡邏車，認識他們服務的民眾，為的就是要建立信任，也希望居民能認識轄區員警，除了讓民眾建立對警察的信心，也能同樣建立對執法機關本身的信心。《警察規章》規定：「我體認到我的警徽，就是大眾信仰的象徵，必須守住對大眾的信任，同時忠於警務人員的道德標準。我將不斷努力達成這些目標與理想，全心奉獻給我選定的職業……執法工作。」[18]

隨著能力、品格與關懷的提升，信任帳戶會逐漸累積。當個人或團體違背信任關係，等於從信任銀行中提款，若想將帳戶恢復到原來的價值，是個漫長且艱辛的任務，有時甚至覆水難收。信任，是攪動人類互動的無形力量，既微小也巨大，應該好好培育和珍惜。

第 6 章

挽救品格危機的解方

文化不會因為我們渴望改變而變化，而是在組織轉型時改變；文化也真實反映了每天共事的人。

——法蘭西絲．賀賽蘋（Frances Hesselbein）[1]，

美國女童軍前執行長

父母可能告訴過你，在你成長時，交往正當的朋友是多麼重要。他們的意思是說，他人會以你來往的朋友判斷你的好壞。但不僅於此，你是什麼樣的人、受到社會環境的影響比其他因素都大。

至今我們的焦點都放在單獨的品格上。膽量、頭腦、情感的優勢，決定了我們是什麼樣的人，也大大決定了我們在學校、工作、家庭與社會關係的成就表現。我們將探討在組織裡，這些品格優勢扮演著強大的角色，也鼓勵個人培養正向品格，發揮影響力。他們怎麼做？領導人又可以怎麼做，確保團體達成目標？

憑價值挽回大眾的信任

領導人的判斷錯誤、行為不端、粗心疏忽或超出他控制範圍的原因，都可能導致危機發生。危機可能在預料之中，也可能毫無預警就出現了。真正的品格衡量標準，不在於出現危機，而是領導人與團體的後續反應。

世界知名的多元醫療保健公司嬌生公司（Johnson & Johnson），突然發現自己身陷危機。一九八二年，有七人服用嬌生最普及的成藥泰諾（Tylenol），卻死於氰化物中毒。

在美國止痛藥市場，泰諾的占有率達三五%，貢獻嬌生一五%的營收。雖然調查的結果是有人在架上的藥瓶動手腳，但消費者還是認為這起事件和嬌生有關。公司的市值下跌超過十億美元，嬌生所有成藥產品的安全與可靠性，形成了疑慮。[2]在毫無預警下，嬌生突然深陷一場不是自己引起的危機中，對公司造成了難以修補的損害，他們措手不及。

我們採訪嬌生現任董事長兼執行長亞歷克斯．戈爾斯基（Alex Gorsky），他曾是在美國陸軍服役的西點軍校畢業生，進入嬌生後從基層做起，一路往上晉升。我們問他，嬌生對泰諾危機做出回應的理由，因為公司當時不僅深陷損失龐大營收與庫存，還有消費者對整個產品線失去信心的風險。嬌生產品每天的使用者超過十億人，一旦發生危機，將損害大眾對品牌價值的觀感。

戈爾斯基的回答直接了當且夾帶榮耀與品格：「不損害人們對你的信任與依賴，沒有什麼比誠信更重要。」他說，一九八二年的領導階層，不曾過問財務的影響，因為他們知道要戰勝危機，必須對事件負起責任，並挽回顧客、員工的信任。但如果把焦點放在財務狀況，事情就沒有那麼容易。一家擁有高價值與誠信的公司，會將組織的價值放在盈虧之上，不會計較維持顧客與員工信任的成本，那麼嬌生的這些價值觀從何而來？答案是他們的「價值信條」（Credo）。

嬌生公司的「價值信條」，是由羅伯特・伍德・強生二世（Robert Wood Johnson II）創造的，他十七歲加入家族企業，一路做到公司總裁，最後在一九三八年成為董事長。二戰爆發時，他被任命為美國陸軍後備軍准將，確保陸軍的必需品和物資供應無虞。一九四三年，強生重掌嬌生公司董事長，並制定「價值信條」的商業守則，宣示該公司致力於追求正直與品格的承諾。「價值信條」對強生十分重要，因此他把信條刻在公司總部的牆上。

「價值信條」經歷了時間的考驗，至今幾乎沒有改過。戈爾斯基認為，「價值信條」不只是「道德指針」，更是「企業成功的配方」。在我們的訪談中，戈爾斯基對目前的商業環境感到憂慮，因為經理人與高階主管經常跳槽。他說，嬌生的所有高階主管都在公司任職至少二十五年，各層級的員工有不少希望能終身任職。這種對公司的忠誠就證明了，嬌生是經歷百年變遷，仍常勝不衰的少數企業。戈爾斯基表示：「嬌生是一份事業，不只是一份工作，公司就像一個大家庭。」[3]

成功處理危機的「價值信條」

本公司的首要責任是病患、醫護人員、家長，還有使用我們產品與服務的所有人。為了滿足他們的需求，我們所做的一切，必須達到高品質。我們必須不斷努力提供價值，降低我們的成本並維持合理的價格。提供給顧客的訂單，必須快速精準，讓跟我們合作的事業夥伴，有機會賺取合理的利潤。

我們會對全世界一起共事的員工負起責任，提供包容的工作環境，將每個人當成獨立的個體對待，尊重他們的獨特性與尊嚴，並表揚他們的功勞；必須讓他們從工作中得到安全感、成就感與目標；薪酬必須合理，維持舒適且安全的工作環境；必須關懷員工的健康與福利，幫助他們履行家庭和其他個人責任。必須能讓員工暢所欲言，提出建議與申訴；讓符合資格的人有公平的就業、發展與升遷機會；必須指派能力強且符合道德品性的領導人。

對自己生活與工作的社區和國際社會，我們有責任協助人民變得更健康，在世界各地，供更多支援與照護。我們必須成為優良公民，善行與支援慈善機構，改善健康與教育，並承擔稅賦。我們必須妥善維護我們使用的房地產，保護環境與自然資源。

我們最終要對股東善盡責任，必須賺取合理的利潤；必須實驗新的想法，進行研究，開發創新方案，為將來投資，並為錯誤付出代價；必須採購新的設備，提供新的設施，推出新產品；必須做好萬全準備，以備不時之需。當我們按照這些原則運作，股東將能實現合理的報酬。[4]

讀到這裡，就能明白嬌生公司的價值和原則。戈爾斯基告訴我們，他會常常閱讀「價值信條」，因為「信條明確指出我們的目標」，不僅對身為執行長的他很重要，也對整個企業很重要，他覺得組織必須以身作則，培養個人實踐「價值信條」。他認為，嬌生公司最重要的特徵，就是擁護「價值信條」中的價值。為了推動到整體組織，貫徹到所有管理階層，戈爾斯基會尋找機會探討「價值信條」，並確保管理團隊能遵守。「高階主管是榜樣，他們必須每天實踐價值信條。」戈爾斯基說，每次會議的開頭與結尾，都會討論「價值信條」。

在考評期間，公司會要求員工和主管坐下來，逐字朗讀「價值信條」，解釋內容的意義，接著請員工簽名，並要求他們在工作場所上履行。員工的價值信條考評，成為管理階層培養未來主管的其中一個關鍵考量因素：「品格與價值觀，是我們領導階層發展過程的重要部分，就是我們所做的一切。」

好奇心、熱愛學習、創造力、思想開明、洞察力的頭腦優勢，對嬌生這樣的公司特別重要。創新只是成功的基本要素，「雖然有了新構想，值得高興，但絕不會因此而滿足，」戈爾斯基評論道，「文憑的半衰期很短，也就是說文憑只是學習的執照。」細胞療法、基因學、機器人手術的新興發展，都是嬌生必須迅速掌握的主題。「現在不光是生物學和化學，如同汽車有先進技術，這些技術在未來十年內，將應用在外科手術中。」

當企業領導人在組織中推動以價值為本的品格，會有什麼影響？一九八二年發生的泰諾危機，明顯發揮很大的作用。嬌生當機立斷的行動贏得了讚美，短短五個月，這項藥品的市占率恢復了七〇％，接下來幾年還持續攀升。他們制定對策，確保問題不再發生。透過能力、品格與關懷，他們重新建立顧客的信任。有證據顯示，有部分消費者從他牌改買泰諾，因為嬌生處理這次危機的過程透明、可靠，而且以價值為本。[5]

打造高品格組織的成功模型

卓越不是偶然出現，打造高品格的組織也不例外，需要深思熟慮和條理分明的努力，還需要領導人真心認同，品格的重要性。嬌生內部從上到下，都以「價值信條」為重點，顯示即使在大型企業中，也能貫徹正向文化。實踐「價值信條」的最終結果是「獲得全方位的信任」，大眾相信組織裡的所有人都不遺餘力做正確的事，並用正確的方法達成公司目標。

以價值為本的信任，是打造高品格組織的基礎。信任三C——能力、品格、關懷，是個人獲得同事、部屬及主管的信任，必備的特質與技能。但組織如何循循善誘，並鼓勵成員利用信任三C達到卓越呢？

派屈克．史威尼從陸軍退役後，擔任維克森林大學領導和品格中心（Allegacy Center for Leadership & Character, Wake Forest University）主任，他設計一個概念模型，說明面對人事變動和品格不及格時，高績效組織是如何維持卓越。這個模型就是「個人—關係—團體—處境」（Individual-Relationship-Organization-Context, IROC），描述團體、個人及處境的複雜關係，這些關係又是如何影響信任和維持高績效。IROC模型包括：

個人誠信

- 能力
- 品格
- 關懷

人際關係很重要

- 尊重與關心
- 開誠布公的溝通
- 合作互賴
- 信任與授權他人

團體決定風氣

- 共同的價值、信仰、規範和目標（文化）
- 架構、實務、政策和流程

處境影響一切

- 依賴和需求
- 組織制度

個人誠信：能力、品格、關懷缺一不可

所有組織都知道要重視員工的能力，申請大學時，學校會用各種指標評估學生的能力，包括標準化測驗分數，例如SAT、ACT和高中成績。[6]美國軍隊採用武裝部隊職業性向測驗組合（Armed Services Vocational Aptitude Battery, ASVAB），針對每年招募的幾十萬新兵，甄選分級，最初採用性向測驗的起因，是第一次世界大戰期間，軍隊有篩選新兵的需求，以便將新成員分派到符合他們性格與能力的工作。[7]

不同的團體對能力的定義也不同，大部分工作需要智力，但可能還有額外的要求。舉例來說，執法機構通常會要求健康檢查，以及體力和靈活度的測驗。

規模小的組織可能無法負擔正式測驗的費用，所以通常以代替方法評估能力，例如完成大學學位，常被當作智力的可靠指標。除非是會計或財務等專業工作，否則雇主一般不會根據應徵者的主修科系徵才。通常專科或大學畢業就證明有足夠的智力工作。

有些組織可能會把徵才焦點，放在體能，例如職業運動團隊會從體能方面，仔細評估未來的選手。雖然成為優秀選手具備品格、關懷的要素也極為重要，但仍以體能為優先。籃球隊會系統化評估球員過去在高中或大學的表現，也會檢視各種具體技能和屬性，如速度、彈跳力、手臂長度（許多頂尖職業球員「雙臂伸展長度」比同樣身高的人長）、手的大小、有氧能力等都要評估。棒球球探則要尋找「五拍子球員」（five-tool player），這種球員跑度快、能長打、打擊穩定、守備佳、臂力強，隨著測量指標的先進儀器問世，這五項能力又增加了擊球初速與擊球仰角等衡量標準。

在一般組織體系錄取一名員工後，就是設法將基本性格與技能，提升到更高水準。大學至少會花四年的學術課程，磨練學生的智力技能。執法機構則會花費數月時間培訓特定技能的警察。選進大聯盟球隊的棒球選手，會先在小聯盟花幾年時間磨練在大聯盟所需要的技能。在發展技能的方面，軍隊可說是名列前茅，以退役的上校來說，可能已經上過至少四門專業課程，有些課程甚至持續一整年。

組織挑選與培育人才的基本要點如下：組織必須仔細界定內部需要的技能，以挑選擁有這些技能的人才，指派他們到能勝任的工作，之後在任職期間繼續培訓。

雖然這樣做能培養出能力合格的人才，但還不夠。品格是個人誠信的第二個構成要素。儘管許多組織了解也重視品格的重要，卻不太確定如何挑選品格良好的人，或是如何進一步培養人才的品格。

不同於能力，品格沒有公認的標準化測驗。VIA-IS 對個人意見回饋與反省雖然有幫助，但不是用來甄選人才。面試者只要交出他們認為的正確答案，就能輕易「操控」VIA-IS，其他以調查表為主的品格評估的問卷，也一樣。

使得組織會改用跟品格有關的間接指標，例如西點軍校會挑選擔任過隊長或班長的高中生；棒球隊會留意球員的「操守」，過去的行為舉止和團隊的價值觀必須一致；執法部門會針對警察的預備人選，進行身家調查，跟鄰居、親友等人訪談，並進行刑事紀錄調查，過濾曾有違法紀錄的人選。

接下來關於一群全世界頂尖的籃球選手的研究，凸顯了品格的重要性。

二〇〇八年初夏，第二十五步兵師的領導階層參加一項計畫，目的是要讓他們做好準備，為即將派往伊拉克的部署任務，建立一個有效的團隊。處於伊拉克增兵計畫的末期，第二十五步兵師要負責伊拉克幾個最有爭議的地區——北部省分的遜尼派和三個省分的庫德族人。

這項任務包括阻斷外國士兵穿過敘利亞邊境；阻止伊朗的武器與士兵越過伊朗和迪亞拉省（Diyala）的邊境；對抗海珊家鄉薩拉丁省殘存的復興黨（Baathist）之民族獨立運動；將原先的激進遜尼派叛亂分子（如今稱為「伊拉克之子」）整合進伊拉克軍隊，打敗剩下的激進遜尼派叛亂分子（後來變成伊斯蘭聖戰士或稱ＩＳＩＳ）；拉近庫德族與伊拉克中央政府的關係……這些都是關乎安全防禦問題與十分複雜的任務。

第二十五步兵師不是由司令部調派，而是有其他師的部隊加入，因此建立團隊的挑戰更加棘手。

副師長鮑勃．布朗（Bob Brown）准將，以前是西點軍校的籃球隊員和隊長，當時杜克大學籃球教練麥克．沙舍夫斯基是他在西點軍校時的教練，布朗為了協助第二十五步兵師團隊的建立工作，在部署任務前，邀請有K教練之稱的沙舍夫斯基向師部的領導人談話。

當時，K教練正忙著為二〇〇八年北京奧運，訓練美國國家男子奧運籃球隊。但他為了師部，騰出一個晚上的時間，教導師部領導人一堂領導課，而那堂課不僅運用在球隊，徹底逆轉奧運的表現（奪得二〇〇八年奧運金牌，為二〇〇四年的奧運表現雪恥）；他也教會了師部領導人終身受用的團隊建立技巧與領導心法。當該師調派到伊拉克北部時，這門領導課對戰爭行動發揮了重大的作用。

K教練翻轉美國國家籃球隊的命運，故事絕對令人驚嘆。二〇〇四年的美國國家男子籃球隊，一反多年來的贏球傳統，儘管實力比其他球隊強，卻輸掉了三場比賽，最終只拿到銅牌。

一般人可能認為，一枚奧運銅牌已經是了不起的成就，但考量實力、環境和多年的卓越成績，美國和全球的球迷都知道，二〇〇四年非常有潛力再創美國金牌佳績，最後卻沒做到。無數文章和評論都在探討，這支球隊為什麼沒有贏，但這支由明星球員組成的團隊，明顯不是一支團結的隊伍。因為球員只關心自己的表現，勝過如何讓團隊更好，教練也未能在球場上善用人才，球隊毫無活力的表現結果，使得球員和美國體育界，大失所望。

為了二〇〇八年奧運做準備，必須有所改變，美國籃球主管聘請強調團結的K教練。K教練讚賞NBA球員的強大能力，球員也了解如何運用自己的優勢，他們不但要展現高超的運動技能，也要為球隊而打，因此K教練沒有太著重在進攻策略和防守規則。[8]

針對K教練的改革，媒體的分析或文章都沒直指成功原因，就是他與第二十五步兵師領導階層分享建立團隊的內容。他透露，他決定了美國籃球隊成員的選拔標準原則。記取過去幾支球隊的教訓，K教練判定，「品格」是挑選二〇〇八年球隊最重要的標準。為了親自評估每個隊員的品格，他會前往每個球員家中客廳或廚房進行談話，並要有球員的家人在場。當討論到為美國隊打球的前景時，他也會觀察球員和家人的互動。

K教練認為，球員如何對待自己的家人是關鍵指標，可以判斷他們如何對待奧運代表隊的其他成員，如何平衡團隊與個人的重要性。團隊致勝的判斷標準，最重要的就是團隊的品格。他們打球，只是為了自己嗎？還是是為了團隊的利益而打？最重要的是什麼？是自己，還是團隊？

這一堂不可思議的領導課，不但適用在最高級別的運動團隊，還適用於各個領導階層。第二十五步兵師執行任務期間，堅持遵守那一堂課的觀念。團結的文化在二〇〇八年美國男子奧運籃球隊中生根，讓他們在比賽中保持不敗，再次領先贏得金牌，美國引以為傲。

二〇一三年到二〇一六年，K教練也獲邀指導美國籃球代表隊。他問卡斯蘭，能不能帶球隊到西點軍校，和軍校生進行非正式練習賽，並安排導覽西點軍校的軍人公墓。

西點軍校的軍人公墓是神聖之地，這裡是西點軍校畢業生因報效國家而殉職的長眠之處，其中的知名人士包括：諾曼·史瓦茲柯夫（Norman Schwarzkopf）將軍，一九九一年波斯灣戰爭的聯軍總司令；蘿拉·沃克（Laura Walker）中尉，第一位在戰爭中犧牲的西點軍校女性畢業生，死於二〇〇五年的阿富汗「持久自由行動」（Operation Enduring Freedom）*；艾蜜莉·裴瑞斯（Emily Perez）中尉，第一位在「伊拉克自由行動」中犧牲的西點軍校女性畢業生，逝於二〇〇六年；威廉·魏摩蘭（William Westmoreland）將軍，曾任美國陸軍參謀長、美國軍事學院校長，一九六四年到一九六八年美軍在越南的最高指揮官；艾德·懷特（Ed White）中校，第一位在太空漫步的美國人，一九六七年一月二十七日在阿波羅一號（Apollo 1）大火中罹難。

卡斯蘭問K教練，為什麼想帶領籃球隊員參觀公墓。他的回答是，這些知名的NBA球員要為自己的國家打球，主要希望他們能了解犧牲的意義和對國家的責任。在西點公墓裡，他們會參觀不同位階烈士烈女的墓園，但都是為了捍衛國家價值而殉職，他希望球員能深思偉大犧牲的意義，也體悟到為國家打球，根本不需要為國家犧牲性命。

關懷的特質就像品格一樣，沒有簡單的測驗能夠辨別一個人是否有真誠關心他人。但組織可以用策略辨識面試者是否有關懷的特質，例如在面談與調查背景時，觀察代表關懷的行為，是否有自願幫助他人的習慣，或詢問前雇主及同事，或許也能透露訊息。

當一個人進入團體後，關懷的特質可以加以培養，就像品格與能力一樣。社區服務對西點軍校職員和許多組織成員來說，是一種對自己的期許。大部分職業運動團隊樂於社區服務，會協助球員和其他工作人員在自己所在的社區做善事。這樣能加強關懷的特質，也能成為組織文化的一部分。

領導人應該採用深謀遠慮的策略展現關懷。數十年來，美國職業籃球隊聖安東尼奧馬刺（San Antonio Spurs）是常勝球隊，主要的原因是他們遵守信任三C模型。他們招募並培育一流人才，將品格列為所有隊員的核心，透過領導力，在球員、教練與工作人員之間，展現關懷。

---

* 美軍在阿富汗戰場的第一階段行動代號，從二〇〇一年至二〇一四年的大規模軍事作戰行動。

長期擔任馬刺隊總經理的布福德（R. C. Buford），現在是馬刺運動娛樂集團（Spurs Sports & Entertainment）執行長，他告訴馬修斯一則馬刺隊如何創造關懷文化的故事。

他們的球員米爾斯（Patty Mills），是有原住民血統的澳洲人。在他成長期間，聽到不少帶有種族歧視的辱罵嘲笑，就像非裔美國人在美國的遭遇。米爾斯敬重的英雄之一，是艾迪・馬博（Eddie Mabo）*，人們常稱他為澳洲的馬丁・路德・金恩。六月三日，澳洲人還會慶祝馬博日，雖然在澳洲以外的地方鮮為人知，但這樣的紀念儀式對有原住民傳承的澳洲人來說，意義格外重大。[9]

二〇一四年六月三日，馬刺隊正在準備一場重要決賽。在這場關鍵比賽前的最後一次練習時，傳奇教練格雷格・波波維奇（Gregg Popovich，球員和球迷稱他為「波波」），召集球員。大部分的教練大概會在此時討論比賽策略，或是來一場鼓舞人心的談話，但波波維奇選擇不同的做法。

他請米爾斯向隊友描述艾迪・馬博，還有這位英雄對米爾斯如此重要的原因。球員全神貫注傾聽米爾斯講述馬博的故事，暫時不去思考即將到來的比賽，在馬博日聽到這則故事特別引人入勝。

米爾斯和馬刺隊的其他球員，從這件事學到了什麼？最主要的是，他們體會到教練是真心關懷球員。藉由邀請米爾斯分享艾迪．馬博的故事，讓所有球員以正向的態度看待比賽。也有很多球員遭遇過種族歧視的經歷，因此他們和這位澳洲隊友建立更強烈的情感連結。波波維奇的簡單舉動明確展現對球員的關懷。各類型的團體及所有層級的領導人，都能從此案例獲得體悟。建立關懷的風氣，沒有簡單的方法，領導人必須先體認到，關懷對打造卓越組織的重要性，再想辦法展現關懷。

就像波波維奇一樣，領導人應該花時間認識每一位員工，了解他最重要的需求，並在他表現良好時，送一張感謝函。每天花一些時間與部屬一對一相處，表示期待他們也會同樣的方式對待基層。關鍵是要始終如一且真誠，關懷是無法假裝的，員工能立刻察覺到虛偽。因此，高階領導人的重要責任，就是不但要關懷他人，還要將「關懷」當作提拔他們成為領導職的關鍵。

---

* 著名原住民政治活動家，為原住民的土地權進行法律抗爭。

人際關係很重要：培養正向關係就有良好互動

正向心理學先驅克里斯多夫．彼得森用幾個字總結他自己的人生哲學：「他人很重要。」[10]這也是優良品格、高績效組織的關鍵。

當領導人對員工表現出尊重與關心、經常真心誠意與他們溝通、信任並授權所有層級的員工時，好事就會接踵而來。這些行為實現史威尼提出的「合作互賴」（cooperative interdependence），不只是「如果你幫我搔背，我也會幫你搔背」的概念，「合作互賴」指的是一種組織文化，領導人與部屬擁有共同的願景、目標，體認到成功取決於共同努力達成目標。

觀察任何一家高績效的組織，你會發現這些人際關係原則，發揮很大的作用。前文提到聖安東尼奧馬刺隊是過去二十五年來，NBA最成功的球隊。馬刺隊續造的成績，有很大的原因是重視打造正向關係，這可以維持球員的良好品格，當良好品格加上能力與關懷，便會使團隊年年獲勝。

二〇一七年四月，馬修斯在NBA首場決賽的前夕，觀察馬刺隊的練習。布福德和他坐在球場邊的折疊椅，略帶驚嘆地討論，波波維奇教練如何培養與球員的正向關係，還有球員彼此間的正向關係。

布福德請馬修斯仔細觀察，在練習時，波波如何和每一位球員互動；他說，在練習期間，波波會走近每位球員，雙手放在對方身上，直視對方眼睛，與對方交流。不管是球隊裡的頂級巨星，還是最後一名的板凳球員，都不重要，波波會和每一個人親自溝通。

與球員的緊密互動，只是打造正向關係的一環，波波還會讓他的團隊日復一日沉浸在正向關係的環境中。尤其是他和球隊的晚餐頗負盛名，波波維奇教練是品酒行家也是美食家，經常招待球隊吃晚餐，特別是在旅途中。他將用餐視為打造關係的機會，因此不會隨意安排。

由於聯盟球員的各自經歷和背景迥然不同，晚餐能幫助團隊形成和加強自己的正向文化，波波維奇教練會顧及到每個細節。布福德說，波波會徵求經驗豐富又擅長社交的球員協助，請他們和新球員坐在一起，幫他們加油打氣，讓他們感覺是團隊的一員。這樣的晚餐安排，符合史威尼提出的人際關係要素。晚餐成了開誠布公溝通的場合，展現尊重與關心，也給予球員自主權、建立信任，並創造合作互賴的條件。[11]

在人際關係因素，你的組織的評分如何？列出你的主管為了建立人際關係所做的事，並針對你的層級所能做的事，詳細擬定計畫，不管你是執行長、中階主管，還是小組組長，當領導人與經理人將人際關係列為優先要務時，員工也會以此待人。

團體決定風氣：取決於領導人

領導人的最大影響力，就是建立品格與正向關係的團體風氣。嬌生公司的「價值信條」，就是絕佳案例，說明一家企業如何將自己的價值、信念、規範和目標，公告周知。品格良好的團體認同這些價值、信念、規範和目標，並透過架構、實務、政策與流程，達到這些價值文化。

處境影響一切：因應環境改變，但價值觀不變

各個組織團體的任務與架構不盡相同，就像大學的組織架構跟步兵戰鬥旅的編制不一樣，即使在一個特定的團體中，時空環境也會改變，例如進行戰爭的步兵旅，面對偶發事件的做法，會跟在駐防守備時不同。因此，必須考慮到環境背景的變化調整具體

的目標和策略，不過只有組織的核心價值始終不變。如同嬌生公司沒有為了因應泰諾危機，而改變「價值信條」，也沒有為了因應經濟波動而踰矩；聖安東尼奧馬刺隊在面對球員和球隊成績的變動時，原則始終保持一致。

處境影響一切，意思是針對不同情況，會改變具體的策略、方法與流程，以便調整適應。舉例來說，史威尼告訴我們在危險的情況下，例如面臨戰爭時，部屬自然會更依賴領導人可以為他們的人身安全和情緒負責。他對士兵的研究顯示，在戰爭中，士兵對領導人的「能力、忠誠、正直和以身作則」寄予最高的信賴。從領導人的觀點來說，更重要的是授權和信任部屬完成任務。成功的領導人非常重視部屬的能力、誠實和積極主動等特質，將有助於確保任務的完成。[12]

組織文化的好壞造就天壤之別的結果

解決裁員危機、提振士氣

美國南部田納西州納許維爾聖托馬斯醫院（Saint Thomas Hospital）執行長黛博拉．澤爾曼博士（Dr. Deborah German），在樹立團體正向風氣的過程中，就扮演著領導人的重要角色。

澤爾曼是第二代義大利裔美國人，從小立志成為醫生。由於她的天賦與潛力，從哈佛醫學院畢業後，不僅成為北卡羅萊納州德罕杜克大學的風溼性疾病、遺傳性疾病研究員，還是一位傑出的醫院管理人員，目前擔任中央佛羅里達大學醫學院創院院長、負責衛生事務的副校長。她是如何從一個醫生，一躍成為大型組織備受肯定的領導人？只是因為她是個心懷慈悲且關懷體貼的領導人，同時具備驚人的能力、品格和天賦，才能打造一家品格良好的組織嗎？

一九八八年，澤爾曼擔任納許維爾的范德比大學（Vanderbilt University）副學務長，後來任職醫學系副院長。在范德比大學工作十三年後，澤爾曼受提名擔任聖托馬斯醫院的董事長兼執行長，這是一家超支預算的醫院。當時，醫院預估一個月賺取二百萬美元，但實際上卻虧損二百萬美元。這場危機十分嚴重，因此澤爾曼接獲的指示，是立刻裁員一〇％，也就是解雇三百五十名員工。如果是你，該怎麼面對這種情況？誰還願意待在這種環境工作？[13]

澤爾曼是一位事必躬親的執行長，除了關懷每一位員工，還會跟他們一起工作，也因此能了解他們所承受的壓力和負擔，她甚至認為員工總數需要增加一〇％，而不是解雇一〇％。因此，當她得知這項指示時，深知這會嚴重打擊留任員工的士氣。她熟識醫院各部門的負責人，不僅非常了解組織的運作狀況，也具備管理內部制度的專業能力。為了解決兩難的困境，她召集領導階層，一起腦力激盪，找出解決這個問題的方法。

她將所有人聚在一起，分享自己的想法，並徵求解決的意見，也召集管理人員和醫生一起加入會議。在第一次會議中，為了展現她相信領導階層能解決這個問題，她表明若要解雇，第一個就是她自己也在醫院工作的女兒，接著是她自己。在說明問題之後，她請每位領導人將簡報發給部屬，目標是讓醫院裡的每位員工能分享對問題的認知和疑慮，並提供解決問題的構想。

接下來兩週，領導團隊每天從早上六點開會到早上八點，討論蒐集來的想法，目的是要集思廣益，提出解決方案，不限創新或傳統的形式。在會議上，整個團隊深入研究每個提案，並設想如何實施。

澤爾曼告訴領導階層，如果你折彎一根樹枝，很容易就斷了。但如果是數十根綑在一起，幾乎不可能折斷。因此，只靠自己肯定會輸，但如果所有人團結，我們就能贏。

他們確實贏了。一個好點子來自一位助理，他的職責是推著剛出院或坐在輪椅上的病人到門前，等待載他們回家的車輛。醫院為了讓病人感到舒適，會在輪椅上放一、二個靠墊，病人自然會希望將靠墊帶上車，讓回家的路程比較舒服。醫院這樣做已行之有年，當行政管理部門檢視成本時，發現一年竟要花費近一百萬美元。這位助理建議，可以鼓勵新來的住院病人和家屬，從家裡帶自己的枕頭到醫院，這樣不僅舒服衛生，還能讓病人在出院搭車回家的路上更舒適。這個來自基層的解決方案，非但為醫院省下一年將近一百萬美元的成本，還因為替病人提供更多貼心的方案而引起關注，可說是雙贏！

澤爾曼解決醫院財務危機的方式，高明出色，是她的慈悲、同理心，還有對每位員工的關懷，引導她找到解決方法。她讓每個員工參與，激發每位醫生、管理人員與職員的潛能。此案例展現了澤爾曼的責任感、急迫感和安排優先事項的處理能力。

多虧這項提案，醫院在沒有解雇任何一個人的情況下，三到四個月內就解除了每月二百萬美元的赤字，一個月更省下超過四百萬美元的成本，不僅得到明顯的成果，也獲得無形的好處，包括士氣提升、團隊內部有更高的信任和凝聚力等長期效益，或許最重要的是，整個組織對澤爾曼的信任與信心。

關懷，是領導人品格優異的重要標準嗎？當然是！只要跟澤爾曼相處一小時，你就會希望每天都待在她的團隊。

職場霸凌，削弱員工的信任

我們看過高績效組織如何追求能力、品格與關懷，讓團體風氣達到最佳狀態，提升員工的卓越表現。我們也看到一些團體缺乏能力、品格與關懷特質，造成不良影響。

團體有必要解決這些缺點，才能重新贏得員工的信任，改善生產力和士氣。但若組織故意違反能力、品格與關懷的原則，削弱員工的信任與信心，會有什麼後果？法國電信（France Telecom）* 就是這樣的案例。

* 從前是法國國營電信公司，現在是民間企業，改名為Orange。

一篇刊登於《紐約時報》的文章，記者亞當．諾西特（Adam Nossiter）描述，法國電信對員工「職場霸凌」，設法逼迫他們辭職。根據諾西特的報導，公司高階主管認為，員工人數共有十三萬人，必須縮編至二萬二千人，才能讓公司更有競爭力。由於法國法律保護勞工權益，公司無法輕易解雇，於是高階主管設計惡劣的工作條件，讓員工主動離職。但由於法國的就業市場不佳，無論管理階層對員工祭出何種手段，大部分員工都會忍耐，緊抱著飯碗不放。[14]

管理階層想方設法意圖達到他們的目的。據說有些勞工被重新分配到他們專業不適任或不喜歡的工作；有些則指派沒意義的工作或根本沒工作。這些行為是在向員工表明，領導者認為金錢比勞工福利更重要，而他們所創造出的工作環境，傳達出公司根本不在乎員工。

諾西特的文章描述了這項策略對勞工最可怕的影響。在一件勞工訴訟中，法國電信前高階主管被控職場霸凌。原告宣稱在二〇〇八年四月到二〇一〇年六月，法國電信員工至少發生十九起自殺和十二起自殺未遂。二〇一九年十二月，《路透社》報導指出，巴黎法院一審判決，該電信集團與前執行長確實有職場霸凌的事實。雖然該集團堅稱「沒有計畫或刻意刁難員工」，但他們表示不會上訴。[15]

根據正向心理學家馬汀．塞利格曼的「習得無助感」理論指出，法國電信制定的政策，完全料想得到後果。他發現，當動物與人類面對無可逃避的傷害時，會發展出許多憂鬱的症狀。

以此案例來說，如果勞工有其他就業選擇，他們可能會如資方所願辭職，追求其他工作。但惡劣的就業市場迫使多數人留在自己的崗位上，而無助和憂鬱的感受會隨著時間增加，就像塞利格曼研究習得無助感中的實驗狗，數以千計的勞工同樣蒙受重大的情緒壓力。[16]

我們希望這是組織傷害員工的罕見案例，無論是否出於故意，法國電信的案例證明了組織違反品格與關懷的原則，對員工會造成深遠不良影響。

幫組織評分

我們建議可以根據IROC原則，幫你的組織表現評分。將IROC組織評分表發給所有員工，仔細審視他們的回答。高分（四分與五分）代表組織在這些因素的表現良好，低分（一分、二分與三分）代表組織需要加強。根據這份評估的意見回饋，可以用來制定策略，改善組織的風氣。

IROC組織評分表

就每個問題，從一到五分幫你的組織評分：

1分＝非常差

2分＝差

3分＝一般

4分＝高於一般

5分＝優

個人誠信

在我的組織中，我的主管：

A. 能力合格

1	2	3	4	5

B. 展現良好品格

1	2	3	4	5

C. 真誠關心我的福利

1	2	3	4	5

人際關係

在我的組織中，我的主管對他人展現出＿＿＿＿＿。

A. 尊重與關心

1	2	3	4	5

B. 真心誠意的溝通

1	2	3	4	5

C. 合作互賴

1	2	3	4	5

D. 信任與授權

1	2	3	4	5

價值理念

我的組織包含：

A. 共同的價值觀、信念、規範

1	2	3	4	5

B. 正向的政策、實務、流程

1	2	3	4	5

解決能力

我的組織遇到問題時，

A. 隨時可以調整，適應情勢的變化

1	2	3	4	5

B. 有正式計畫來應對依賴和需求的變化

1	2	3	4	5

保持團隊常勝的基本功

品格不會憑空出現，必須靠強大正向的團體風氣、遵從ＩＲＯＣ原則的文化，才是常勝的必要條件，例如嬌生公司、聖安東尼奧馬刺隊等組織，能保持常勝不敗。

相反地，未能實踐ＩＲＯＣ原則的團體，則會功虧一簣。因此，從ＩＲＯＣ評量開始評估你的組織，可以運用我們簡單的調查表，或設計適合自己的評量方法，有必要的話，依據評量後的結果發展出一項計畫，改善團體風氣。若希望團體能保持常勝，以正確的方式取勝，打造積極正向的團體風氣就是基本功。

第 7 章

挑選好人才與合作對象的準則

從優秀邁向卓越的公司，在挑選「正確的人」時，看重品格特質的比重，會大於具體的教育背景、實務技能、專業知識或工作經歷。

——詹姆・柯林斯（Jim Collins）[1]，

《從 A 到 A+》（*Good to Great*）作者

如果你打算成立一家新公司，需要聘請一百名從基層到管理階層的員工。你知道以品格奠定高績效公司的基礎很重要，所以想確保你的員工從上到下都能展現正向品格，也重視他人的正向品格。為了達成這個目標，你需要做四件事：

1. 必須確認何種正向品格對組織最重要。
2. 招聘時必須挑選品格良好的人才。
3. 需要一套持續培訓員工的方案，讓他們發揮最大潛能。
4. 時時監督組織中的個人與次文化，確保他們始終堅持組織的價值觀。

釐清這些目標後，接著徵求人資專家的協助，他們有許多工具可以評量智力和性格，也會建議各種填補職缺的策略，包括蒐集每位應徵者的背景資訊，例如工作經歷和學歷。接下來，是背景調查、審查推薦信與面試。

成績好不代表是好人才

如今的招聘策略都很完善，但在品格方面卻無法評估，因為這些招聘測驗大多著重在智力或性格測驗分數。每年軍方都會針對數十萬的新兵申請進行「武裝部隊職業性向測驗組合」（ASVAB），若未達決斷分數，就不得進入任何軍種。ASVAB類似SAT的測驗。SAT分數可以決定上哪間大學院校。雖然高分是必要條件，但不一定能取得菁英大學的入學資格。分數略低可能還會申請到二流學校。分數若是更低，則會申請到社區學院或職業學校。然而，就算你再怎麼努力，高中成績出色，卻可能發生申請不到學校的情況。

如果你曾因為測驗分數而被工作或大學拒於門外，大概就是遭受短視近利的偏見，這是因為一百年多來，心理學家將絕大部分的心力放在開發、改進各種智力與性格測驗，他們認為這些測驗有效又可靠。

然而，這頂多只能預測約二五%的工作表現與學業成績。因此，如果智力評估占成就的比率如此之小，那代表七五%的表現與其他特質有關。還有心理學家和人資專家都沒有成熟或有效的方法，可以辨別和評量這些特質，這也是個問題。

對於想招聘高績效人才的組織，短視近利會引發一些問題。如果一名用功讀書、上暑期班和補習的高中生，以優等的成績畢業，但這名學生在學測時，成績不理想，遭到一流大學拒絕。如果要預測這名學生在大學的成就，你會運用哪一個因素預測？平平的學測分數（潛在成就占不到二五％），還是高中四年*表現出的恆毅力與決心（潛在成就占絕大部分）？

雖然學測成績結合高中成績是預測未來學業表現最強而有力的方法，但結合非認知能力和學測分數一起考量，最能有效預測誰會成功、誰會失敗。具備高學測成績的申請人，加上恆毅力、自我規範、熱愛學習等特質，就是認知與非認知能力的理想組合。

類似的學測分數也常遭到誤解，有時也被誤用。大學院校應該同時考慮學測分數和其他指標，美國大學理事會也倡導以這種方式，考量不同因素當作招生錄取的評估，因此，該機構投資了一項「前景展望計畫」（Landscape），目的是協助學校更了解學測以外的因素，在錄取學生時，更妥善使用學測分數。[2]

招聘員工時，人才評鑑很重要，但制式的人資策略，可能無法挖掘到具備恆毅力、正直、自律與社交智慧等特質的好人才。由於品格對個人和團體的表現十分重要，因此我們要探討能吸引人才、任職聘用，並留住好人才的方法。

舉例來說，安琪拉・達克沃斯與同事發現，體能是預測西點軍校生能否成功的強大因素。體能加上恆毅力，比學測分數更能預測軍校生能否從西點軍校畢業。雖然利用體能等非認知能力評估其他團體的成功，目前仍不知是否有影響，但組織在挑選和指派人才時，若可以一起考量測驗成績和非認知能力，將有優異表現。[3]

步驟一：找出對你最重要的特質

西點軍校是一個很好的個案研究，讓人了解如何在組織中找出成功所需的正向品格特質。西點軍校屬於整個軍隊的一部分，也信奉陸軍的七種價值——忠誠、責任、尊重、無私服務、榮譽、正直、個人勇氣。西點軍校的榮譽守則是：「軍校生不說謊、欺騙、偷竊或容忍違反榮譽的人。」這已成為西點軍校的鮮明特徵。接下來的內容，是一九四六年由陸軍參謀長艾森豪（Dwight D. Eisenhower）將軍寫給西點軍校校長馬克斯維爾・泰勒（Maxwell Taylor）少將的一封信：

---

* 美國高中是四年制。

敬愛的泰勒，

幾天前，您拜訪我的辦公室後，我想了很多西點軍校的事，也希望能找時間和您長談。在等待機會親自交換意見之際，我簡略地寫下一些記憶猶新的印象，也許能供您參考，以便進一步討論，或是執行您認為適當的措施——如果有的話。

我想，熟悉西點軍校的人都會立刻同意，西點軍校有一點明顯跟其他學校不同，就是多年來不但有「榮譽」制度，這個制度確實發揮了作用。有諸多原因造就這項成就，但其中有兩點最重要：第一，西點軍校的主事者始終拒絕利用榮譽制度，搜查不重要的違規行為；第二，軍團與教學人員的傳承，在軍校生的生涯早期，成功灌輸他們對榮譽制度的尊重。榮譽制度是西點軍校的特色，但隨著時間流逝，對畢業生的重要性幾乎不願意多談——在他們心目中的地位，如同母親或姊妹的貞操。

我知道自己對這個話題的感觸，不會比您和其他教官更深刻。我會提起這個話題，是因為西點軍校不久前才擴張，也剛經歷一場戰爭。我相信這一場戰爭後，校長很難留下自己選任的教職員。隨著時間過去，我認為這項難題可以克服，但對我來說似乎有一點同樣重要的是，如今教官與軍校生都清楚知道，榮譽制度掌握在軍校生手上，那是西點軍校最珍貴的財富，無論在什麼情況下，都不應該犧牲軍校生的利益，搜查違規的行為。

我記得自己還是軍校生時，最不好的經驗是，某區域被亂丟一些燈泡。找出罪魁禍首的辦法是一一質問軍隊每個人是否犯行。這種處理方式，會立刻被有良好判斷力的教官駁斥，因為他們能明白這對榮譽準則的最終影響；但我認為最重要的是，至少每年要對所有人解釋清楚政策，並由與校長有相當地位的權威人士來說明。

如何讓所有軍校生遵守榮譽制度的問題，責任當然是落在所有教官與高年級生的肩上。二到四年級生應該採取積極有效的行動，而教官必須拒絕以任何濫用規範的手段，才能對軍校生有很大的自主空間。

我很高興看到應用心理學的課程安排。我明白，在領導與人員管理方面的能力，西點軍校已經成熟，這是教務處時常關心的主題，而且會不時諮詢專家，包括其他學校、產業的傑出專家。

我們常發現，年輕教官憑自己的經驗、交差了事的方法，處理人的問題。我認為，就這方面透過理論與實務的指導，能讓絕大多數的軍校生自覺處理人的問題必須以人為本，藉此提升軍中領導與人事處理的能力。

我聽說自從我畢業以來，已經有不少進步，尤其在大四這一年，會灌輸責任感給即將成為少尉的士官。這方面做得愈多，對我們愈好。軍校生畢業時，應該要帶著合理的自信，相信自己有能力管理，安排適當的任務，監督手下圓滿完成任務。

對於軍校的技術或專業工作，我無可挑剔，因為已經有稱職的人員各司其職，這件事比前面提到的問題更重要。您盡心盡力讓未來的畢業生，在身為軍官時，都能具備對國家的責任感，持續關注個人榮譽和西點軍校的榮譽制度；在處理發展、訓練及領導軍隊的所有問題時，都清楚理解人的因素，如此一來，西點軍校就能持續在國人心目中占有舉足輕重的地位，而我們努力維護的一切不會白費，也就值得了。

德懷特・艾森豪[4]

這封信強調了以榮譽和正直的重要性，是西點軍校的核心價值。對艾森豪來說，這些是軍校生最重要的品格特質。他沒有提到天賦，或許認為精挑細選出的軍校生，已經具備卓越的要素，理所當然天賦出眾。在軍中信任是最重要的基石，而構成信任的品格特質有很大一部分是榮譽和正直。

這封信第二個值得注意的是，他建議泰勒在西點軍校開設應用心理學的課程。艾森豪在二戰期間觀察許多專業能力合格的軍官，卻不了解人性。他相信藉由學習心理學，軍校生可以累積對人性的認識，從而培養具有品格的領導力。西點軍校行為科學與領導系的成立，可追溯到這封信。

要如何分辨哪些品格優勢對組織最重要呢？第一步就是判斷什麼品格優勢和你的公司（學校或其他類型的組織）目標最相關和重要。仔細思考在這二十四種品格優勢中，在不同類型的團體和任務需要運用哪些優勢，才有機會脫穎而出。

針對陸軍戰鬥領導人的研究顯示，團隊合作、勇敢、愛的能力、堅持、誠實，都是在戰爭情況中，能有效運作的重要優勢。[5]幼稚園老師則是運用到不同種類的優勢，包括公平、幽默、善良、熱愛學習。可以請對組織瞭若指掌的人，指出三、四種能造就傑出員工的品格優勢。

步驟二：聚焦品格優勢，選出最理想的人才

確認組織需要哪些優勢後，必須設計出一套方案能挑選符合這些特質的潛在員工。如果「堅持」很重要，那你要尋找的人才，可能是曾經成功完成長時間的艱難任務。如

果創造力很重要，那就在履歷或面試中，尋找這方面跡象的人才。

西點軍校是如何挑選好品格的學生？為了評估學業能力，學校採用相對客觀的評量標準，包括標準化測驗分數、高中成績與高中排名。但因為品格沒有相對應的測驗，所以西點軍校運用品格的間接指標，例如恆毅力，或許能從高中生的行動和成就推斷。入學時，選定一項運動並堅持四年，就是一種指標。可以成為鷹級童軍（Eagle Scout）*，也是恆毅力的評估指標，因為需要長時間堅持不懈和專注力。領導力的品格特質可以從學生擔任社團社長或隊長判斷。如此一來，西點軍校挑出的學生不但具備成功的天賦，也擁有在西點軍校與陸軍生涯的成功重要品格。

不過，我們提醒在徵才時要謹慎運用品格測驗，例如 VIA-IS。雖然這些評鑑對自我反省很有價值，但用在徵才卻沒有幫助，因為容易被應徵者操弄，故意表現出可能獲得工作機會的品格優勢，因此最好把重點放在過去的行為和成績。

心理學有個重要的格言，即預測未來行為的最好辦法，是過去的行為，對預測學業成績也是一樣，一個勤奮用功的高中生，上大學可能還是一樣用功；品格，也是一樣的道理。在你用品格徵才時，留意行為的客觀指標，能反映正向品格特質，同時留意和組織價值觀是否有背道而馳的跡象。澈底調查背景，或許會透露出蛛絲馬跡，顯示這個人的價值觀和你的組織是否吻合。

組織機構可以利用別出心裁的方法評鑑品格。舉例來說，西點軍校要求申請人，針對道德處境寫一篇作文，解釋他們會如何解決兩難困境，字裡行間或許會透露出他的品格特質。

步驟三：在團體內培育品格

當組織挑出理想人選後，應該把焦點轉移如何培育進一步的特質。這需要定期考核，就像嬌生公司的案例，如果要有效執行考核，不能憑空捏造。由於學生和勞工都需要得到意見回饋，因此有賴於優秀的導師解釋考核結果，輔導他們解決問題，並規劃改善方案。

西點軍校秉持嚴謹的態度。進入西點軍校的每位軍校生，一年會「定期發展考核」三次，每學期一次暑期訓練，由學長、學弟和同學評分。

---

* 美國童軍階段計畫中，所能取得的最高成就。

軍校生的學業、體能、軍事和品格，其中以品格的項目被認為是最重要的部分。考核品格特質時，會根據幾種指揮標評分：陸軍的七種價值、同理心、戰士與服務理念（職業精神的態度和信念）與紀律（自律）。

領導力和信任的考核，則透過幾個問題評量。從一分（低，需要大幅改進）到五分（優異，可以勝任軍官）的量表為軍校生評分。軍校生會收到以顏色區分的意見回饋（從下到上是黑、紅、橘、黃、綠），可以看出學弟、同學、學生領袖、教官和教授對他們的看法。這種評分方式可以立即知道自己的優點（綠色）或缺點（黑色），長期下來也能看出發展的變化。

輔導員和軍校生一起檢討考核，討論優缺點與方向，以及需要做些什麼事改進弱點，這樣做可以引導軍校生自我反省找出改善的方法。

有人可能會想，這套做法有用是因為透過有制度且資源豐富的機構在推動，於是問：「我既不是軍校生，從事的工作也沒有考核和意見回饋制度，我要怎樣考評自己，包含品格發展在內的領導力？」

這是個好問題，所有學生、員工、領導人，都需要公開透明的考核，評量他們的品格、工作績效和領導力的影響。然而，人們通常會比較容易接受對自己有利的意見，但對於不討喜的意見回饋，往往會替自己找藉口或不理睬。如果想知道自己的品格是否和組織的價值觀一致，就需要虛心傾聽別人對你的說法，必須欣然接受各種正反面的意見回饋！

你可以採取考核的方法有很多種，我們的第一個建議，就是對品格做自我評估，方法類似辨別特定職缺的關鍵特質。寫下你認為目前工作最重要的品格特質，以及生活所需要的特質，例如養育小孩或擔任義工，並從 VIA-IS 找出品格優勢。

接下來，列出與這些特質相關的行為清單，例如與「尊重」有關的行為，可能是「專注傾聽，特別是觀念和你不同的人」；與「責任」有關的行為，可能是「永遠做正確的事，即便沒有人在看」。等列出每個品格特質的相關行為清單，用一到五的分數，評量每種行為，做法類似軍校生的考核方法。

別人的意見回饋，把你的品格特質和行為列表分享給你的主管、部屬、配偶、子女或其他有交集的人，請他們用一至五分的分數評分。如果你的心胸開闊，可以問他們評分的理由，[6]你會出乎意料地發現，其他人是怎麼看待你這個人。

現在也有新的工具可進行品格評鑑，可以用這種方式培育人才。美國心理學家布萊恩·戴偉森（Brian Davidson）是人力資本公司 MindVue 的創辦人，致力於評估、預測、培育卓越人才。戴偉森及同事開發一種先進的評鑑工具，稱為MindVue Profile*。[7]可以評估各種非認知技能和特質，包括恆毅力、自制力、當責、希望、成長心態、自律、韌性與正直。這個工具有別於其他的品格評鑑工具，會標示受試者是否誠實或回答是否一致，大幅增加了可靠程度。

回到本章開頭談到招聘與培育一百位新進員工的情境，MindVue Profile可以搭配我們的建議篩選應徵者。等到員工入職後，MindVue Profile可以運用在許多方面。根據評鑑提供的詳細意見回饋，員工可以進行檢討和反省，看看有哪些是自己擅長或需要改進的地方。

對高階主管來說，MindVue Profile提供一個儀表板，將個人分數總結成團隊或公司各部門的平均分數，為主管提供有用的可靠資訊，了解這些特質在公司不同部門的狀態。例如，發現某團隊韌性分數低，可以透過額外的訓練幫助他們改善。MindVue Profile也能提供個人與團體的回饋意見，消除品格考核中的猜測。如果可以結合傳統的面試與調查策略，對團體發展與「激發個人潛能」會是珍貴的工具，也會逐漸降低困境。

雖然給予並接受誠實的意見回饋不容易，特別是關於品格的意見，但如果不追求意見回饋也不認真看待，就會一直表現出同樣的負面行為，持續得到相同的結果，不會改進，也不會成長，而是會錯失良機。因此，我們鼓勵大家不要害羞，鼓起勇氣，詢問你的同事和家人，看他們怎樣評量你的品格特質和行為。

步驟四：處理品格缺失的問題

基於人性，由個人或群體，會不時表現出違反團體價值觀的行為。有時，最好的做法就是依過失行為處置，解雇員工或讓學生退學。但大多時候，領導人也可以善用自己對品格的知識，糾正那些行為。

接下來的兩例個案，說明此步驟在兩個不同類型團體的重要性。在這兩個案例中，領導人都為團體挑選出優秀人才，並認為他們的行為表現會持續符合道德品性。然而，領導人若以為從此順利，沒有善盡監督的職責，將導致生存危機。

---

* MindVue Profile 評鑑工具的完整說明可參考該公司網站：www.MindVue.com/profile。

隱匿五年的醜聞損毀組織的名譽

二〇一三年夏天，卡斯蘭將接任西點軍校校長，受邀出席校長事會與現任校長的會議。校長事會類似大學的董事會，但沒有監察的權力，而是由六到七名美國參議員、七到八名眾議院議員、五到六名美國總統任命的成員所組成的監事會負責。他們的主要任務就是針對西點軍校的情況，每年提交報告給美國總統。

二〇一三年的校長事會在六月舉行，在畢業典禮結束後兩週，距離卡斯蘭上任的時間還有兩週。通常校長事會的氣氛都是親切友好，踴躍交流資訊；議程會事前共同準備，執行項目與議題也在會議前準備好。這是卡斯蘭預期的流程，但真正的情況卻不如預期。

校長事會開始時，由總統任命的成員，她是西點軍校第一個納入女性的班級一九八〇級女性畢業生，正式宣讀一份言詞嚴厲的報告，批評校方對一起男子美式足球隊性騷擾指控的處理方式，這種情況持續約五年，卻在畢業典禮前幾週才浮出檯面。

每次比賽後，美式足球隊就會流傳一連串不友善、羞辱人、粗鄙無禮名為「販夫走卒」的電子郵件，每一封都在批評隊員在比賽中的表現，也抨擊對手球隊、觀眾，甚至比賽之外的個別指導員、戰術指導官和其他軍校生。

那些侮辱人格的評語，不是人們期待中的美國陸軍未來領導人，更不是社會上負責任的公民。那些電子郵件用粗鄙的語言，描述不正當的行為，真正引起監事會注意的，是指名道姓、針對西點軍校女學生的評論，內容顯示出次文化的價值觀和陸軍的價值觀完全背道而馳。

次文化不一定就不好，像是運動團隊為他們不屈不撓、身心堅韌的次文化感到自豪，因此這些次文化價值觀符合團體的價值觀。但當團隊出現不堪入目的電子郵件，內容傳達的次文化價值觀，西點軍校必須採取行動，整頓那些引人不快的言論或揪出散播那些扭曲價值觀的人。

團隊的價值觀和私人的價值觀必須一致。軍隊中的每個人被賦予眾望，時時刻刻都要展現領導力，也沒有特權，應該始終保持相同的價值觀，這也適用於任何職業的領導人。信任是有效領導的基本要素，而最會失去信任的方法，就是私人生活展現的價值觀與團體不一致。

西點軍校校長事會的批評重點，不在揭發美式足球隊的不堪，而是事件曝光後校方領導人的處理方式。問題是在畢業前兩週才發現，監督長和校長竟只是快速成立輔導專案，處理包括準畢業生的美式足球隊。後來評估他們的心態已經改善，價值觀也符合國家對西點軍校畢業生的期望，於是這些大四生得以按時畢業。校長事會清楚知道，這種危機處理方式不恰當，特別是准許大四生按時畢業。

以新任校長的身分，讓卡斯蘭得以採取局外人的觀點處理這件危機，當追究調查後，他將負責球隊的教練和教官免職，球隊解散一學期，並將所有隊員送進改組後的輔導專案。他們為自己的行為負責，是對團體傳遞正確訊息的必要做法，而卡斯蘭也必須這樣做，特別是在他接任校長之際。嚴懲違背團體價值觀的行為，絕不寬容，因為這不是陸軍未來領導人該有的模樣。

美式足球隊的失序異常，還有個令人值得注意的地方，就是為什麼事情持續了五年才曝光，為什麼沒有人發現？要怎麼確定運動團隊、社團及其他群體的次文化價值觀，都與團體一致？

因此必須具備考核部屬團體文化的工具。卡斯蘭授權設計一份文化考評制度，每年針對所有社團、社團等級的運動團隊，還有西點軍校內所有美國國家大學體育協會（ＮＣＡＡ）校隊進行匿名調查，對於評鑑次文化極有幫助，每年也會根據收到的資料進行修正。舉例來說，有一個團隊合謀操弄調查結果，幸好有位不同團隊的匿名學生，讓卡斯蘭注意到這件事，使得後續的調查不但要考評自己的團隊，還要考評其他團隊。

這項考評對卡斯蘭十分重要，因此他會親自檢查所有結果，統整每個社團與團隊的資料，並和所有軍校生團隊隊長與教官一同面談，指示體育指導員和每位教練一起檢討調查結果，如果有問題，他們就要找出解決方法。

當然，西點軍校不是唯一面臨因未能遵守團體價值而遭受拖累的個案。

違反流程，方便行事的後果

中佛羅里達大學是美國規模龐大的大學之一，自一九六八年創校以來，也是成長最快的大學。入學人數呈指數型成長，一九六八年有一千九百人，一九九二年有二萬一千人，到了二〇一九年達到六萬八千人，中佛羅里達大學的營運預算高達十七億美元，提供超過一百種不同領域的學士、碩士和博士學程，每年授予超過一萬六千個學位。有二千五百位教師和有一萬三千名職員。二〇一八年中佛羅里達大學的研究經費，是一億八千三百萬美元。

在該校快速成長之際，二〇一八年八月，一名佛羅里達審計長發現該校建造教學大樓柯爾邦樓（Trevor Colbourn Hall）花費三千八百萬美元，不符合州政府規定的資金，原本是教育及一般基金的經費。在進一步調查後發現，這不是單一事件。從二〇一三年到二〇一八年，剩餘的營運基金總計八千四百七十萬美元，分攤用在十一個資本計畫。

該大學校長表示，柯爾邦樓建於一九七四年，到了需要大幅修繕的程度，否則會有重大的安全問題。他們認為，修繕柯爾邦樓算是緊急事件，因此才挪用資金。但調查發現，大學主管在做決定的當下，雖然認為這是合理的擔憂，但沒有證據顯示柯爾邦樓有迫切的安全疑慮，需要緊急動用教育及一般基金。[8]無論是大學理事會還是董事會等監督機構都不會接受大學領導階層的理由。

「可以用安全的理由，辯護不道德的行為嗎？」學校董事會要求大學領導人負責，也說明無論基於何種論點，都不能為道德敗壞或非法行為辯護。**無論以一美元還是三千八百萬美元出賣正直，都是不正直的人，每天早上會沒臉照鏡子**。

由於中佛羅里達大學的學生、教職員皆快速成長，使得原先能夠正常運作的制度和硬體需求，如今變得不堪負荷，所以行政管理會直接和學術與研究競爭。這也表示，要執行使命與奉公守法將愈來愈難。

也就是說，違反道德將教育及一般基金挪用在基本建設，是滿足需求的一種選擇，由於要符合正確的流程做事過於艱難，因此做出不符道德的決策。五年期間，十一項資本支出花費八千四百七十萬美元，代表大學領導層經常不照正確的流程行事，選擇了好走但不正確的道路，而不是選擇難走但正確的路。

那麼誰該為這件事負責？佛羅里達州眾議院議長理查・柯克倫（Richard Corcoran）認為，中佛羅里達大學的財務長不是唯一要承擔責任的人，也不是唯一知情的人。柯克倫寫信給中佛羅里達大學新任校長戴爾・惠提克（Dale Whittaker）：「我實在不解，一個不負責任的公務員藐視立法機關與州立大學系統的預算監督，如何造成大規模且未經批准的作為，還長達四年？只有兩種可能：中佛羅里達大學內部的其他人對濫用公共資金的事知情，甚至參與共謀，不然就是行政管理部門缺乏必要的內部監督制度管理會計責任。」[9] 議長提出的問題是，對於組織內部的不道德與違法行為，行政主管要負責到何種程度？

佛羅里達州議會認為，行政部門主管確實必須負責；如果不是私下勾結，那就是沒澈底遵守法規程序，或是在發現不正當行為時，沒有採取適當的行動。

僅僅少數人的行為，便造成整所大學毀滅性的後果：校長革職並喪失退休俸的資格、財務長辭職、四名助理副校長被免職、理事會主席被迫下台、原本被選拔為新任校長的前教務長也被迫辭職。最令人憂心的是，大眾已對大學及監督委員會失去信任。

在一場董事會議中，佛羅里達州立大學系統總校長，稱這起事件為「大災難，喪失誠信，也失去大眾的信任」。佛羅里達國會公共道德委員會主席也說：「該大學的理事會顯然無法理解嚴重性。」[10]

中佛羅里達大學資金挪用事件的餘波，不僅直接影響到做出拙劣決策的人，最後還擴及整個大學、領導階層與學校的聲譽。然而，影響尚未停止，還讓新任領導階層背負艱難任務，就是挽救原本不必失去的信任。

新任臨時校長寫了一封電子郵件給當地報紙：「過去發生的事確實違法。做這件事的人和隱匿他們行為的人已經不在學校，中佛羅里達大學已經採取多種積極的措施，確保這種事不再發生，我們也會致力恢復大眾對學校董事會與佛羅里達州議會的信任。」

至於如何恢復中佛羅里達大學的信譽，新任領導階層擬定一套積極改善的計畫。第一步就是，改變財務與組織架構，並區分責任，採用問責制*，避免先前的問題重蹈覆轍。該解決方案牽涉到該校領導階層、職員與監督委員會合作的政策、程序和法規，並推行訓練和教育計畫，向監督委員會、大學領導者和職員教導治理與授信責任的程序。

訓練計畫必須消除對監督機制是障礙的認知，打造欣然接受透明、合作與夥伴關係的新文化。大學也建立揭發告密的機制，教職員工只要發現自己可能會陷入名譽受損的處境，可以透過管道舉報那些違反道德的命令或行為，不必害怕被報復。

在前任領導階層的管理之下，中佛羅里達大學的團體價值、信念、規範與目標已經失去平衡，使得行政管理部門未能堅守自己的標準。如今，該校員工行為準則已納入組織原則，符合IROC模型的原則。[11]

明確的願景和該校的目標有了連結，五個願景目標包括：提供佛羅里達州最好的大學與研究所教育研究生和研究計畫，能在國際嶄露頭角、變得更包容和多元。

該校的行為準則符合高品格組織的四個重點：誠實與正直、尊重他人、責任與問責、盡責管理。最後一點，盡責管理是要求領導人和員工在財務責任中嚴守道德。該準則明確指出，做出財政決策時，必須考量四個問題：

1. 這項業務會影響我將來做的任何商業決策嗎？
2. 這項業務會不會出現和某人的利益衝突，例如新聞媒體業？
3. 我是否有先獲得可以運用、接受或管理這些資金的批准？
4. 我是否受過正當債務催收和內部管控的訓練？

---

* 為自己的活動與行為負責。企業中的每個人都要為組織設定的目標與結果承擔責任。

雖然建造一棟現代化教學大樓是值得讚許的目標，但以這個挪用資金的案例來說，不擇手段達成目標，會摧毀整個組織。俗話說，通往毀滅的路，是由善意鋪成的。只要遵守步驟四「處理品格缺失的問題」，可以避免這種情況發生。

不良行為者的一個舉動可能削弱經年累月才累積的信任。當丟失信任，最重要的是找出原因，並盡可能快速且積極加以修正。不管重建信任需要花上幾週、幾年或更長的時間，絕對都要挽救信任，才能產生極具成效的關係，讓組織實現願景並完成使命。

打造一流組織的基礎

一鍋好湯，需要的不只是好材料。就算你已經知道燉湯裡要放什麼食材，找到最好的肉和蔬菜，仔細遵照食譜烹調，但有可能還不夠，仍必須小心掌握火候，時時嚐試味道，以確保食材入味。由於西點軍校和中佛羅里達大學在步驟四的「處理品格缺失的問題」失敗了，於是蒙受重大傷害，也必須付出龐大的心力補救。

一九九二年的美國總統大選，候選人比爾・柯林頓（Bill Clinton）喊出一句簡單的競選口號：「笨蛋，問題在經濟！」這是由競選顧問詹姆斯．卡維爾（James Carville）提出的口號，讓選民聚焦在這個強而有力的訊息。隨著國家走出經濟衰退，柯林頓正確理解到，聚焦在經濟可以提高他入主白宮的機會。

反觀品格，這個口號也能變成「笨蛋，問題在組織！」是否能分辨、挑選、培育高品格人才，是打造一流企業、學校或其他組織的基本條件。最好的團體通常會進一步監督、考核成員的品性與次文化的價值觀，以確保符合組織的價值觀。

第 8 章

避免好品格人才走歪

良好品格不是一週或一個月就能形成的，而是日復一日、一點一滴建立。因此，培養良好品格，需要長時間耐心付出。

——赫拉克利特斯（Heracleitus）[1]，
古希臘哲學家、愛菲斯學派代表人物

農夫知道要選購優良種子，才能種出優良的品種。挑選優良種子不但能增加產量，作物的抵抗力也比較好。但農夫也知道，儘管高品質的種子有其必要，卻不保證可以大豐收，因為土壤的品質也很重要。在農作物成熟時，農夫給予的照料和營養也是一樣。如果以為只要播下種子，接著等待收成，春夏時節還可以去釣魚或旅行，不需要管理田地，那就把農耕想得太容易了！

品格如同種子，挑選有品格良好的人才成為團體的一分子，是打造高品格組織的基本條件，就像農夫在挑選種子時的用心和考量，提供並維護好的環境也至關重要。前文提到馬刺隊的高績效團體，是如何年復一年執行，如同農夫將種子栽種有利於生長的土壤，但作物需要照料，品格也需要培育。即使一開始擁有最好的種子，但可能無法種出優質的作物，也就是學校或職場在一開始招攬到品格良好的人才，最後卻還是有可能組成品格堪憂的團體。

品格必須持續培育，就算是品格模範生，有時也會出現違反道德操守的行為，類似的案例不勝枚舉，你或許記得自己或他人生身上也有品格不及格的時候。

以退役將領、美國中央情報局（Central Intelligence Agency, CIA）前局長大衛·裴卓斯為例，他出身紐約哈德遜河畔的康瓦爾（Cornwall-on-Hadson），父親是二戰的自由輪（Liberty ship）船長，所以裴卓斯潛移默化進入沿著哈德遜河、離家不遠的西點軍校念書。他在西點軍校表現優異，以班上前五%畢業。他的陸軍事業表現也很傑出，擔任過每一位階的指揮官。他在伊拉克戰爭中擔任師長，當時他所提出的戰略，被視為美軍最有成效的戰略之一。後來，他繼續擔任層級更高的指揮官，包括陸軍聯合兵種中心、美國中央司令部、駐阿富汗國際安全援助部隊。

二〇一一年八月，裴卓斯以四星上將從陸軍退役。沒多久，他就宣誓就任ＣＩＡ局長。然而，他的問題也從這裡開始，裴卓斯被人發現和西點軍校畢業生的寶拉・布洛德威爾（Paula Broadwell）有婚外情，還與她分享保密資訊。最後，裴卓斯以未經許可移除、保留機密資料被起訴並判刑。二〇一二年十一月九日，裴卓斯辭去ＣＩＡ局長，在任僅十四個月。

裴卓斯是西點軍校精心挑選進入一九七四級的人才，並為他提供一個持續成長的理想環境（土壤）。在他絕大多數的陸軍生涯裡，堪為官兵表率。以他數十年光榮可敬的貢獻，裴卓斯分享保密資訊的行為，顯然「不符合他的品性」。我們永遠無從得知，是什麼原因導致裴卓斯做出這些舉動，但是有個方法可預防我們自己和其他人犯下類似的錯誤，就是注意產出優良作物的關鍵——品格的教化與培育。

塑造品格的三大因素

乍看之下，培育優良品格可能是個令人退卻的難事，但運作良好的組織會用各種策略達成。當你想到高品格的組織時，會想到什麼呢？童子軍、宗教組織、從學前教育到高中學校、大學院校等不同的機構，有什麼共同特質？

心理學家已經找出所謂塑造品格的三大因素：

1. 積極正向的持續輔導
2. 建立技能的課程與訓練
3. 領導的機會。[2]

有些機構會將這三種因素系統化整合到培育人才的計畫中，有些組織則是憑直覺執行，有些組織卻根本還沒有開始。

積極正向的持續輔導

積極正向的持續輔導，是培育品格的基礎，在所有高績效團體都看得到。聖安東尼奧馬刺隊的籃球營運與創新主管菲爾・柯倫（Phil Cullen）是成功輔導的案例。

籃球傳奇球星提姆・鄧肯（Tim Duncan）是馬刺隊在球場上與球場外的領袖。他的職業生涯從一九九七年開始，跨越了十九個球季。過程中，他領導馬刺隊贏得五次NBA冠軍，十五次進入NBA明星賽，是二〇〇〇年明星賽最有價值球員（Most Valuable Player, MVP）。他代表美國參加一九九四年的奧運，也在他取得心理學學士學位的威克森林大學（Wake Forest University）打大學籃球，兩度獲選為NBA的MVP。

若頂級球員出現自我膨脹的行為也不足為奇，因為NBA等運動球迷常見到這種情況，例如優秀球員要求特殊待遇、容易得罪媒體，相較於團隊的勝負紀錄，更關心個人統計數據和成績。不過，鄧肯在優異的職業生涯裡，始終展現謙卑與合作的正向品格特質。

柯倫跟馬修斯提到，二〇一八年夏季訓練的一件事。夏季訓練讓球隊的管理階層和教練團有機會觀察到球員的技巧和「性格」，特別是剛從選秀中入選的球員、透過交易或自由球員加入的隊員。

在體育界，「性格」是用來描述球員的心理、社交與情緒特質。從我們的觀點來看，「性格」是簡略的表達方式，表示球員有正向品格特質，如恆毅力、團隊合作、勇氣……能幫助他們在競賽中勝出。

在這次訓練中，一名選秀新人正力求表現，企圖讓球隊留下印象。他在每次練習都全力以赴，但就在一次特別高強度的訓練後，這位新球員筋疲力盡，還在球場上嘔吐。這種狀況在體育界並非罕見，但接下來的事就少見了。

提姆．鄧肯出現了，他手裡拿著毛巾，清理掉嘔吐物，接著他鼓勵那位年輕球員繼續努力。以指導層面來說，這個簡單的動作傳遞給那位新人和目睹這一幕的球員什麼訊息呢？如果用頭腦、情感、膽量來分析，鄧肯給這名球員和隊友的指導，是洞察力、英勇、仁慈、領導力與謙卑等品格特質。

提姆．鄧肯的許多故事說明以身作則的效力。他永遠是第一個抵達球場練習、最後一個離開的人。即使他已經在二〇一六年從球場退休，至今依然遵循同樣的模式，給其他球員樹立一個偉大的榜樣，對他敬仰有如傳奇。雖然他到二〇一九年前，都不算是正式教練，但在練習期間，他永遠和球員一同加強技能，常常花費很多時間，陪伴二線及三線球員。

在你的團體中誰是指導者？他們可能是主管，也可能不是。積極正向的指導在同事之間也時常可見，說不定更加頻繁。誰是你敬佩的人，為什麼？你要如何做，才能更像他們？

在此提醒，指導可能有黑暗的一面，尤其在一個成效不彰的組織中，很可能會出現負面的指導者，例如一個嚴格要求員工恪守工作計畫表的老闆，自己卻吃了兩小時的午餐；要求特殊待遇，只關心自己表現的運動員。無論你是學生、運動員，還是大企業的員工，身邊總是有這樣的人。如果他們具有影響力，可能對你和團體產生嚴重的負面影響，因此建議組織領導人要仔細留意這類人，如果他們不聽勸誡，要將他們排除。

菲爾．柯倫補充解釋，仔細觀察正向品格與不良品格的證據，是決定選進球員、簽署自由球員、交易球員時的重要考量。因此，想找到高品格的球員，最好不要跟品性不佳的球員簽約，不然就是要踢出球隊，有時要適時用減法來完成加法。

要有人擔任成功的指導者，否則有效的指導不會憑空發生，雖然在團體裡會出現同儕指導者，對創造和維持正向文化可能有幫助，但領導人必須有系統地計畫，以達成團體目標與價值，才能確保指導工作順利進行。我們提出以下建議：

領導人將指導列為優先任務

主管必須將輔導列為優先要務，並適時貫徹執行。雖然日常生活中，上下級的非正式互動很重要，但也應該在正式會議中，撥出時間深入討論。

正式的指導環節應該精心安排

在會議前，請員工完成一份自我發展評估計畫，並以此為討論基礎，這樣會更有幫助。西點軍校行為科學與領導系，便是用簡單的單頁表格提供這樣的架構，以評估系上指派教學任務的助理軍官（見圖表8-1）。助理軍官要完成三欄問題，分別關於職務表現、事業發展與幸福安樂。

這份指導表按季完成，但不算在軍官的正式年度評鑑（軍官效能報告〔Officer Effectiveness Report, OER〕）。我們特別強調最後一欄，是因為家庭和非工作的目標與活動，對整體幸福很重要。企業和其他組織能很容易地將這份表格調整為適合自己的使命與價值。填寫表格的目的是為了鼓勵自我反省，接著與指導者進行有意義的對話，而

圖表 8-1　自我導向發展架構

目的：促成高成長、自我導向的個人發展可行策略，是針對每位士兵設計，由領導人執行，並遵守陸軍規定。

範圍	職務表現	事業發展	幸福安樂	註解
定位	目前	未來	目前與未來	
主要模式	訓練	發展	授權	
工具	67-9-1*	個人發展策略（SWOT）	需求與抱負分析	
系上領導人角色	教授職	軍官職	導師職	
資源	臨時出差、單位訓練、繼續教育、時間、FDW**	獎助學金／特別基金、教育、時間	榮譽假／時間、權利、知識	
特殊責任	勤務相關	外部任務	責任豁免假	
行政責任	個人	個人	個人	
行政問責	評分者	資深評分者	個人	
回顧檢討	每季	每季	每季	
領導人問題	表現良好？	有前途？	有個人生活？	

重點：

- 自我導向，由下而上
- 提供時間資源
- 以身作則

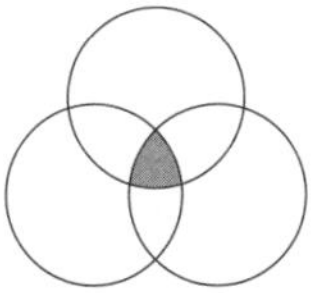

- 非指導形式（無表格）
- 建立輔導對話
- 綠色、紫色，平民環境

---

* 美國陸軍部（Department of the Army, DA）67-9-1 表格，指陸軍軍官評鑑表格（Officer Evaluation Report Support Form），該表格提供了對被評鑑軍官的自我評估、他們對個人責任、技能、能力和成就的評估。

** 指「技能培訓研討班」（Faculty Development Workshop）。

在這裡的指導者是指資深軍官。

指導必須發自內心

進行指導的主管必須發自內心，若只是因為上司要求，才去指導自己的部屬，那就會失敗，因為很快就會讓人察覺到欠缺誠意。團體中所有等級的主管，都應該接受職涯諮詢技能的指導培訓，在領導力中，算得上重要的一環，應該納入考評與意見回饋。

不要將指導與績效考評混為一談

指導的重點是發展培育，不是考核，雖然部分績效可以討論，但焦點要放在部屬需要什麼樣的訓練和支援，才能進步，而不會因此影響薪資或績效。

誠實

大部分員工都希望表現良好，如果指導環節採納誠實、有建設性的意見，也會有良好的效果。

鼓勵團體中的非正式指導者

找出團體中的非正式指導者，並依據他們的努力給予獎勵。不管是什麼團體，這些深然天成的指導者通常做了大部分的指導工作，成功的領導人要學會善用他們的貢獻，補足正式的指導策略。

建立技能的課程與訓練

品格沒有固定的實體。雖然有部分的性格可能來自遺傳，但品格會隨著時間變化，大多發生在童年與青春期，但在進入成年之後，仍會繼續發展。即便是成人，品格高度也會取決於個人境遇。美國心理學家理查．勒納將品格發展形容是個人與環境的互動。[3]根據這種思維方式，「良好」品格，是指個人和社會環境互惠的舉止、思想與行動。

美國心理學家安琪拉．達克沃斯也贊同這個論點，她具體指出建立品格的三個要素，分別是心態、熟練練習、提供學習機會的社會與環境。[4]根據史丹佛大學心理學家卡蘿．杜維克（Carol Dweck）的研究，心態的因素特別重要。[5]定型心態的人認為，諸如智能或品格等特質無法改變，這樣會阻礙改善認知或品格特質的努力。反之，成長心態的人認為，只要努力加上意見回饋，品格是可以改變。達克沃斯也發現成長心態會提升恆毅力，而恆毅力的提升會強化成長心態，形成「良性循環」。

從團體的觀點來看，成長心態的品格概念凸顯文化沉浸在正向價值觀的重要。當個人進入新的團體，如學校、團隊或企業，他們的品格特質並非一成不變，為了得到互惠互利的結果，可能會調整自己的行為、思想、行動，以符合團體設定的價值觀。

如果將品格視為可塑造的技能，可以讓團體制定獨樹一格的策略，幫助成員的品格發展，而成功的團體會想出各種培育品格的方法。

品格教育與自我反省

教導品格可以提供自我評估的機會，並從中引導討論如何運用正向品格，達成個人與團體的目標。

以美國軍人子女教育聯盟（Military Child Education Coalition, MCEC）的例子，該聯盟是為了解決軍人子女需求而組成的非營利組織，他們有個計畫稱為 S2S（Student to Student）*。在 S2S 計畫中，包括軍人子女和非軍人子女的學生，都可以在他們的學校自發組成 S2S 分會。在美國和其他十三個國家，美國軍人子女教育聯盟幫助數以千計的兒童在超過一千所小學、中學、高中進行 S2S 訓練計畫。S2S 分會提供轉校的學生社交和情緒上的支援，因為他們經常要克服父母其中一人或兩人都被調派到戰區，甚至是在作戰中受重傷或死亡。

在這些 S2S 分會中，會從初中一年級到高中高年級，挑選大約一百二十名的青少年，參加每年夏天美國軍人子女教育聯盟在華府舉辦的全國培訓研討會（National Training Seminar, NTS）。其中之一的課程就是品格培養研習班。上課前，他們要完成 VIA-IS，並將評測結果帶到研討會。課程一開始會先大致討論品格優勢，隨即進入實戰和反省練習。

首先，他們要列出自己前六項品格優勢，回想自己是如何使用其中一項品格來完成困難的事或克服障礙，達成目標。接著將他們分成兩人一組，對同伴描述他們如何用品格特點解決個人挑戰。主持人會邀請自願者分享經驗。有一次，一名十六歲的高中生說：「我的頭號優勢是幽默，也是弱點，因為幽默感常常讓我惹上麻煩。」這就是非常精闢的觀察。

---

* 幫助頻繁搬家、轉學的學生（主要是軍人的孩子），幫助他們適應新學校。

接著將學生分配到智慧與知識、勇氣、人道、正義、節制、超越的六大道德品性。他們會拿到青少年經常面臨的一個現實劇本。例如：

你剛剛轉到一個小鎮上的新學校（第四次轉校）。當地大部分的學生都是從小一起長大，已經形成親密的交友圈，你發現很難交到真正的朋友，覺得像個局外人，大部分的閒暇時間，都是和前一間學校（你非常喜歡那裡，而且交了許多朋友）的朋友在社群媒體上互動，但少了和新朋友交往的樂趣。

接著和成員討論，仔細思考被指定的道德品性，如何交到新朋友，同時順利融入新學校。提出的建議要具體，並準備好向其他小組分享你們的想法。

主持人請每一組學生帶領大家討論他們選定的策略，想法非常創新且有啟發性。舉例來說，如果被指派到人道品性，他們會討論如何用仁慈、愛與社交智慧來處理問題。如果時間允許，還可以給他們第二個不同的劇本思考，例如面臨同班同學的死亡。

研習班的第三個練習是向學生介紹建立品格的方法——積極正向的持續輔導、培養技能的課程與訓練、領導的機會，並以這個練習做總結。他們會被要求如何透過這些原則與獨特想法，幫助自己更理想地融入學校，並整合到S2S計畫中。

這些練習就是將二十四個品格優勢想成一個工具箱，每一個優勢都代表不同情境下所使用的工具。例如名列前茅的學業表現、面臨摯愛死亡，或是在戰爭部署期間與父母分離，期間經歷的悲傷、寂寞，都需要不同的品格優勢。

建立品格的訓練活動

信任與領導力是可以透過實地演練來磨練的。位於西點軍校附近的賽爾領導發展集團（Thayer Leader Development Group），是為企業提供領導與品格發展訓練的民間公司。除了有類似美國軍人子女教育聯盟的全國培訓研討會的領導力教育和品格思考練習，還會讓客戶完成領袖力反應訓練課程（Leadership Reaction Course, LRC）*。

領袖力反應課程是一種實地演練，小組必須透過溝通、相互信任與依賴，克服一連串的問題和障礙。主持人會觀察各小組情況後，提供意見回饋給參與者，分析解決辦法的好壞。這種印深刻的親身體驗，不僅能了解個人的品格優勢，還能看出學員們是如何

---

* 以美國陸軍的培養領導力計畫為基礎，透過實際體驗來解決團隊問題和溝通技巧的課程。

匯集優勢來完成艱難的任務。

就像美國軍人子女教育聯盟的品格培養研習班，目的也是為了讓學員了解自己的品格和領導風格，將這些收穫帶回原本的團體。若想體驗，只要稍微查詢一番，應該都能從你所在區域，找到提供這種培訓機構。[6]

以品格為基礎的練習

正向心理學提供不少練習來建立品格優勢[7]，其中一種就是完成 VIA-IS，列出你的前五項品格優勢，在接下來一週的困難處境中，特意使用一種或多種品格優勢來解決問題。這項練習除了能進行自我覺察，反覆使用品格優勢解決難題，還能配合智力擬定對策，這對領導者和個人都是極為重要的技能。

另一個正向心理學練習是「搜尋好事」（Hunt The Good Stuff）*，在一天結束後，花個幾分鐘的時間，回想並寫下三、四件做得不錯的事，簡短描述事件，進行順利的原因。經常做這種反省練習，可培養洞察力和感恩等品格優勢。

另一種效果強大的練習是第四章提及的「感恩拜訪」，回想別人的善行，再大方公開告訴他們這些行為的重要性與感染力，對於自己的情感和前景有長期正向的效果。

這種練習除了能建立品格優勢，還有改善情緒、建立韌性的附加效果。[8]在許多高壓組織裡，韌性訓練頗為常見，例如軍隊和執法單位。美國陸軍的韌性方案「全方位士兵強健計畫」（Comprehensive Soldier Fitness, CSF），納入了前述練習和其他訓練計畫，每年讓數十萬士兵達成這項目標。[9]將培養品格優勢的練習納入員工訓練，可獲得培養品格與強化韌性的雙重好處。

參與運動強化身心

對兒童與青少年來說，參與團體運動是發展與塑造品格特質的機會。就像麥克阿瑟的名言：「在友好競爭的賽場上播下的種子，他日將在其他賽場上結出勝利的果實。」[10]麥克阿瑟的評論反映出參與運動不但強健身體，也強化品格。

這個信念在西點軍校根深柢固，因此美式足球球員在上場前，會將手放在一片牌匾，上面引用的話據說是馬歇爾說的：「我要一位軍官去執行危險的機密任務，但他必須是西點軍校的美式足球員。」這句話的言外之意就是，美式足球能訓練軍官堅韌強壯

* 消除消極偏見，增強樂觀的應變能力，產生感恩等積極情緒的方式。

的生理，同時培養恆毅力、決斷力與勇敢的品格優勢。

將西點軍校的美式足球球員，訓練成陸軍軍官，這一點無庸置疑。但是兒童的品格發展是否與組織性的運動有關？毫無疑問，有數百萬幫孩子報名參加青少年運動的家長深信這一點。但心理學家對於青少年運動和品格發展之間的連結，有哪些了解呢？愈來愈多研究指出，運動對青少年發展有正向影響。

美國德州農工大學（Texas A&M University）安德莉亞・艾特卡（Andrea Ettekal）教授曾研究，運動與經常面臨挑戰的軍人子女，如常常搬家，發展成正向青少年的關聯。艾特卡的研究顯示，參與組織性運動可讓兒童覺得自己有重要性，能給予社會協助，提供領導他人的機會，進而產生歸屬感，建立自我效能感。[11]運動還能建立成就品格，如恆毅力、自我規範等，以及道德品格，如正直、公平、同理心、忠誠等。

艾特卡也承認，運動可能導致如壓力或好鬥等負面行為，但如果執行得當，有助於良性競爭而不是不擇手段的正向態度。招募教練也要注重運動對孩子的品格發展，指導家長從旁協助品格教育與運動的正當性，包括挑戰、樂趣，還有為了身心健康著想。[12]

美國喬治華盛頓大學（George Washington University）亞曼達・維賽克（Amanda Visek）博士，曾經進行兒童為了樂趣而運動的研究。維賽克與同事找了一些兒童，從他們的視角來看運動的有趣成分，結果令人大感興味。研究人員將決定樂趣的八十一個因子，分類為十一個大類，包括正向教導、團隊儀式、學習與改進、團隊友誼與正向團隊動力等。[13]「樂趣」的這種短暫正向情緒（興高采烈或情緒高漲），並非喜歡運動的主要因素。反而是身心投入、運動的意義與目標等方面（努力嘗試，學習並改進），才是產生運動樂趣的主要因子。這符合正向心理學的研究結果，即投入生活意義和目標的感覺，決定了生活的滿意度，這比單純的感官享樂更重要。

維賽克也揭露了一些有關兒童參與體育活動的迷思。舉例來說，在八十一個決定樂趣的因子中，「獲勝」只排第四十名；開心玩耍和打發時間也不是決定因素。反而是專注體能發展的孩子，會比那些嘻笑打鬧的孩子玩得更快樂。甚至，像是女孩的樂趣是從遊戲中交到朋友；男孩則是從競爭和技能發展中得到樂趣的觀點，也一併顛覆。年輕運動員不因自己的性別、年齡，或是運動程度，對運動樂趣有太大的差異。因此，學校行政人員、教練與家長，若能了解維賽克的研究結果，整合到青少年運動的設計與管理，孩子也能從中受益。

艾特卡與維賽克的研究，與達克沃斯的看法一致。認為運動有助於建立正面心態、熟練練習、以及提供支援的環境，對培養品格至關重要。兒童透過運動，親身體會克服困難後的進步，培養積極正面的心態。透過熟練練習運動技巧，強健身體並發展社交（達克沃斯所說的熟練練習也稱為「刻意練習」，其中得到的樂趣，就是維塞克認為能實現自我的樂趣。）最後，品格成長的第三成分——提供支援的環境，需要學校行政人員、教練與家長打造正面的運動環境，讓孩子從中獲得益處。

我們可以將運動設想為建立成長心態的機會，藉由發展具挑戰性且困難的技能，融入擁有正向價值觀的團隊，或許就能塑造出麥克阿瑟與馬歇爾理想中，具有正向品格的士兵。[14]

將品格納入正式課程

以辦理SAT聞名的美國大學理事會，也認定品格教育的重要性，希望能為大學與良好公民做好準備。領導人開始思考，在他們測試的所有技能和知識中，在大學和獲得成功人生，有哪些是非常重要的因素？答案或許會讓你吃驚，竟然是電腦科學和《美國憲法》。於是，大學理事會更新大學先修課程，涵蓋這些內容。[15]

電腦科學或許容易理解，但為什麼有《美國憲法》？根據大學理事會全球政策與對外關係主任史黛芬妮・山佛（Stefanie Sanford）的說法，有鑑於品格與公民素養對學生成就的重要性，大學先修課程中，關於美國政府與政治的內容，現在必須納入包括憲法在內的九項建國文獻、十五個最高法院關鍵案例的研究章節，這十五個案例會提到一個或多個《美國憲法》第一修正案包含的五種自由——言論自由、宗教自由、新聞自由、和平集會的自由、向政府請願申冤的自由。

山佛斷言，深入研究《美國憲法》，會因為理解正義而建立品格。這個道德品性包括公民素養、公平與領導力的具體優勢。山佛和大學理事會的團隊為了在大學建立先修課程，創造出一套有系統的方法，強化年輕人的品格優勢，以成為富有創造性的學生、領導人與公民。

領導的機會

建立品格的第三個要素，就是提供領導的機會。領導他人時，必須知道如何使用自己的品格影響他人，如誠實、正直、批判性思考、社交智慧、仁慈、同理心、洞察力、公平等，都是有效領導的基礎。

在人生初期，從幼兒園到高中都會提供學生領導並影響他人的機會，例如在教室、學校社團，或是體育運動。像是學齡兒童參與課外活動，如童子軍，來學習領導。甚至，許多領導名人，也都在早年參與過這類活動。

西點軍校的入學要求條件裡，領導潛力也是其中之一。以評估申請人的學業潛力來談，會透過高中成績、班級排名、標準化測驗分數來評定；以「軍校生體能評估」（Cadet Fitness Assessment）檢視他們的體能潛力，也就是參與運動和正式體力的測驗。入學的第三條件就是領導潛力，申請人若曾在社團擔任領導職務，如運動團隊的隊長，或是其他領導才能的證據，如當上鷹級童軍，就有可能獲准入學。根據多年經驗證明，西點軍校重視這些申請人的條件，代表他們不但能透過實務來磨練領導技能，同時也能發展正向品格。

想要增進領導技能，我們對其他團體的建議是，漸進式提供更多成員承擔責任的領導機會。有一名S2S學生指出，學校高層務必鼓勵大家踴躍追求領導機會，而非總是同一群孩子。我們也深表贊同，學校或許應該建立更明確的目標與方法，確保所有學生都能參與。

企業或許也能找出創新的方法，盡可能給予更多員工領導的機會。例如指派一個有前途的基層員工擔任團隊領導人來解決重要工作，從中受益。或者，有制度地輪調短期領導任務，可強化更多員工的領導力和發揮相關品格，提升員工動能。

團體價值觀始於領導人

從一八〇二年開始，西點軍校就是專注培養基礎工程和士兵技能的軍事訓練學院。到了二十一世紀，該校成了綜合性大學，主修科目包含工程學、數學、科學到人文社會科學。這種演變也包含西點軍校強調的品格，不僅已經超出了榮譽準則，更強化了責任、榮譽與國家的校訓。

這些教導、訓練、培養軍校生的人，了解品格的重要性。所以過去幾年，西點軍校改進發展領導力的方案，重點直接放在品格。他們希望培養軍校生頭腦、情感與膽量優勢。

進入西點軍校的軍校生，都是由國會議員或參議員提名，確保未來的陸軍領導人能作為所有美國人的代表。他們帶著從成長環境中，所培養出來的一套價值觀進入軍校，原生家庭、學校，一起玩耍比賽的團隊與他們所屬的社會機構，都會影響他們的價值觀。

西點軍校的使命宣言提到，責任、榮譽和國家是該校的價值觀。領導發展方案就是將這些價值內化成每個畢業生的本質。因此，當他們面對有損名譽的情況時，能根據這些內化的價值，自然做出反應，就如同第一章提到灑出咖啡的比喻，這是西點軍校期望軍校生追求的目標。

培養卓越領導的方案

雖然學校希望來自各種背景的軍校生能帶著責任、榮譽和國家的價值觀入校，但未必都能如此。為了讓軍校生能在畢業時脫胎換骨，成為有品格的領導人，西點軍校建立了「西點軍校領導人發展系統」（West Point Leader Development System, WPLDS），協助他們從入校的那一天起到畢業，都能得到潛移默化的薰陶。

西點軍校領導人發展系統的規畫目的是，為了達到品格領導人的三個重要成果——堂堂正正做人、光明正大領導、展現卓越優異。

「堂堂正正做人」：西點軍校畢業生應不計個人後果，採取合乎倫理道德的行動，對所有人展現同理心與尊重，無論在什麼情況下，都要表現的得體、有禮。「光明正大領導」：西點軍校的畢業生應該預先設想複雜的問題並解決，對他人進行潛移默化的領導，包容、培養他人和推行標準，依照陸軍的價值觀來完成任務。「展現卓越優異」：他們必須追求智識、軍事、體能的專業技能，及時做出完善決策，有效與他人溝通互動，大方徵求意見回饋與反省。[16]

要將每個軍校生培養為領導人，有四個專注在品格成長的方案。

著重學業課程的智識發展

在全美公立大學排名中，每年西點軍校都名列前茅。二〇一六年《美國新聞與世界報導》（*US News & World Report*），西點軍校在公立學院的排名是第二名，二〇一七年，《富比士》則列為第一名。

西點軍校的上課模式遵照塞爾教學法（Thayer method of instruction），要求軍校生為自己的學習負責。課堂上就像是一場研討會，由教員充當主持人，講課訓誡的內容不多，獨特的學習方式能讓學生發展出靈敏機智、適應力與多元化思想。每一年也會推選出二十五到三十名軍校生，獲頒全國競賽型獎學金，例如羅德獎學金（Rhodes Scholarships）、德雷珀（Draper）、馬歇爾獎學金（Marshall Scholarships）、傅爾布萊特（Fulbright）、東西方中心（East-West）、林肯實驗室（Lincoln Labs）等獎學金。

在西點軍校的四年裡，必須完成領導理論和實務的三門學術課程。所有一年級生要修習「領導人的一般心理學」（General Psychology for Leaders），雖然主題和一般大學的心理學課程一樣，但卻是根據領導的相關內容來設計。在大一先修習這門課，是為了讓軍校生取得更重要且多樣化的領導機會時，能將這些知識實際應用到教室之外。

到了三年級，所有軍校生要修習「軍事領導」課程，涵蓋領導的理論和實際演練。大三生會在暑期的實地訓練擔任領導人，讓他們得以應用大一和大三上過的課程知識。

大四則會完成一門名為「軍官」的培訓課程，綜合前三年在軍校學到的領導內容，包括課堂與實戰演練。這些學識經驗讓軍校生做好成為優秀陸軍領導人的準備。

提供領導機會

西點軍校領導人發展系統的第二個方案是軍校生的軍事發展。大部分的軍事訓練都是在夏天，包含從步槍射擊到陸地導航（Land navigation）*等一切事務，練習帶領現役陸軍，人數二十至三十人的一個排至少一個月。第一年夏天是軍校生的基本訓練，目標是將新生脫胎換骨為軍校生。主要教導基本的軍事技能與領導課程：如何當個好部屬和團隊成員。第二年夏天，增加個人與集體軍事訓練，提供他們去軍事學校的機會，例如到美國喬治亞州（State of Georgia）班寧堡（Fort Benning）的基礎空降課程，或是美國阿拉斯加（Alaska）葛瑞利堡（Fort Greely）的山地訓練**。第三年夏天，則是擔任領導職，帶領大一生和大二生進行軍事訓練，在實際演練的領導工作中，可能成功或失敗，但都能透過這次的經歷，獲得意見回饋與成長。

最後一年夏天，有些學生會擔任高級軍校學員的領導職務，派往現役的陸軍哨所，協助一個陸軍作戰排的領導工作，這項親身經歷能讓他了解身為陸軍軍官的職責。

軍校生也會上軍事學課程，以延伸暑期的軍事訓練，從指導員的作戰經驗中學習，讓他們研究並思考先前的經驗和訓練。

---

* 使用參考地形的地圖、指南針和其他導航工具，藉由步行或開車來穿越陌生地形路線的學科。

** 基礎空降課程（Basic Airborne Course）是讓學員使用降落傘作為作戰部署的方法，調節身心來培養領導力、自信和進取精神。山地訓練（Mountain training）是訓練部隊和領導人在山區打仗，藉此增強作戰能力。

體能訓練，打造堅毅心態

西點軍校領導人發展系統的第三個部分是體能方案，包括學術課程（求生游泳、拳擊、軍事運動）、年度體能測試（包括陸軍的體能測驗〔Army Physical Fitness Test, APFT〕、西點軍校頗有挑戰性的室內障礙測試〔Indoor Obstacle Course Test, IOCT〕），參與校內、社團或校際的團隊運動。

許多領導課都是在嚴酷的體能課程中學習，這是因為麥克阿瑟在經歷過一戰後，領悟出靈捷敏銳的體能是成功領導的要素。一九一九年，麥克阿瑟成為西點軍校校長時，提出「軍校生都是運動員」，設計的體能課程，主要是要灌輸軍校生恆毅力、決斷力與信心。

在最艱鉅挑戰的局勢下，軍官必須站在前線領導，帶領美國兒女，患難與共。體能課程的設計，就是為了創造環境來考驗軍校生，好讓他們在這種嚴酷經歷中，發展出領導所需的體能、信心與恆毅力，培養堅毅、韌性、紀律與不屈不撓的精神。舉例來說，拳擊教導戰鬥技能，也讓軍校生直接面對恐懼並加以克服。

不容忍灰色地帶

西點軍校領導人發展系統的第四部分是品格發展課程。品格道德的文化是由價值觀與行為標準，來明確規範出的一套原則。軍校生的榮譽準則是「不說謊、不欺騙、不偷竊或不容忍有這些行為的人」，也包括了「堂堂正正做人」，這是將軍校生的榮譽準則和陸軍的價值都內化成士兵的本質。堂堂正正做人並非只是對軍校生的期望，同時也是指導員、職員、教員，還有任何會接觸軍校生的人，明確遵循的規範。他們必須成為品格與領導力的模範，並從模範團體中的生活、工作，強化品格與領導力。[17]

回到軍校生的榮譽準則，重點在於「不容忍」。信任的基礎是由品格與能力所建立，因此軍中領導人若出現品格缺陷，特別是軍隊的高階領導人，就會削弱國家和軍隊間的信任。因為這個職業絕不能背棄他人的信任，為了維持領導人應有的品格高標準，軍隊必須負起監督責任，為自己和他人負責。

《西點軍校校訓》（*Cadet Creed*）清楚表達了這些價值，因此軍校新生在入學的第一年暑期，必須熟背校訓。〈母校〉（*Cadet Alma Mater*）和〈學生軍團〉（*The Corps*）的詩歌，內容也有強調相同的品格與價值觀。[18]

《西點軍校校訓》

身為未來的軍官，
我堅定支持責任、榮譽、國家的價值
我強烈嚮往成為陸軍的一員，
獻身於服務並贏得美國人民的信任。
維持學生軍團的榮譽是我的責任。
我的為人處事將高於一般標準，
並有勇氣選擇艱難的正道，而非易行的不義。
我將以榮譽和正直處世，拒絕不公不義，
永遠勇敢正視不達標準的行為。
我將堅忍不拔度過逆境，並從失敗中重新振作。
我將擁抱武士精神，追求卓越，
只要是我做的一切。
我是未來的軍官，也是西點軍校的一員。

軍校生從自我反省中得到反饋，有助於品格發展。作為一個發展中的軍官，我的舉動（行為或表現）透露出什麼訊息？軍官和領導中，學到了什麼？我的經驗透露了哪些優勢和弱點？我未來需要做什麼，才能有進一步發展？在西點軍校的每一天，輔導員都會提供軍校生意見回饋的機會，進而理解自己的經歷，鞏固品格。

為了鼓勵軍校生改變行為，西點軍校還規劃了「領袖挑戰」，讓軍校生的行為能符合責任、榮譽和國家的價值，學校會安排有作戰經驗的畢業生回到學校，與在校生分成小組，深入討論他們在戰場上面臨的道德問題。軍校生也會一同探討榮譽、尊重與性關係（處理性騷擾和性侵問題），在同儕的主持下，軍校生誠實發表看法，透過這些對話引發內省和反思，成了推動改革行為的引擎。

有時候，軍校生的過錯是源自品格缺失。處理方式包括讓他們承擔責任提供學習成長的機會，因此會安排「特殊領導人發展計畫」（Special Leader Development Program）輔導員會進行一對一輔導與密集反省，包含課題專案、研究與授課。最有成效的部分是，輔導員帶領的反省，公開了解做這些事的動機、行為，還有與軍人職業的關聯。大部分完成這個方案的軍校生，品格會比多數同儕，甚至是不曾出現品格問題的人還優秀。

西點軍校領導人發展系統的目的，不但是為了培養軍校生的智識、軍事、體能與品格技能，也是為了發展軍校生的領導力，先是為人部下，之後才是領導人。軍校生所做的每一件事裡，都會發現自己是身處在包含領導人與部下的軍事組織，生活、交戰、領導與追隨他人，還有進行研究。他們也會被指派到團體內的不同領導職位，從實務經驗中，學到追隨與領導的考驗和回報。

寬嚴並濟，潛移默化心智

西點軍校領導人發展系統包含了品格發展的三個要素。從新生抵達西點軍校的那一天起，一直到他們畢業，授銜陸軍少尉，始終在輔導他們，所以成效顯著。

西點軍校領導人發展系統重要特色就是，輔導並培養軍校生的責任是屬於西點軍校中每一個和他們有接觸的人，例如軍事訓練員和教授。每個軍校生也都有個保證人，通常是教職員，在校期間，保證人都會敞開自家大門，提供軍校生可以放鬆、遠離日常疲累刻苦的地方，如在餐桌上享用餐點，或者在這裡洗衣服。保證人也在這個過程中，潛移默化陸軍軍官所應具備的價值和品格優勢；同樣地，社團和運動團隊也會有這類輔導員。

西點軍校將培養技能的課程，整合到軍事訓練、運動，與其他活動中，給予他們實踐領導的機會。一年級生研讀「領導人一般心理學」，應用在日常生活中。三年級生則將「軍事領導」的內容，應用在接下來的暑期實地訓練，藉此發現哪些方法可行。這種課堂與實習間的配合銜接，是西點軍校領導人發展系統極具成效的原因。

「領導機會」一直備受軍校生重視。一年級，要學會當個好部屬。二年級，則要充當團隊領導，負責一年級學弟妹的發展。三年級與四年級，不僅會擔任各種領導職務，負責層級也會逐漸升高，並且職務會輪流替換，讓所有軍校生都有擔任領導人的經驗。這些職務包括指揮一個連、團，或學生軍團，甚至是在正常學年期間擔任軍士長。暑期的實地訓練，也會提供大量的領導機會。在陸軍授銜之前，軍校生透過參加社團、校際與校內體育運動，也都會有發展領導技能與品格的機會。

培養優秀人才，應以價值為本

你的組織可能沒有西點軍校領導人發展系統的相關資源，來進行領導與品格的發展。但無論組織規模的大小、平民百姓還是軍隊、公共服務還是營利事業等，都十分重要。

儘管如此，企業、學校與其他團體或許能將西點軍校領導人發展系統當成品格發展三要素的範本。做法可能稍有不同，但是任何團體都能孕育師徒制的輔導文化。同樣地，組織仍可採取各式各樣的策略，教導成員品格發展與領導的關係，進一步提供各層級的領導機會。

西點軍校領導人發展系統與我們提出其他領導和品格發展的案例，都可以當成建立高品格團體的依歸。也就是將你小心翼翼挑選出來的種子（優秀人才），種植在肥沃的土地（以價值為本的文化），小心栽培（培養品格），就能透過持續提高的團體效益，獲得豐厚的結果。

第 9 章

突破逆境的重生力量

殺不死我的，必使我更加強大。

——尼采（Friedrich Nietzsche）[1]，德國哲學家

摘自美國開國元勳富蘭克林（Benjamin Franklin）寫給勒華（Jean-Baptiste Le Roy）的信件：「人生的兩個必然是死亡和繳稅。」*[2] 我們或許可以加上第三個必然——逆境。

人活著難免遭遇逆境和挑戰，有時候突如其來，超出我們的掌控，令人猝不及防，有的或許是預料得到卻無法避免，以至於種種不利事件，摧毀我們的幸福感。但我們可以用後續提及的「韌性」與「成長」來回應，就像尼采所說的，從這些人生的嚴酷考驗中學習，使我們變得更強大。

品格雖然能幫助我們面對逆境，但心理同時也會受到影響，因此面臨人生挑戰時，不管你是帶著絕望與病態，還是希望與成長，很大程度取決於自身品格。這裡將探討個人如何應付艱難的處境，品格如何影響我們的應變方式，以及當你面對逆境時，可以先做好什麼準備，還有領導人與團體在此形成的積極作用，幫助自己步上正向調適的軌道。

反思過後，重建的品格更卓越

一九七〇年代，卡斯蘭還是軍校生，當時西點軍校對於違反榮譽準則的學生，無論是剛入校的頭幾天，還是畢業前最後一週，都會立刻被退學。西點軍校有週期性的醜聞循環，在一九七六年的作弊醜聞案中，美國陸軍部長成立鮑曼委員會（Borman Commission），由頗具聲望的西點軍校畢業生、NASA太空人法蘭克・鮑曼（Frank Borman）主持，主要任務就是為榮譽制度提出改革建議。

委員會了解榮譽準則對品格的重要性，以及在軍隊中，品格是建立信任的基礎，所以並未對榮譽準則做出調整意見。但委員會建議給予校監權力，對違反準則的軍校生有「自由裁量權」。

自由裁量權是讓違反榮譽準則的軍校生為自己的犯行負責，也就是參加輔導方案，而不是被退學。在大部分的情況下，軍校生必須重讀一學期或一整年，讓他們有更多時

* 這段話的全文是：「我們的新憲法如今已經確立，看似有希望且永久不變；但這世上除了死亡與稅，沒有什麼可說是確定無疑」。原文出自一七八九年十一月十三日，富蘭克林寫給勒華的信。

間內化榮譽道德。一個創新又有成效的問責選項，就是讓軍校生在陸軍當一、兩年的士兵，陸軍軍官輔導員會帶領軍校生進行為期六至十二個月的反思與內省計畫。包括課題研究與上課，目的是促進軍校生理解榮譽道德，並在畢業時成為有品格的人。結束後，該生可以重新申請西點軍校，從當初中斷的地方繼續完成學業，畢業並授銜為少尉。

卡斯蘭被任命為西點軍校校長時，曾視察軍校本地的訓練區域——巴克納訓練營（Camp Buckner）的暑期軍事訓練課程，由四年級生帶領二年級生學習基本軍事技能。在這次的參訪中，向卡斯蘭簡報的是負責整個暑期軍事發展訓練的四年級指揮官。

卡斯蘭才剛卸下職務，離開原本位於五角大廈的聯合參謀部，他見識過國防部最高層級的專業軍事簡報，那位四年級生指揮官的專業簡報程度，簡直可以比擬。卡斯蘭明白這些二年級生是交給了可靠的人管理，並且這名軍校生展現了傑出的領導才能，整個暑期訓練，都沒有令他失望。

後來，卡斯蘭得知這名四年級指揮官，在一年級時曾違反榮譽準則，以早年西點軍校的規範，都是立刻開除，絕無通融。但校監給予這名學生自由裁量權，沒有開除她，而是安排了輔導計畫，讓她在西點軍校多念一個學期。在卡斯蘭重返學校時，雖然已有自由裁量權的新政策，但他對這項政策是否有益於學生和學校仍心存懷疑。如今，這名軍校生的優異表現，證實她非常珍惜當初改正品格、形塑正確價值觀的機會。試想，如果那時她被開除，學校、陸軍和國家就少了這名天賦優異又有才幹的學生。有效領導需要的不只是能力，還要有優秀的品格，但品格需要培養，輔導計畫在此時便產生作用。

一名軍校生違反榮譽準則，加入輔導計畫後，透過輔導員指導反思與內省，這段過程所形塑的品格，可能還遠超過從未違反榮譽準則的軍校生。這就好比你骨折的地方，治療得當，將會比受傷前更強健一樣。

因為卡斯蘭看到軍校生接受輔導計畫的成效，所以成為該計畫的強烈支持者。他認為讓軍校生為自己的犯行負責很重要，即使是要在學校待上更長的時間，或是離開學校入伍陸軍服役幾年後，再重回西點軍校，又或者是直接開除。

無論如何，讓軍校生對自己負責，不僅有助於學習發展，同時也是向學生軍團傳遞這項重要訊息。除了卡斯蘭認同自由裁量權和榮譽輔導計畫，最強烈擁護榮譽計畫的人，是那些曾經有過違反榮譽準則，後來又成功完成計畫的學生。但軍校生不會因此草率看待自由裁量權，而故意做出不良行為。因為自由裁量權就只是個裁量權，只有在校監的評估下，才可能留下違規學生加入榮譽輔導計畫，但開除依然會在必要時執行。

其次，自由裁量權並非毫無代價的「重來一次」，除了要參加漫長且嚴苛的榮譽輔導計畫，通常還會被要求重讀一學期，甚至是一年，將一般為期四十七個月的時間延長。由於被發現違反榮譽準則的軍校生，會感到十分難堪與羞愧，所以更能提升動機來改正行為，期盼再次獲得軍官、同儕與部屬的最高敬意。

相信榮譽輔導方案能達到成效，源自於組織的一個信念：「相信人可以從失敗中學習，並能因此變得更加強大。」

艱困人生經驗，催生成長

心理學家深信，艱困的人生經驗能催生個人成長，但媒體卻不常報導。因為「見血才有頭條」的媒體文化，特別是電視新聞，使得在報導創傷、逆境和挑戰的內容時，會篩選最負面且嚴重的，這將造成大眾深遠的影響。

九一一攻擊之後，也就是伊拉克與阿富汗戰爭最為激烈的期間，媒體迅速報導士兵罹患創傷後壓力症候群（post-traumatic stress disorder, PTSD）的新聞，包括憂鬱、焦慮、濫用藥物等問題，必須靠吃藥和心理諮詢來治療。但事實上，八五％的戰爭老兵沒有這些症狀，甚至許多人還在生活層面都有顯著成長，包括品格優勢。

幾年前，馬修斯對一群準備派駐到伊拉克打仗的軍隊領導人演說。他們至少都有過一次部署任務的經驗，深刻了解戰爭的考驗和可怕。他們都很期待心理學家馬修斯詳細解釋PTSD和其他與戰爭相關的壓力病症。當天的主題，包含在戰爭期間與結束後，士兵經歷的所有心理反應，如病態、韌性到個人成長等。

這次演說，迴響熱烈，馬修斯講到一半時，總指揮官主動表示，願意協助馬修斯正在進行的研究，即戰爭對士兵的表現與心理調適，並且指示旅上軍醫全面提供協助。結束後，許多士兵紛紛向馬修斯分享自己的故事。儘管他們親身經歷過戰爭的創傷和逆境，卻沒形成病態，更偏重在韌性與成長。許多人因為戰爭而痛苦，卻發現自己脫離戰場後，變得更強大也更有適應力。透過這個韌性與成長的演說，也讓他們得以道出了自己的戰爭故事。

歷經南北戰爭的張伯倫中校說得最好：「戰爭是對品格的考驗，它會讓壞人更壞，好人更好。」[3]這必須借助心理學的研究，分析究竟是什麼原因讓軍人、平民，乃至於所有人，在面對人生不可避免的挑戰時，能做出成功的回應。

逆境的四種軌跡

了解人們對創傷、逆境與挑戰所會出現的反應，和艱難的人生經歷為什麼往往會導致個人成長，甚至強化某些品格，息息相關。圖表9-1顯示當人們遇到考驗後，可能會出現的四種心理軌跡。[4]縱軸的「運行作用程度」，代表情緒的安樂幸福、良好的社交關係與正向品格；橫軸代表的是時間。以廣義來說，逆境的影響是指不幸事件之後，對個人所產生的作用變化。

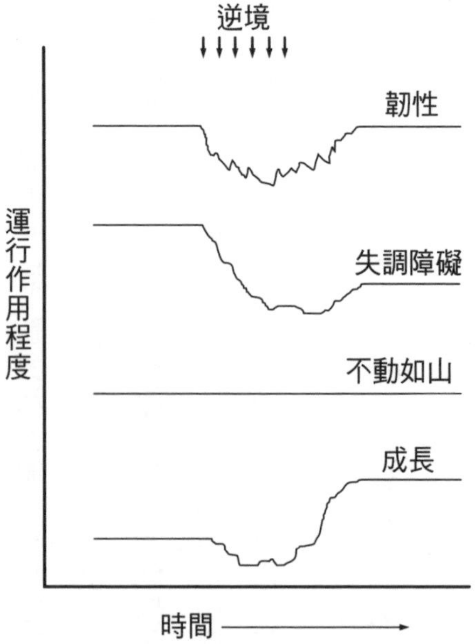

圖表 9-1　逆境的四個結果

韌性：從失敗中更強大

當度過逆境後，一個人的適應力會再度回到基準線，這就是韌性。例如離婚、生重病，或是摯愛死亡，都會對一個人的生活層面產生負面影響，隨著考驗過去，韌性出現，適應力便回到正常狀態。這就如同離婚時，愛的能力可能暫時減弱，過了一段時間又會恢復正常。

在高度緊張或危險的情況下，規劃韌性訓練方案，可維持個人與團體效能。美國軍隊就有個不錯的案例。截至二〇〇八年，美軍已經打了七年的仗，先是在阿富汗，接著又到伊拉克。相較於二戰，甚至是越戰的美軍，二十一世紀全志願役的軍隊規模較小。不同於先前的戰爭，以前的士兵是徵兵入伍，通常完成一次任務就能回到平民生活；如今的美軍則可能進行多次任務，甚至是終身服役，使得小規模的全志願役軍隊，一再被調派到戰爭任務上，時程從七至十二個月不等，或者更久，許多士兵還經歷過至少兩次的戰爭。他們為了部署任務而訓練，打了數月的仗後，再為下次部署任務來訓練，持續不斷的循環，對士兵的心理健康造成傷害，使得軍中的自殺率，從二〇〇一年到二〇一一年增加將近一倍，[5]始終居高不下。根據美軍駐地報告顯示，憂鬱和PTSD等心理問題，以及飲酒過量、家庭暴力等行為問題，也都大幅增加。

當時的美國陸軍參謀長喬治．凱西（George Casey），徵求陸軍顧問與民間健康行為專家，設計一套改善陸軍韌性的計畫——「全方位士兵強健計畫」（Comprehensive Soldier Fitness, CSF）。全方位士兵強健計畫不是雇用臨床心理學家和精神科醫生來治療飽受戰爭壓力的士兵，而是在上戰場前訓練士兵的韌性，預防身心失調。[6]

全方位士兵強健計畫將「韌性」分解為四個類別：情緒、社會、家庭、精神。如果身體可以透過體能訓練而更強健，那麼情緒、社會、家庭、精神亦是如此。由於韌性是一個籠統的名詞，會使用士兵比較認同的**強健**（fitness）。

訓練五十萬名士兵的韌性，並非小工程，為了完成這項工作，首先針對數以千計的中階士官培訓，完成後頒發韌性總訓練師的證書。過去十年，全方位士兵強健計畫配合各種線上韌性評量和訓練模組，已經為數十萬名士兵進行培訓，成效顯著，至今依然是陸軍的主要訓練韌性方案。[7]美國空軍與海軍，甚至是其他國家，也發展出類似的訓練方案。[8]

韌性訓練方案能改善個人和團體表現，對執法部門、第一線勤務人員等高風險機構的重要性，一目了然。在大型組織中，如陸軍，除了加強士兵的幸福安樂和適應力，更省下心理治療的大筆花費。五十萬名陸軍的心理損傷從一五％降到一〇％，這相當於兩萬五千名士兵，也就是兩個師的人數擁有健康的心理，以更完善地執行他們的職務，增強軍隊的戰鬥效能。即使在規模較小的團體，例如一千名警察的警察局，若能減少失調障礙的人數，便能多出五十名警察來巡邏和執行勤務。

失調障礙：社會支持能帶來撫慰

在逆境過後，個人調適不當，沒有隨著時間推移復原，而是繼續憂鬱、焦慮，或是有PTSD，這就是失調障礙。例如有些離婚的人，因為信任損壞，愛的能力難以復原，致使人道品格永久受損。失調障礙的發生，與環境壓力和各種心理障礙，如焦慮、憂鬱，都息息相關。

不過，失調障礙的比例僅占逆境的四個結果軌跡約一五％。失調障礙的發生，不是只憑逆境而已，遺傳與過往的人生經歷也是主因。舉例來說，消防員面臨如營救嚴重燒傷的受害者，找回遺體，甚至是許多其他創傷性事件，我們可能會認為消防員發生PTSD和失調障礙的機率頗高，但在一份研究中指出，一百四十二名消防員只有四．

二%被診斷出有PTSD、憂鬱、焦慮，或酒精相關問題。根據心理學文獻顯示，消防隊員的創傷與壓力，很少出現失調障礙，這是因為像社會支援和本身的因應技能能減緩負面情緒，[9]諸如此類的相關研究結果，也發生在其他高壓職業。[10]

不動如山：不受困境影響

即使身處逆境，心理卻沒有明顯變化，這就是不動如山。以離婚來說，因為愛的能力強大，儘管遭受離婚的壓力，仍能不畏困境，持續保有關愛他人的能力。

美國陸軍退役准將朗達．克南（Rhonda Cornum），就是這個情況的代表。一九九一年二月二十七日，當時還是少校的克南擔任航空醫官，和機組隊員正在陸軍醫療直升機上，支援伊拉克的沙漠風暴行動。他們準備去營救一名戰鬥機飛行員，卻不幸被敵軍的砲火擊落，克南背部中彈，身上還有幾處骨折，傷勢嚴重，另外五名陸軍戰友則喪命。克南不僅被敵軍俘虜，還遭受性侵與模擬處決*。她身陷巨大痛苦，同時還要擔心自己和其他俘虜的性命，囚禁了八天後才釋回。

一九九二年，《她走上戰場》（*She Went to War*）出版。[11]克南在書中敘述這次任務的相關事件、戰俘經歷，以及遣送回國後，自己重返家庭與執行陸軍勤務的情形。內容引人入勝，刻畫出一個人在這種身心備受折磨的期間與結束後的心路歷程，結尾還談到她的心理調適與對未來人生的影響。「人家問我那次經驗讓我有什麼變化，我必須說，沒有什麼深刻的影響。」[12]她想強調的是，儘管那次經驗極為考驗人性，但其實都沒有影響她。

克南為什麼能不受影響？首先，她的職業賦予她人生重大的意義和目標。她想要協助同樣被俘虜的戰友，繼續服役和幫助他人。其次，她先前習得提升韌性的因應技能，使她在身心健全的情況下，歷經那場磨難。最後也是很重要的一點，她有強大的家庭和同袍戰友的支持，以上因素若少了一個或多個，很可能就會出現失調障礙。這就如同消防員的案例，社會支持和自身的因應技能減輕了負面後果。

克南也表示，這次經歷強化了某些品格特質，尤其是感恩。「我第一次成為病人，從中得到一些有關醫學與身為醫生的體會。我再也不會低估護士、物理治療師，還有其

＊一種心理折磨的戰略，讓受試者以為自己將被處決或目睹某人被處決而產生恐懼，儘管沒有造成身體傷害，卻形成精神傷害。

他工作人員的貢獻。」[13]很有意思的是，克南對病患的同理心可能變弱了，「我不喜歡發牢騷，所以大概沒辦法再容忍那些自怨自艾的病人了，我現在更肯定，牢騷抱怨沒有任何好處，甚至可能延長復原時間。」[14]儘管她是堅強的病患，卻是我們都喜歡的醫生。

成長：發展更強大的品格優勢

一個人在經歷考驗後，情感不僅變得更堅定，還建立起良好的社交關係，發展出更強大的品格優勢，這就是成長。以離婚的人來說，也許會壯大愛人與被愛的能力。

根據心理學研究顯示，在遭遇被侵犯、自然天災，或是戰勝重病後存活等經歷，能增強某些品格優勢。[15]包括靈性、感恩、善良等。或者先前描述過的戰爭領導人，也會因逆境而增加感恩與愛的能力，甚至是團隊合作、勇敢與誠實。總之，逆境可能會促使六種道德品性的成長。[16]

研究指出，創傷後的成長軌跡，比失調障礙更常見。或許，你可能會認識戰勝重大疾病，或是經歷重大創傷經驗的人，詢問他們，人生有什麼改變？他們可能會告訴你，自己因此變得更好。

不同心理軌跡，走出不同的路

依據以下三種因素，會反應出我們對於逆境所衍生出的不同心理軌跡：

以前的人生經驗

每個人都有自己的獨特人生故事。我們學習以不同的方式，來因應人生逆境與挫折，這些都是重要的人生課題。美國心理學家史基納（B. F. Skinner）在他的著作《桃源二村》（*Walden Two*），描述一個非常完美的未來社會，有系統地運用行為主義，養育出適應不錯的兒童，最終成為運行良好且利他的社會。[17] 正向、負向行為的增強與懲罰是塑造兒童行為的原理，史基納也承認，人生無法避免逆境與挑戰，所以會將這些事件，納入童年訓練的規畫，藉此培養出解決問題與調適情感的能力。

儘管大多數心理學家不認同史基納養育兒童的模式，但他們同意學習因應挫折，有助於成年人的穩定與調適。我們也經常看到被寵壞和過度保護的孩子，挫折忍受度低。就像是青少年運動競賽，通常會經過刻意安排，讓所有參賽者都能贏得勳章獎盃，因此當他們遭遇重大困難時，往往會不知所措，挫折和怒氣可能會逐漸惡化成失調障礙，於是形成最惡劣的品格。

當你身處不利環境時，所使用的品格優勢，很大程度會影響你的應對方式。父母、學校、宗教、運動與其他如童軍或社團等活動，都共同塑造了我們的品格。即便如此，我們還是可以多加了解自己的品格優勢，練習使用它們來克服困難。

基因構成初始人格特質

遺傳學和生物學也是構成人格特質、回應壓力與逆境的因素。每個人的天生性格各不相同，有些人從小靦腆內向，有些人則是天生外向，這也會左右一個人面對逆境時所出現的軌跡。

美國心理學家傑羅姆．凱根（Jerome Kagan）大半輩子都在研究，嬰幼兒的性情與成年後的性格關聯。雖然青春期與成年的性格，會因環境因素而有調整，但凱根也發現，性情「難搞」的嬰幼兒比「溫順」的嬰幼兒，更有可能在青少年時期惹上麻煩。[18]

社會支持，復原更快

遇到逆境時，獨自面對絕對不是好事。前文提及的克南，在遭遇戰俘的經歷後，受益於家庭與同袍戰友的強大支持。因此當我們面對逆境時，社會支持成為所有人的保護因子。尤其是在高風險環境下工作的人，有時候職場或團隊提供的社會支持，遠比家庭支持更重要。因為團隊具有高度凝聚力，能為歷經壓力、憤怒與痛苦的士兵、執法人員、消防員，提供緩解作用。因為他們的一些經驗可能太過可怕，無法和「平民百姓」，甚至是配偶或心愛之人分享。只有相同經歷的人才能理解並給予復原所需的建議。

需要高度技能且團結的部隊成員，例如陸軍特種部隊，也比較不太會出現失調障礙。[19]緊密團結的團隊雖然能預防士兵和其他高風險職業的人陷入失調障礙，但是離開團隊後，往往脆弱性會增加。美國作家賽巴斯提安．鍾格（Sebastian Junger）的著作《部落》（*Tribe*）與《戰爭》（*War*），便詳實記錄士兵因為退役或調派而離開團隊時，特別容易有憂鬱和失調障礙的症狀。[20]這對後備軍人來說，是重大問題，因為他們被指派部署戰爭後，是重回平民生活而非留在部隊，少了同袍支持等於是拿掉一層基本的安全網，有可能會增加自殺、憂鬱與其他心理疾病的發生率。所以，各國才會提供退役軍人很重要的社會支援，如美國退役軍團協會與美國海外作戰退役軍人協會（American Legion and Veterans of Foreign Wars）等組織，便吸引了大量成員加入。

不幸事件的強度，關乎應對的強度

在本章，我們刻意使用幾個不同的名詞，來描述艱難棘手的事件。創傷、逆境和挑戰，其實都不能混為一談。

創傷，指的是經歷威脅個人性命，感受到自己的脆弱無助，或危及幸福的情境和事件。創傷事件是明確具體且獨立存在，經歷時間較短。例如士兵或執法人員在值勤時，取人性命；在車禍或暴力犯罪中，嚴重受傷等都會帶來創傷。

逆境，相當於十分嚴峻的困境，時間較長。通常逆境和創傷可能一起發生，但也未必如此。以我們的經驗來說，所有戰爭都會牽涉到逆境，但許多士兵不一定會有創傷。這是因為逆境來自於，與家人分離數月、生活在時常遭受攻擊的環境，物質匱乏，甚至連續數月都戰戰兢兢地生活在高威脅區域下，所產生的不確定性。雖然疾病和受傷也可能帶來創傷，如長期的疼痛、痛苦、不適、永無止境的回診，以及無法預知的結果，將導致逆境的四種軌跡。

挑戰，指的是干擾我們達成重要目標的障礙，但未必會危及生命。例如一個有全職工作又要養育年幼孩子的母親想完成大學學位，雖然目標能達成，但必須克服許多障礙。利用六種道德品性優勢，能有效克服挑戰。

創傷、逆境與挑戰可能在不同層面影響我們，每一種的持續時間和強度也各不相同。這也能對應到劑量反應曲線（dose-response curve）*，也就是逆境愈大，產生的效應也愈大。例如克南的戰俘經歷是八天，第二章講述的布里傑，被俘時間超過六年。

* 隨著劑量和劑量率的提高而增加。

善加利用人生經驗的磨練

預防勝於治療

尼采的名言或許言過其實，但人生確實需要處理一些棘手的問題。想獲得良好的逆境軌跡，其實，自己甚至是組織團體都可以做一些事來達到理想結果。

我們就從你能做的事開始。心理學家發現，堅強與面對逆境時所產生的正面結果有關。[21]堅強的人就像強壯的植物或樹木，可以在嚴酷的環境下存活，甚至繁茂旺盛。堅強可分成三個部分：堅定不移、挑戰與制握信念。

堅定不移：運用恆毅力

無論事情有多困難都會堅持到底，類似恆毅力的概念。其他描述堅定不移的用詞，還有堅持或堅忍不拔，堅持是VIA-IS所包含的二十四種品格優勢之一，是可以加以磨練的品格。家長應該透過創意有趣的方法，培養孩子堅忍不拔的精神；成年人則能從工作和其他環境中實踐，替自己扎穩根基。

挑戰：引發成就感

在我們實現目標的過程中，遭遇到的障礙就是挑戰。若將障礙視為威脅，就是一種負面反應，會引起焦慮與逃避，容易半途而廢。反之，若是視為學習一種新技能，或者運用自身技能來應對，將能引發成就感。

並非所有挑戰都來自外在，有些是基於個人內在的局限。如果你一輩子都渴望當個執法人員，卻天生少了一條左臂，你會怎麼做？許多人會承認這項限制而放棄，轉而追求某種與執法工作相關的事業，例如當個通訊官或刑事鑑識專家，但你大概不會想當巡邏警察。

約瑟夫・「喬」・普利斯雷（Joseph "Joe" Presley）是一名天生少了一條左臂的年輕人。他過世的父親是一名銀行搶劫犯，使他想走上執法人員之路。他研究所有的執法工作，但警察首長和其他執法機構因為他的生理殘缺，不能給予明確的指示。但人家愈是告訴他做不到，就愈想嘗試。

普利斯雷堅持不懈，最後從杜利大學（Drury University）執法學院（Law Enforcement Academy）畢業。畢業生須歷經長達七百五十小時的嚴格課程，才有資格在密蘇里州被聘任為執法人員。「招募新人時，設法解決問題是良好的特質。他做了很多準備工作，克服所有可能遇到的障礙，並且也做到了堅定不移。」學院院長東尼・包爾斯（Tony Bowers）如此評說。[22]

為了通過考試，普利斯雷必須完成體能測驗，包括自我防衛、控制或壓制囚犯。他先前從事的運動，雖然有助於他的體力和耐力，但他必須發揮創意完成一些任務，例如爬繩索，這對雙手健全的人來說已經很吃力，更何況是他只用一隻手。普利斯雷想出一個辦法，利用完好的那條手臂，將繩索夾在殘缺的左臂腋下，接著以雙腿當施力點，將自己推升到攀繩的頂點。

他的恆毅力和決心成功了嗎？當然！二〇一九年八月，普利斯雷獲得工作機會，在美國密蘇里州史通郡（Stone Country）的警長辦公室擔任獄警。普利斯雷表示：「我很激動！特別是他把徽章遞給我時，簡直有點像作夢。」我們可以確信，史通郡警長辦公室獲得了一名鬥志高昂、積極奮發的新成員。[23]

普利斯雷將障礙設想成挑戰，促使他堅持完成困難任務。他使用了哪些品格優勢？花個幾分鐘回想並圈出第一章提出的二十四種品格。換做是你，又會如何克服人生中的障礙？

制握信念：掌握自己的命運

根據心理學研究指出，一個人控制自己命運的信念和正向心理有關，稱為「制握信念」(locus of control)*，分為內在與外在。內在制握信念的人認為，在達成目標和應對逆境時，他們有自我控制感，能積極主動想出辦法來解決問題和克服障礙。反之，外在制握信念的人認為，自己將受機會或命運、權力和境遇的控制，不能決定自己人生的結局。

針對從戰爭中的士兵到銷售人員等背景的多年研究顯示，內在制握信念高的人不僅更成功，因為信自己的行動能導向成功，所以面對逆境也比較不容易走上負面軌跡。[24]

在學業、領導力、體適能的表現，堅強的西點軍校生，都優於沒那麼頑強的學生。一項研究發現，軍校生進入西點軍校後，不久就會接受堅韌測驗，七年後，在陸軍服役時，不僅會被評為更優秀的領導人，其中更有許多人會被派往戰地工作。[25]

* 研究指出，制握信念與品格有關，可分為內控與外控，內控者相信個人成敗經驗與內在能力和努力有關；外控者則相信與外在力量有關。

要建立起堅定不移、挑戰與制握信念的特性，可透過熱愛學習、堅持、自我規範與樂觀的品格，來達成這些目標。

擬定面臨逆境前的行動計畫

為逆境預先做好準備，要像替人生先規畫好成功藍圖一樣。面對未來挑戰的準備，你可以先擬定好因應的品格優勢，以順利幫你度過困境。對此，我們提出以下建議：

預先料想逆境並事先計畫

假設你因為要接受心臟手術或其他重大的治療方案而感到焦慮，可發揮品格優勢來預先規畫，減少不安。例如，仰賴知識與智慧來了解醫療程序，充分掌握復原階段所要注意的情形。援用勇氣，幫助你正面迎接挑戰。使用人道，尋求社會支持、他人的愛與仁慈，作為助力。感恩、希望與靈性則能幫你認清自己的處境。

在你進行手術前，主動思考哪些品格最有幫助，並列出因應計畫，才能在事件發生的當下，克服恐懼和焦慮。

為事件結束做後續計畫

預先幫手術或其他逆境所準備的品格，也許不同於事後復原的品格優勢。在康復的過程中，感恩和靈性會上升；也可能你會用自己的經驗，來採取行動。

你也能親自感謝或寫感謝函，給幫你動手術的醫生和醫療人員，陪伴在身邊的朋友與家人。利用知識與智慧，撰寫一份康復計畫，善用恆毅力和自我規範，嚴格遵守更健康的飲食和健身方案。最重要的是，你必須大方公開地實踐行動計畫！

面臨出乎意料的逆境

士兵能根據自己什麼時候被調派作戰，事先做出品格行動計畫。但事實上，你不可能永遠都先做好準備，如果你是突發事件或交通事故的受害者呢？當震驚結束後，你應該花時間評估自己六大道德品性，除了克服逆境的品格，還要再次擬定一套康復時期的行動計畫，請家人與親密朋友協助你度過難關。

處理逆境時，預先準備勝過事後治療。覺察、留意你的品格，學會在生活中有效利用，能幫助你在應對逆境時產生正向軌跡，建立全方位士兵強健計畫等韌性方案。

領導團體的必要條件

本書的首要主題是，領導人對於團體所展現出的品格樣貌，扮演著非常重要的角色。因為領導人能影響個人回應逆境的方式，所以必須打造支持正向品格的團體風氣，加強正確行為的標準。因此領導人應以身作則，接下來講述一項個案。

「不容忍」的價值堅持

西點軍校的榮譽準則是學生軍團發展品格的基石。軍校生通常都了解不說謊、欺騙或偷竊的重要性，但他們很難理解，不容忍同伴違反準則的重要性。

答案很簡單，我們解釋過信任的成分是能力、品格與關懷，再加上堅定不移，便是領導人與部屬維持信任的要素。以公共服務業來說，信任還有另一個要素是委託人，一旦容忍說謊、欺騙或偷竊，便破壞了這個產業與委託人之間的信任，必須承擔很大的風險。當信任的紐帶斷掉，隨之而來的是懷疑和敵意。例如美國密蘇里州佛格森（Fergwib）麥可．布朗（Michael Brown）槍擊案，白人警察使用槍械射殺非裔美國青年麥可．布朗，說明了公僕和人民之間的信任崩潰，所衍生出的巨大影響。

先不論這個案子的法律正當性，但重點是佛格森社區的大部分人民已不信任警察，他們認為警察虛偽、不誠實且懷有偏見，最終導致嚴重的動盪騷亂與無數的暴力事件。

此外，試著想像一下，你的團體成員違反了行業準則和價值，該成員的行為表現正好在灰色地帶，如果同事裝作沒看見、不加以糾正，將導致團體和客戶間出現不信任和指責，並助長團體內部的毒瘤。因此，勇敢指出這些行為並公開處理，就能避免帶給團體難堪，甚至是後續的信任崩壞。

幾年前，西點軍校有一位傑出的畢業生被派往美國陸軍擔任中尉，美軍規定，在訓和執勤時間是禁止喝酒。在他第一次的實地訓練演習中，連隊中的資深士官（士官長）叫他上車，拿出一瓶威士忌，邀他一起喝酒。雖然他們確實沒在訓練演習間喝酒，但在戰爭或訓練環境中，任何事故都可能演變成生死攸關的局面，沒有人想追隨一個被酒精影響的領導人。

美國人民將他們的孩子託付給軍隊，一天二十四小時、一週七天地領導他們，家長並不希望只在方便的時候行使領導權。當那位資深士官違背了神聖的信任時，就必須加以糾正，因為沒有人想要他樹立起背離國家價值，作為孩子的榜樣，也沒有人想讓他領導美國的兒女。

在猝不及防之下，這位抱有理想的新任中尉，面臨了危害品德的處境，並且還是由被教導要聽從和信任的資深士官所引起，他要怎麼辦呢？你會怎麼做？令人意外的是，他的行為違背了西點軍校的榮譽準則，他假裝沒看見，當晚並未告發士官長的行為。

想見榮譽準則的「不容忍」，還沒內化到讓他執行艱難的正道來告發資深士官。最後，資深士官的行為被揭發，在後續的調查中，中尉被發現知情卻沒有採取適當行動，因而收到總指揮官的訓斥信。不過他的運氣好，這封信並未列入他的官方檔案（如果列入官方檔案，就會被陸軍免職）。這次的教訓反而被當成機會，使得這名中尉從中學到維護價值與堅持準則的重要性。

能力、品格、關懷、堅定不移，是建立卓越與榮譽文化的四大關鍵成分。大部分的人都能理解，能力、品格、關懷的重要性，但是堅定不移卻往往被忽略。其實，摧毀一個團體信任的最快方法，就是容忍不符團體價值和準則的人留在團體之中。解決辦法就是糾正他，將他的行動導回正軌。敗壞團體名聲，最終將喪失團體與客戶間的信任。這種情況發生在軍中，會使軍隊與公民失去互賴關係，是相當嚴重的情形。

維持團體品格與價值，打造向心力

領導人可以採取下列四個步驟，維持團體的價值和品格，鞏固凝聚力。

韌性訓練

高風險團體應大量投入韌性訓練，將個人的韌性能力視為與工作技能同等重要。例如美國陸軍的全方位士兵強健計畫方案，就是這方面的典範。[26]

雖然很少有團體像美國陸軍一樣，具備專門應用在韌性訓練的資源，但規模較小的團體也有許多方案可採用。如美國芝加哥（Chiaco）堅韌協會（The Hardiness Institute）提供訓練堅韌能力的方案，組織機構可派出一名或多名成員（依規模和需求而定），到該協會接受一系列增強韌性的課程。完成後，就能教育組織裡的其他成員，培養出挑戰、堅定不移與制握信念等特質。[27]

許多警察和消防部門所雇用的心理學家，也會被要求研擬建立韌性的方案。缺乏全職心理學家的機構，則會簽訂建立韌性與品格的服務合約。

建立團隊

在協助個人因應困難事件時，正向、團結的團隊，相當重要。領導人應該投資大量時間，為成員安排活動與演習，在團體成員之間建立志同道合的氛圍。

公開準則，加以執行

領導人應該建立清楚的準則，約束員工遵守。清楚告知正確的行為與違反的後果，這對高風險團體來說，尤其重要。就如同西點軍校的自由裁量權與榮譽輔導計畫，團體領導人也要有類似方案，幫助犯錯的人從中學習經驗。

提供意見回饋

團體領導人應針對成員的品格，提供正面與負面的回饋意見。若忽視惡劣品格的問題，則問題依舊存在，若不表揚有優秀品格的楷模，就無法向其他人宣揚品格的重要性，來強化品格。例如嬌生的「價值信條」就是領導人正確推動正向品格的優秀範例。

逆境中的成長，砥礪強大品格

人生經驗的磨練，如同砥礪品格的肥沃土壤；骨折痊癒之後，受傷處會比從前更強健；尼采的名言：「殺不死我的，必使我更加強大。」這並非偶然。成功的個人與團體學會從逆境中獲益與成長，作為個人更加卓越的根基，鞏固我們的品格優勢。

第 10 章

避開讓品格惡化的風險

一盎司的預防，遠勝過一磅的治療。

—— 富蘭克林（Benjamin Franklin）[1]，

美國博學家

回想你與家人朋友，做人行事沒有遵循自己價值的成本效益比是多少？品格不及格的效益會超出成本多少倍？我們猜，並不多。

不管是個人特質還是團體價值，正向品格都與良好結果有關。頭腦、情感與膽量的優勢，為我們充實的生活扎下根基。信奉正向價值與品格文化的團體，等於是創造出培養個人成就和增進團體效能的環境。

身而為人，我們很容易做出錯誤的行為。時間、背景與生活形勢，都可能影響我們的判斷。有時候犯錯，我們會自己爬起來，回到正確的軌道上；有時十分重大的過失，如品格缺失導致聲譽受損，需要花上多年時間修補，將成為我們前行的阻礙；甚至，還有可能讓你失去工作或事業。

依照富蘭克林「預防勝於治療」的觀點，預防品格缺失比事後修補，更為理想。多數人都認同這項觀點，因此綜合各種策略，協助自己過著品行端正、有操守的生活。強大的家庭價值、宗教、精神信仰，以及有意識地賦予人生意義和目標，能加強正向品格。心理學家研究也指出，個人行為與團體的品格缺失有密切關聯，若能留心這些因素，也許就能避免。

品格風險，潛藏偏差危機

影響良好品格的展現，有三個威脅來源（見圖10-1）。第一，**個人內在**，指人格特質、個人弱點或習慣，牽累品格。第二，**外在環境**，指個人處在充滿緊張高壓，環境所產生的影響。第三，**社會或團體**，指社會或團體沒有正確引導與約束行為而出現品格瑕疵。

這三個威脅並非獨立作用，而是互相加乘，提高品格缺失的風險。後文提到的「品格風險模型」，代表這三個威脅與品格的關係。如圖所示，中間陰影代表個人內在、外在環境、社會或團體的交集，這會大幅提高品格缺失的風險，稱為「品格風險三重威脅」。兩種威脅重疊之處，例如個人內在風險低，但外在環境和社會或團體卻高，也會增加品格缺陷的機率。以此觀察所有人的品格風險，就能了解為何會出現品格瑕疵。

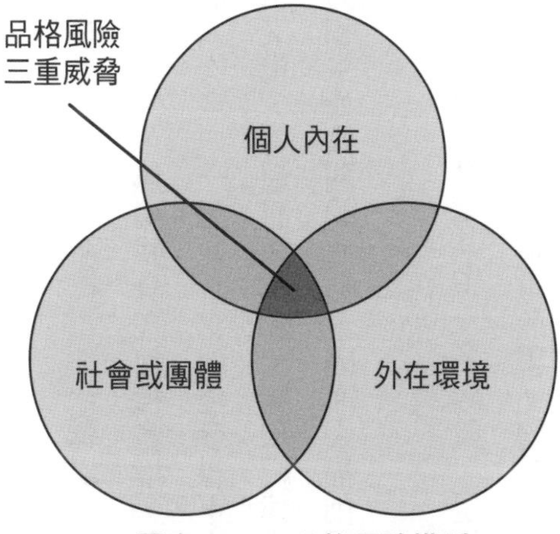

圖表 10-1　品格風險模型

我們就用這個品格風險模型，分析卡斯蘭在伊拉克擔任師長期間所遇到的品格缺失案例。在一個步兵營（由八百至一千名士兵組成），參謀軍士長（command sergeant major, CSM）是除了指揮官之外，最有影響力的領導人。他是建立與執行標準，還有士兵效法的榜樣。如果這位領導人因為某種道德或操行問題受到調查，對整個營會產生不利影響。

所有士官都應牢記《士官信條》（*Noncommissioned Officer Creed*）：「我以身為士官為榮，隨時謹記行為，要為軍團、部隊、國家增添光榮，無論我身在何種處境，我不會用自己的等級或職位滿足欲望、獲得利益，或個人安全。」因此，當這位參謀軍士長被指控違背準則、價值，以及部隊和士官團的品格文化，可想而知部隊士氣和紀律遭受毀滅。再加上處在戰爭環境中，每天都要面臨壓力和生死攸關的危機，因而大幅削弱了士氣和紀律。

該營參謀軍士長因涉嫌性侵案件遭受調查。當你知道你身邊其中一名隊員，是性暴力的受害者，不僅會影響受害者終，還會對部隊士氣有摧毀性的嚴重危害。隨著調查工作展開，這名參謀軍士長被停職，並且來自其他單位的多位女兵也指控，不光只有這次，先前的部署任務也有發生，顯示這名參謀軍士長有長期性暴力的情形。

調查還在進行時，這名參謀軍士長自殺身亡，重挫部隊士氣和紀律，因為士兵們認為，參謀軍士長竟然不是面對指控與起訴，而是選擇自殺。

卡斯蘭在調派到伊拉克擔任師長期間，經歷過太多高階領導人的道德問題。在他擔任指揮官的十二個月裡，處理超過七十件行為不端的事件。儘管有些是犯罪，但大多都與品格缺失，影響紀律和士氣的問題，如不當對待部屬、不友善的領導風氣、不正當關係、性騷擾、性侵犯、濫用酒精等。這些領導人的品格瑕疵，在平民百姓或非戰爭的環境中，肯定有破壞作用，但是在交戰地帶，將直接威脅到團隊的向心力，乃至於任務的成功。

個人內在威脅

透過品格風險模型，我們可以檢驗危及品格的這三類威脅。首先，個人內在因素與品格缺失、犯罪行為有強烈關聯，即心理學家所稱的「黑暗三性格」（dark triad）。

黑暗三性格由三種人格特質組成——自戀、詐欺利用、精神病態。自戀，指個人誇大自我價值感和重要性；詐欺利用，指利用他人作為達成目標的工具，即使這樣會對他人不利，是不擇手段的偏差態度。最後，精神病態則是持續做出反社會行為，由於有同理心和引發悔恨愧疚的感覺，因此這類人都是以自我中心，自負且任性。

根據最近一項研究顯示，這三種人格障礙的組合，將容易導致七宗罪，即憤怒、嫉妒、暴食、貪婪、好色、傲慢與懶惰[2]，這與黑暗三性格密切相關。

以前述的參謀軍士長為例，他的行為正好符合黑暗三性格的成分。他被指控性侵數位女性，代表一直做出反社會行為。在一個團體中，大多存在擁有一種或多種黑暗三性格成分的人。這類人愛自誇，喜歡談論他們的成就，經常需要被人誇獎，覺得自己值得組織給予最高的獎賞和報酬，同時卻又貶低藐視他人來提高自我價值感。甚至可能不惜一切代價，實現目標、滿足個人需求。

黑暗三性格反映出一種基本的人格型態，可能難以改變。這些特質發生在一個連續範圍內，從光譜最左側的略微惱人，延伸到光譜最右側的病態，有時候還會涉及犯罪。在接近光譜左側（非病態），透過自我規範可以抑制自戀、詐欺利用，或精神病態。[3]在光譜右側（病態），則很難控制這些衝動行為。如果你是領導人或同事，發現旁人有這些表現，就是在發出警告信號。

傲慢或過度自負，是另一種會帶給團體問題的品格特質。雖然傲慢不屬於黑暗三性格裡的成分，但如果自負主導了一個人與他人的互動，就可能破壞士氣。仔細思考以下案例。

卡斯蘭的師部有一名參謀，十分能幹，是個十分追求完美的人，任何部屬只要沒有達到他的期待，就會被惡意針對，蔓延著不友善的領導風氣。沒有人指控這位參謀說謊、欺騙或偷竊，也沒有不正當的關係或道德操行的問題，但如果發現自己在他的單位，就會想盡辦法擺脫。雖然這位參謀的基本品格或價值觀沒有問題，但他，對待共事之人的態度，破壞了領導人與部屬之間的信任被視為違反「堂堂正正做人」。

這位參謀擁有凌駕一切的傲慢特質，謙遜虛心與社交智慧的程度較低，使他當領導人的成效不彰。這個案例雖然來自部隊，但品格瑕疵的負面影響在於任何團體。就如同一名籃球員無論天賦多好，批評和操控隊員都會傷害團隊士氣。

傲慢會破壞團體與客戶間的信任，軍隊及人民間的信任降低，也會有嚴重後果。甚至，執法人員以致命武力攻擊少數族群，引起軒然大波和普遍抨擊，也反映出這些社區和執法單位間的極度不信任。

另一個屢見不鮮、有損品格的個人內在因素，就是濫用藥物和酒精。酒精與性侵害之間的關聯已被充分證明，即使低劑量的酒精，也會壓抑中樞神經系統，增加攻擊性與各種不當表現，有時還會違法。當黑暗三性格遇上藥物和酒精，會提升品格的威脅。由於黑暗三性格的人，自我規範已經不好，一旦濫用藥物就會削減自制力。這就造成范恩圖（Venn diagram）*中，又一個范恩圖，即品格風險模型中，所顯示的個人內在圈。

負面人格特質加上藥物濫用，會讓人更難表現出良好品格。但其實我們可以做出改變，如果自己有這些人格特質，可以尋求心理治療，解決自戀、詐欺利用與精神病態；酗酒、藥物濫用者，則可藉由各種方案戒斷。至於團體領導人應充分認識黑暗三性格與濫用藥物所造成的問題，提出適合的策略來處理。

外在環境威脅

品格風險模型的第二個威脅是外在環境。工作或其他因素導致長時間不能睡覺或睡眠不足，和品格缺失有關聯。

一項針對西點軍校生的研究顯示，睡眠愈少的人，行為不端的狀況愈多。軍校生平日睡眠平均只有五．五個小時，睡眠不足近似血液酒精含量○．○八%，形同美國大部分的州法律所認定的酒醉，因此，到了週五容易行為失常。[4]

不久前，挪威皇家海軍學校（Royal Norwegian Naval Academy）的軍校生研究發現，被剝奪睡眠，其領導力較差。[5]其他研究也確定了睡眠與道德意識之間的關聯，也就是剝奪睡眠和睡眠不足降低一個人的自我規範能力，有時還會導致操行或道德品格的缺失。[6]

一項較為特別的研究顯示，剝奪睡眠會降低自我覺察，除了增加冒險行為，判斷力也會受損，進而影響各種決定與品格展現。[7]被派駐到阿富汗的士兵指出，一天睡眠不到六小時，經過一年的部署任務，長期睡眠不足，可能會造成許多操行或道德過失等不良後果。[8]

其他外在環境因素，包括危險、長期暴露在不友善的環境、領導階層頻繁更替，或者輪調不同組織、工作任務與工作地點。

外在環境脅也可能惡化個人內在因素。舉例來說，一名年輕步兵軍官在第一次戰爭中表現英勇，贏得了數枚勳章，他被選拔到西點軍校攻讀研究所，並在學校任教，擔任教員時，包括課堂上的表現可圈可點，同時也是軍校生和其他教官的榜樣。後來，他再

---

* 為了說明基本邏輯關係，以閉合的區域表示集合的圖示法，取英國邏輯學家范恩（J. Venn）之名而命名。

次被派去戰場，依舊表現傑出，被派去研究所攻讀博士學位。畢業後，再次回到西點軍校擔任教員。

他是年幼孩子們的慈愛父親，與妻子的關係良好。拜他外向性格所賜，也有許多朋友。但沒有人知道他在第二次任務之後，自己正默默解決揮之不去的戰爭壓力症狀。他隱瞞了那些問題，也沒有尋求治療。當他重回西點軍校，行為相較於第一次任職時有了重大改變。原先他總是第一個到校備課，完成其他職務；在課堂外，也會與軍校生積極往來，與他人應對時充滿活力。但是這一次，他上班遲到早退，似乎心有旁騖，並未全心投入在工作上。

大約兩年後，竟爆出他和同儕軍官的妻子有染，因為行為不端被正式起訴。這位軍官承認自己的品格缺失，認罪所有控訴。西點軍校的校長審查這個案子，裁定該名軍官降級，從陸軍退役。儘管這名軍官才幹過人，原本有希望在西點軍校晉升到高階領導職，如今卻是前途盡毀。

探究原因，外在環境壓力與第二次戰爭部署，降低了他的自我規範能力，使他出現失序行為。

社會或團體威脅

品格風險模型中的第三個圈是社會或團體，可能是最重要的威脅，因為團體對正向品格的發展，發揮重大的影響力。

缺乏社會支援的人，和無法和他人形成緊密關係，或者在現實生活中遠離正常社交環境，容易出現品格缺失。第一章提到《黑心》裡的士兵，因為駐紮地點遠離其他單位，再加上社會隔離，黑暗三性格等因素，造成這個排的犯罪行為。以前述的參謀軍士長來說，單位提供的社會支持可能還不夠，以及軍隊的傳統慣例，不鼓勵領導人與部屬建立友誼，所以社交關係淺薄；再加上遠離家人，缺乏家庭提供的穩定支持。

一個團體的價值觀，能塑造和維繫成員的正向品格。當領導人忽視正向價值與團體風氣，將對團體形成生存威脅，後果不堪設想。尤其當教育機構要負責大學生的品格發展，也就是國家未來的領導人，這一切又更令人憂心。

團體缺失，引起道德褪色

第一起教育界重大醜聞出現在美國賓州州立大學，二〇一二年該校的傑瑞・桑達斯基（Jerry Sandusky）教練性侵兒童案件被判有罪，這起事件導致若干大學主管被開除或請辭。

二〇一七年九月二十六日，美國聯邦檢察官紐約南區辦公室宣布，因涉及大學籃球相關的詐欺貪腐案件逮捕十位嫌疑人，包括四名美國國家大學體育協會（National Collegiate Athletic Association, NCAA）第一級別*的大學籃球教練、大型運動服裝公司一名高級主管和兩名員工，三名運動員顧問。第一起案件的指控是，大學教練接受運動員顧問的賄賂，將球員和家長引介給對方。第二起案件的指控是，一家運動服裝公司的高級主管和運動員顧問合作，送現金給高中球員與家人，爭取他們到服裝公司贊助的大學就讀。[9]在逮捕的這十人中，六人認罪，三人出庭受審，第十人的指控撤訴。三名不認罪的被告，審判結果被判有罪，能預料三人都會對判決結果提出上訴。[10]

還有許多關於教育組織的醜聞事件，例如美國密西根州立大學發生體操隊隊醫性侵美國體操協會女子隊，超過三百名女性運動員受害。美國賓州州立大學因為一名學生在兄弟會的惡整新人活動中死亡，再次登上新聞。接著是美國中佛羅里達大學不當挪用納稅人八千五百萬美元，導致校長與董事會主席辭職。美國喬治亞理工學院的四名資深職員，被發現隱瞞不法財務，還與供應商有不當的商業關係，隨後便提出辭職。

最後一個案例，美國聯邦政府對超過三十位家長提出告訴，因為他們涉嫌支付巨額給招生人員去賄賂主管，確保他們的子女，得以進入名校。這個案例令人側目之處在於，被指控賄賂、詐欺或密謀敲詐勒索的大學體育教練與行政職員人數，包括兩位大學足球教練、一名帆船教練、一名大學性向測驗管理人員、一名體育副主任、一名水球教練與一名男子網球教練。許多被告當時已經認罪，但少數仍未認罪。[11]

這些事件令人震驚。顯見大學體育界醜聞，經常被爆料，美國國家大學體育協會聘請美國前國務卿康朵麗莎．萊斯（Condoleezza Rice）主持委員會，為美國國家大學體育協會重拾領導與問責能力，提出建言。最後的報告指出：「人人都知道這些賄賂事件。這代表整個社會都知道有重大違規情況，然而管理機構缺乏調查行動的權力或意志進行調查，使大眾憤世嫉俗與輕蔑藐視。」[12]這意味著，民眾開始質疑，大學領導階層

＊ 美國國家大學體育協會校際體育賽事的最高級別（NCAA Division 1）。

是否有維持道德風氣的能力。

這些醜聞有什麼共通點？即領導人失去了領導作用，也就是**你可能是全國最佳大學校長，但如果你品格缺失，領導就失敗了**。

道德褪色（ethical fading）*，在這些案例子發揮了作用。[13]當團體出現不道德的行為，領導階層或其他人卻不加以約束，這項行為就可能變成標準慣例，久而久之，便不再被視為錯誤了。這正是第七章提及中佛羅里達大學不當挪用州政府資金，卻沒有及時處理的拙劣領導。

針對二〇〇九年大學入學醜聞的調查，美國羅徹斯特大學（University of Rochester）華納教育學院（Warner School of Education）助理教授納森．哈利斯（Nathan Harris）博士表示，「大學院校可能充斥著行為不端的情形，這已超出我們的想像，甚至超出能安心的程度。」他接著又說，「一名資深行政人員不會一早醒來就說：『我今天要做些違規的事來登上《芝加哥論壇報》（*Chicago Tribune*）頭版。』」[14]顯見道德褪色再次來襲。

如今的大學如何處理這種事？在校園裡，能發展出道德文化嗎？我們相信答案是肯定的。

這些危機的爆發，促使大學當機立斷地處理。賓州州立大學的解決辦法是，建立一個獨立的「道德與合規辦公室」，以監督校內各種事項的合規情況，包括員工利益衝突、撥款用途、員工揭發舞弊程序的訓練、尋找合作供應商、揭露犯罪統計數據，以及遵守美國國家大學體育協會與其他管理法規，例如性別平等法律（即教育修正案第九條〔*Title IX*〕）。教職員工必須遵守其他法律、政策、規定與章程，領導階層則要負責建立遵守法規的道德文化，而不是企圖設法回避規定。[15]

許多大學的道德與合規辦公室，採用一種簡單強大的「新」工具，也就是全校調查。當喬治亞理工學院的四名資深職員被發現，和供應商與承包商有不正當的金錢往來時，校長巴德．彼得森（Bud Peterson）便針對一萬兩千名的教職員與研究生進行調查，結果令該學院的領導階層相當震驚，教職員及研究生對學校的不信任程度，超過了去年夏天震撼校園的種族醜聞事件……「作為管理者，你們會希望自己校園裡的所有人都能保持行為一致的正當性，但這個結果對我們來說，的確相當震撼。」當時擔任喬治亞理工學院辦公室的主任琳恩．德罕（Lynn M. Durham）說。[16]

---

* 人們為了利益做出不道德的行為，甚至還會不自覺地增加錯誤行為，抱持自己沒有違背道德原則的現象。

彼得森應該獲得喝采，若換成其他校長，可能就不願意依據這些主題去調查教職員。彼得森不僅直接面對問題，還公開調查結果，後續也積極採取解決辦法，讓教職員工看到領導階層嚴肅認真地處理他們的疑慮。這類領導人的果決行動，將帶來重新建立信任的益處。

喬治亞理工學院還指派聶玲玲（Ling-Ling Nie），擔任道德與合規辦公室事務長，強化道德遵守的重要性：「如果我們強調全體員工，以正直與尊重來立足，並表達正確行為的意義，以及身為管理者或員工應在日常展現的價值，那我們就能觸及部分問題的核心。」[17]

喬治亞理工學院的領導階層及教職員工，除了繼續在校園建立這種道德文化，還施行其他新方案，包括對員工進行定期調查以評估校園文化、設立道德覺醒週、定期舉辦道德與舉發的訓練、關注校園價值觀的高階領導人會議、對高層強調不容許報復行為，以及要求所有資深行政人員定期與初中階管理者討論校園價值觀，[18]這些都是根據大學價值觀來建立校園文化的核心，也是發揮影響力的領導。

前述案例表明了，傲慢的個人品格瑕疵、功能失常的團體價值和不擇手段的心態，不僅造成信任流失，更嚴重損害聲譽與形象出現嚴重傷害。試想，假如大學領導階層認為，成功的足球課程比失職教員為多年的虐童事件負責更加重要，那麼價值觀就是出了嚴重的偏差。

行為不端的驅動因素

德勤監管策略中心（Deloitte Center for Regulatory Strategy，以下簡稱德勤）的一篇文章《管理品行風險》（*Managing Conduct Risk*），列出八種行為不端的驅動因素。[19] 雖然這是基於金融業的背景討論，但驅動這些行為不端的驅動因素與品格缺失息息相關，也適用於許多團體，這代表另一種必須避開的品格坑洞。我們先來了解這些驅動因素，並看它們如何在團體中發揮作用。

消費者的需求與合用性，沒有實踐在產品生命週期

簡單來說，組織將銷售獲益放在顧客的需求之上，出現行為不當的情形，這就像是學校關心興建新大樓或贏得運動競賽冠軍，勝過學生教育的大學。

人力資源決策沒有評判標準

重要的人事決定若是受到短期或狹隘的績效指標影響，將導致行為缺失。這就像是大學的運動競賽，不擇手段獲勝的心態。教練若認為沒有每年贏得冠軍就會被解雇，在招生或留任球員時，違反品格的風險就會上升。

個人和領導階層沒有為錯誤行為負起責任

無法設立標準並加以執行，是造成行為不端的必然配方。我們先前已討論過這個驅動因素的多個實例。

無法發現利益衝突並加以控制

防止行為不端，必須有外部的制約和平衡。舉例來說，研究人員以人類作為參與研究的對象，必須向審核委員會提出研究計畫和目標，確保遵循科學研究的道德標準。在這個機制成為常規之前，曾出現研究人員的研究計畫傷害受試者的情形，儘管一切都是以善意為出發點。一九三二年，研究人員懷抱著研發治療梅毒的崇高目標，展開一項有六百名黑人男性參與的研究。雖然他們都是自願，但研究人員卻沒有透露真正的研究目的與治療狀況，就這樣欺騙了參與者，導致倖存者及其家人提起集體訴訟，一九七三年達成一千萬美元的庭外和解。[20] 因此，由審核委員會提供的制衡，可避免出現不當對待參與者的實驗。

複雜零亂或不惜一切代價的商業模式

複雜會引發混亂，伴隨而來的就是找錯目標。愈大愈好的觀點，使得人們的焦點集中在短期利益而不是長期的成功，為了實現目標，不計任何代價，包括損害品格。

制式說明書與複雜的流程

複雜的工作流程，往往會導致人們尋求捷徑。也就是說，過度的官僚主義會讓人便宜行事。最近一項有關陸軍文化的研究指出：「許多陸軍軍官反覆接收高壓命令，以及為了確認服從狀況，使得他們需要冒著榮譽的危險，在道德上讓他們變得麻木。軍官的簽名和言詞也成了敷衍官僚制度的工具，而不是正直與誠實的象徵……即使軍隊成員不願意承認，虛偽不誠實，在美國軍中已是相當普遍。」[21] 解決方式就是領導人簡化組織的政策與程序，才能讓軍官真正遵守道德標準。

薄弱的監察制度

領導人必須確保有公平客觀的制度，追蹤遵守道德準則的情況。否則，會讓人以為違反道德的行動不會被發現，也不會受到懲罰。

迥然不同的次文化，或盛行沒原則的文化

組織機構致力培育成員的正向品格，如嬌生公司，又或者容許沒有原則的行為成為常態，例如陸軍美式足球隊。領導人必須持續採取積極的行動，建立並維繫正面的團體風氣，透過強大的正向文化，減輕品格風險模型中的威脅，這將是一個領導人最重要的作為。

前述行為不端的驅動因素，從我們提出的西點軍校美式足球隊到中佛羅里達大學的失敗案例，都能從中找出一個或多個因素。以美式足球隊來說，行為不端的主要驅動因素是，團隊形成的次文化，個人價值觀不符領導階層，加上監察制度薄弱，才會使得不良的次文化惡化擴大。

在規模龐大且複雜的組織裡，例如前述大學的案例，可能結合多種行為不端的驅動

因素，偏離了合法程序與核心價值，因而演變成影響深遠的危機。這能從德勤的第三項與第五項的行為不端驅動因素得到印證。德勤的第七項，或許比較不令人意外：「薄弱的監察制度」，這使學校無法有效監督教職員的缺失，難以在造成重大危機之前加以糾正。最後，德勤的第八點，當次文化的價值觀與組織的價值觀不一致，會損害機構組織的聲望地位。

解決這些情況有幾個關鍵重點，必須有一位鞏固正直與榮譽的領導人，不但要以身作則，還要抓住每一個機會宣揚正確觀念，並讓部屬為這些價值負起責任。當部屬不守規矩，要立即糾正；當越界而失去信任，就要撤換他們。領導人還必須有察覺危及團體、員工與顧客的風險評估，這些風險可能來自各個層面，甚至是領導人本身。一旦發現危機，領導人應先評估這個危機的可能性與持續時間，再安排解決方案。

打造高績效、高品格的組織，除了透過擬定策略來避免掉入這些坑洞，還需要時常留心關注、慎重而為。要邁向卓越之路，並沒有任何輕鬆的捷徑。

社群媒體拉近惡的距離

社群媒體的盛行，為品格帶來重大威脅。在社群媒體上，大家會說些平常不會說的話，這是為什麼？也許是感知到彼此間的距離吧！美國社會心理學家史丹利・米爾格蘭（Stanley Milgram）在著名的服從權威研究中證明，普通人也有傷害他人的能力。

你或許記得這項實驗，米爾格蘭假扮為實驗者，命令「老師」（老師是受試者）對「學生」進行痛苦的電擊（學生是參與者，並未真正遭到電擊）。米爾格蘭的研究結果之一就是，當學生和老師相隔一段距離，比起學生就在老師的近處，老師更有可能聽從實驗者的命令，執行痛苦的電擊。[22]同樣的原理也適用於社群媒體，因為無法直接感覺到自己言詞的影響力，有些人會覺得不受約束，說出違背價值觀又傷害他人的話。

由於社群媒體上的內容都未經過濾，這對具有多重品格風險的人來說，格外有破壞力。尤其是充滿仇恨且帶有偏見的內容，會導致群眾暴亂。美國維吉尼亞州夏洛茨維爾（Charlotesville）的致命事故，就是一個代表案例。在這起事件中，一名年輕女性遭到白人民族主義的支持者輾斃。社群媒體傳播信息，激起白人民族主義支持者和反對者的爭執。證據顯示，散播消息的是俄羅斯操縱者用推特的「假帳號」，將夏洛茨維爾事件的兩造態度推向對立，並火上加油。[23]

眾所周知，暴民會引發人性最惡劣的一面，這不限於現實社會中的群體暴力，網路暴民已然成為新現象，無論是團體迷思，還是受到外部力量的刻意操弄，使得情勢變得狂熱，都潛藏著令人擔憂的品格威脅。

與社會脫節，行為失序

社會隔離是造成品格缺失的重大因素。有時候是性格導致自己遠離社會，如極度內向的人；有時候是不得已必須脫離社會，例如士兵長時間被派駐到遠離家園的地方。

資深領導人通常社交關係不佳，尤其是像階級分明的軍隊組織，使得總指揮官或執行長很難找到能尋求建議或討論重要議題的人，這會使問題逐漸惡化。幾年前，一名陸軍將軍在獲得晉升後便自殺。陸軍參謀長交付一項研究危害將級軍官健康因素的任務給一位三星上將，他發現其中一個因素就是，將級軍官通常難以找到同級的同儕尋求建議，尤其是被分派到多數陸軍駐地的將軍，就任基地並沒有像五角大廈和一些大型軍事基地有多位將級軍官可以諮詢，而自殺的那位將軍正是如此。對其他人來說，這種社會隔離造成的品格缺失可能沒有那麼戲劇化，但依然有相當的破壞性。

預防落入品格坑洞的措施

品格風險模型幫助我們了解品格威脅，避免偏離正軌。除了認識危害品格的潛在因素外，我們還有許多事要做。回想你的品格優勢，並且是如何使用？以及在哪些情況下，你會沒能堅持住自己的價值觀？你的個人習慣，有可能損害品格嗎？例如酒精或濫用藥品。如果有，請盡快尋求幫助。評估你的社交網絡，找出你在處境艱難時，可以求助的親密友人，向他們與家人諮詢。情緒或睡眠習慣改變時，也可能是你的壓力在發出信號，進一步了解哪些情況觸發你的壓力，設法找出應對方式，萬一無法完全避免這些狀況，就要想對策來應付。接著，誠實面對自己的性格，你的虛榮心和驕傲會妨礙良好的人際關係嗎？你的自我，會太過強大嗎？應學習規範黑暗三性格的成分。

人們也應尋求導師的協助，試著跟他們誠實討論自己的性格與品格。效果最強大的練習就是，讓導師幫你的二十四個品格優勢一一評分，然後一起比較他們和你自己的評分。別人對你的看法，可能不同於你對自己的看法。如果你發現別人覺得你不謙虛，或者你缺乏社交（我們通常拙於發現自己的缺點），這樣的討論或許會刺激你的進步。大部分的品格缺點，不像黑暗三性格那麼病態，比較常見的是六類道德品性中，各有一種或多種優勢會比較弱，一旦發現就能及時處理。

在社交層面，人們應該設法與朋友、家人、同事，建立並維繫積極正面的關係。由於每個人對社會支持的需求不同，尋找的方式也不同，因此我們都需要有可以分享喜悅和成就，以及尋求安慰與指引的人，問問自己：「如果我有什麼事必須找人討論，有誰是我可以立刻能見到或打電話商量的呢？」如果想不到，那你大概就得少花點時間在工作或學業，多花點時間在人際關係上。這些社交關係有助於培養我們的良好品格，也是均衡生活的核心。

在團體層面，領導人有責任創造一個以品格為本、目標明確的正向環境。一個公開而簡單的願景聲明，結合同樣清楚明瞭的使命宣言，就是個好的開始。最重要的是，領導人必須真心相信組織的價值觀並堅持遵守，使員工、學生，以及各類型團體的成員，都能有目標一致的價值觀，就能隨時嗅出組織中的虛偽。

領導人可利用德勤的八項行為不端驅動因素，診斷組織的品格風險，藉此一一評量組織內的所有單位，幫助組織成員避開品格坑洞。

找出威脅，常保勝利

一旦品格喪失就很難恢復。個人與團體若想出類拔萃並取得長期成功，就應該堅持聚焦品格。本章的品格風險模型便提供了指引，幫助你尋找威脅品格的兆頭。我們應該在失敗之前，主動進行品格管理，這要比事後修補更有效。

第11章

用正確的方式贏，才經得起考驗

最高等級的競爭非關勝負，而是在於準備、勇氣、理解與培育人才，還有感情。勝利，就是結果。

——喬．托瑞（Joe Torre）[1]，美國職業棒球選手與教練在《蓋茨堡演說》（*Gettysburg Address*）中，林肯對著一群意志消沉的群眾演講。時間是一八六三年十一月十九日，距離那一場造成北方聯邦士兵三千一百五十人喪命、一萬四千五百二十九人受傷、五千三百六十五人失蹤或被俘的血腥戰役，僅僅過去四個多月。南方邦聯軍的損失，也是不相上下。

美國南北戰爭剛進行到一半，勝負仍在未定之天，民主懸而未決，美國面臨生存危機。在這個最黑暗的時刻，林肯卻看到了希望。他公開宣言：「我們在此下定決心，逝世的人不應白白死去；這個國家在上帝的庇佑下，從自由裡獲得新生；而那一為民所有、為民所治、為民所享的政府，也絕不會從這片土地消亡。」[2]

信任崩壞的生存危機

美國經過一個半世紀後，又面臨另一場生存危機。這次並非來自於內戰或外國軍隊的攻擊，而是品格危機帶來的結果。一個「民有、民治、民享」的政府是立基在個別公民，甚至領導人的正向價值與品格。但這些價值崩壞了，使得信任消蝕。削弱了政府與其他重要社會機構的信任，是民主政體覆滅的前兆。由於「民有、民治、民享」繫於信任，一旦沒了信任，民主就無法維繫。

由政黨推選出來的領導人，必須背負避免信任崩毀的重擔，一旦認為不擇手段取勝才是最重要的，那麼國家信任的要素——能力、品格、關懷，也就被拋棄了。美國和許多國家的政府如今都因品格崩壞，顯得四分五裂，造成非和平對話的結果。因此，現今由人民選舉出來、為人民服務的領導人，必須解決這場品格危機。

這也促使許多人抱有一種看法，認為政府偏離了能力、品格與關懷的原則。在此要說明的是，信任的崩壞，隨處可見，這並非黨派問題，也不是特定政府的獨有問題。在州政府與地方，甚至是國家都會發生。有太多的案例顯示，許多政府官員認為當選與連任，似乎比人民福祉更為重要。所有黨派當選的領導人，或多或少都背負著人民與政府間，信任崩毀的部分責任。雖然信任失去了，但還是可以恢復，只要領導人注重信任三C，如同華盛頓、林肯與曼德拉以正確的方式贏得信任。

不只是政府的品格不及格，另外四個重要社會組織——家庭、商業、教育、宗教，也漸漸偏離基本價值觀和正向品格。先前談過的案例，從大學院校將獲利、贏得足球比賽，放在教育學生的使命之上，到天主教教會未能盡到監督神父性侵害的責任。甚至，許多企業為了獲利不擇手段，家庭的傳統價值似乎也在崩毀。種種不良氛圍的影響，使得眾人不惜任何代價與手段來取勝，已成為盛行的道德標準。

透過社群媒體播下社會與政治紛爭的種子，最明顯的就是俄羅斯。有充分證據顯示，俄羅斯出手影響二〇一六年美國總統大選。俄羅斯利用社群媒體形成迷因（meme）*，意圖製造對立，破壞民眾對彼此、政府與社會機構的看法，煽動美國人的憤怒與紛爭。反過來說，如果美國人民信任這些重要社會機構，這一招就不會奏效。說到底俄羅斯只是利用美國這個弱點。

一八五八年六月十六日，林肯在伊利諾州共和黨大會上，接受黨提名角逐參選美國參議員，並發表接受提名的演說。在這篇演說中，林肯預料到南北內戰，說了一句名言：「分裂之家無可持存。」[3]我們擔心美國正站在臨界點上，若不重新聚焦正向品格，人民對政府及其他社會機構的不信任，會導致民主制度崩潰毀滅。

其實，我們還有時間扭轉局面，要相信個人與團體的正向品格可以改變形勢。勝利，不只是選舉、比賽獲勝，或是考試滿分，我們必須學會驅動品格，以正當方式取勝。

透過正當方式獲勝

當國家將軍隊置於險地，不會只是希望表現很好或盡力，而是期待軍隊以正當的方式，完成任務並贏得勝利。以「正當的方式」獲勝，是指符合國家與軍隊價值的方式取得勝利。

但是這些年來，「正當」的定義已有改變，我們也觀察到國家對於作戰的價值觀，也出現變化。一九四五年八月六日，接近二戰尾聲時，美國在日本廣島投下一顆原子彈，奪走八萬人民的性命。三天後，又再長崎投下一顆原子彈，造成四萬名日本人喪生。[4]在這場無差別的平民大屠殺發生之前，一九四五年二月，歐洲戰場的同盟國軍隊已先轟炸德國的德勒斯登（Dresden），殺死大約三萬五千名德國人民。這個戰略被稱為「飽和轟炸」（saturation bombing）**，也就是用燃燒彈盡量殺死最多平民，摧毀德國士氣。[5]

* 最早出自英國演化生物學家理查．道金斯（Richard Dawkins）《自私的基因》一書，利用生物演化遺傳的概念，定義這種基因被大量模仿再造，後來則演變成在網路上廣泛流傳人們的思想、行為或風格。

** 一種軍事戰術。指利用飛機密集轟炸目標，使敵方遭受最大的損害。

儘管同盟國因為堅持不懈而贏得二戰勝利，但是蓄意殺害這麼多平民百姓是「正當取勝」嗎？在此提出這個問題的用意，不是要爭論。但你能想像現今的軍事戰略中，有刻意殺害超過十萬名手無寸鐵的人民嗎？不管什麼原因，殺害人民都可能對當代軍事戰略的長期成功，有潛在的毀滅性影響。這就是為什麼現在的作戰任務，有了嚴謹的交戰規定，包括漸進且慎重地使用武力，目的是為了將人民傷亡降到最低，甚至是澈底避免傷及人民。

在一般人的世界，正當取勝同樣重要。我們看到企業和其他組織，抱持價值與尊重他人的態度交涉業務，長期下來，業績蒸蒸日上；我們也看到有組織違反價值並說騙他人，長期下來，營收江河日下；個人也適用同樣的原則，一個人說謊欺騙，或許偶爾能成功，長久以往，仍然會為自己的人生付出重大代價。

美國第三任總統湯瑪斯．傑佛遜（Thomas Jefferson）在《美國獨立宣言》（*United States Declaration of Independence*）中宣告：「我們認為這些真理是不言而喻的，人人生而平等，他們被造物主賦予某些不可讓渡的權利，其中包括生命、自由和追求幸福的權利。」[6]在此我們還要加上一點，品格和正當取勝不僅僅是美國的原則。本書討論的二十四個品格優勢存在於所有人，無關乎文化或國籍。

以下是對正當取勝，所整理出的重要心得。

解決問題，挑出適合的品格優勢

美國薩福克大學（Suffolk University）法學教授利斯勒・貝克（Lisle Baker），每年的秋季入學，要迎接三百名法律系新生。他們能錄取，大多是基於成績，評量標準綜合了本科生學業成績和法學院入學考試（Law School Admission Test, LSAT）分數。

貝克對正向心理學很有興趣，二〇一六年還在賓州大學取得應用正向心理學人文碩士學位，他擔任法學教授多年，發現成績雖然有助於選擇才智足以完成學業的學生，卻不足以預測誰能在法律界成功發展。

貝克認為，在法律業取得成就的另一個決定性因素是品格。他引用《綠野仙蹤》（*The Wizard of Oz*）的故事來比喻：抱負遠大的律師需要頭腦（稻草人）、情感（錫樵夫）和膽量（膽小獅）。[7]

我們贊同貝克聰明的分類，完美描繪了書中探討的頭腦、情感與膽量優勢。在解決困難的問題、從失敗中重新振作，以及與他人建立有意義的社交關係時，全都需要這些工具。這些優勢就像集合在一個工具箱，大家可以從中選擇最適合該情況的工具來使用，但不是所有工作都能用一把錘子完成。這就如同每一個問題不是都能用恆毅力來解決。

膽量優勢，在對的時間做對的事

我們知道膽量，包括品格上的勇氣與生理上的勇氣。在越戰期間擔任空軍飛行員的巴瑞．布里傑執勤時，遭擊落而被俘，他在河內希爾頓的漫長監禁，充分展現了他的生理與品格上的勇氣。就在布里傑獲釋並與家人團聚超過四十五年後，卡斯蘭造訪河內希爾頓，看著這些美國戰俘曾經生活的環境，讓人再次對他們的恆毅力、勇氣，心生尊敬與欽佩。

有人說，真正考驗一個人的品格，不是一帆風順的時候，而是在最猝不及防、情況惡劣之時。布里傑在近乎絕望下，堅持熬過反覆的酷刑、希望幻滅，以及不人道的生活條件，證明了膽量的力量。即使經歷過這一切，他依然對國家、家庭、同袍與自己保持忠誠，拒絕違背他從小被教導的價值觀和為國效力的忠誠。他將品格定義為「有勇氣在正確的時間，為了正確的理由做正確的事，這取決於你對生命、生活所重視的部分。因此，你深刻抱持的信念，不僅決定了你是什麼樣的人，還決定你可能的行為。」[8]

在如此可怕的情況下，要從哪裡找出不屈不撓的品格？先前分享過的巴瑞．布里傑、布蘭登．馬洛柯和朗達．克南都告訴你，永不妥協的品格是幫助他們度過難關的核心價值。

不管是在球場還是戰場上，膽量的品格特質，對取得勝利相當重要。美國陸軍美式足球隊的變革就能證明。改革前，表現平庸、時常犯錯、沒有剛毅精神，導致這支球隊多年成績一般。改革後，開始培養紀律、剛毅、堅韌、不屈不撓與誠實的膽量優勢，讓一支球隊能夠比賽到最後一聲哨音響起。這是將一支輸球的球隊，轉變成全國前二十五強所需要的品格特質，也是當他們置身險境、親自踏上戰場時，美國人民對陸軍的期望。

卡斯蘭擔任西點軍校校長期間，承受大眾的壓力，他被要求刪除學校必修的拳擊課，主要是家長擔心軍校生會有傷到頭部的風險。儘管卡斯蘭備受壓力，卻沒有妥協，保留了拳擊課，他認為這是唯一讓兩名學生進行全身對抗的活動，從中學習如何面對和克服恐懼，這對那些在戰爭中領導士兵的人來說，非常重要。不過，西點軍校也重視頭部受傷的風險，因此在安全設備、流程上付出大量心力，力求將傷害降到最低，結果也是明顯減少。

紀律、剛毅、堅韌、不屈不撓的品格，並非僅限於軍隊，在學校、商業與運動上想獲得成功，也需要相同的特性。考試不及格？更用功一點，再嘗試一次。輸掉比賽？更認真練習。銷售欲振乏力？也是同樣的建議。膽量的品格優勢，是致勝的基本要素。但僅是如此，卻還不夠。

頭腦優勢，用智慧取勝

在伊拉克自由行動的增兵行動期間，是最動盪不安的時局，一位堅毅的營長戴夫・霍德內展現極大的機智，他為伊拉克的關鍵省分帶來穩定與進步，讓一家荒廢的番茄糊工廠東山再起、恢復營運，吸引年輕人回到農田耕作。在當地政府的支持下，他恢復了政府的政權，更在聯軍與當地民眾間建立起信任，他的成功並不是靠拳頭，憑藉思想開明與創造力的品格特質，展現優異的洞察力與智慧，解決當時最複雜的難題。

同樣地，美國退役軍人事務部前部長羅伯・麥唐諾，在改革退役軍人事務部的文化上，展現了驚人的才智。他在任期間，始終強調他所信奉的一套價值（在《我的信仰》

中清楚表達）[9]。並藉由建立一個強大的領導人發展方案，改變了組織對退役軍人的關懷、承諾與義務。

膽量的優勢幫助我們克服人生挑戰，頭腦的優勢則讓我們運用聰明有效的方法處理問題。恆毅力、決斷力與勇氣能讓你走得長遠，但好奇求知、創造力、熱愛學習，能讓你正當取勝。無論是在企業界、高等教育、軍隊、大學、職業運動，甚至是其他組織，擅於運用智慧與知識的人，終能飛黃騰達。

情感優勢，建立完滿有意義的人生

在艱困處境中，患難與共，能建立出緊密的忠誠關係。許多從伊拉克與阿富汗返國的退役軍人，都經歷過一些難以言喻、考驗身心的惡劣處境，當他們離開袍澤情誼，努力重新適應平民環境的，都遇到調適上的困難。

在戰爭中，忠誠互賴的關係，讓士兵能夠忍受艱苦，但是當他們不再是團隊的一員，通常會發現自己沒有能力度過難關，落得自殺的不幸結果，為了更了解情感的動能，必須探討是什麼原因造成這種忠誠與緊密的情感聯繫。

莎士比亞在他的劇本《亨利五世》，記錄了情感的重要性。在英格蘭士兵準備迎戰法軍的大隊人馬時，英格蘭國王亨利五世站在軍隊前宣告：「我們是少數幾個人，是幸福的少數幾個人，我們這一支親如兄弟的隊伍，今天與我一起浴血奮戰的，就是我的弟兄。」這番言詞闡釋了勇士之心的品格特質，即同志情誼、愛、慈悲、忠誠與承諾，這是他們經過日夜相處、歷經諸多試驗與挑戰，患難與共所鑄造而成的品格。

雖然我們是用戰場上的例子說明情感的優勢，但在人類活動中，具備情感能讓生活更有價值。你可能是團體中最有恆毅力、最勇敢的人，但是沒有仁慈和愛的能力，你將無法發揮潛能。在職場上，情感優勢讓你多了優越條件，使你和家人、同事與朋友，建立完滿又有意義的關係。

信任無間，打造高效團體

有效領導的最重要要素是，打造全方位的信任，這存在於自己和上級、自己與部屬或自己與同儕之間。我們認為，信任是由一個人的能力、品格與關懷所形成的產物，如果你大權在握，卻不知道該如何領導（也就是你不勝任），便很難有人會追隨你。同樣地，如果你是我的上司，你錯誤的價值觀和行為讓我質疑你的正直，我又要如何信任你對我下的命令？如果你根本不在意我的發展、我的挑戰與成功，只將我視為你「帝國」中的一枚棋子，那我為什麼要跟隨你？

在偉大與平庸的領導人身上，我們看過太多部屬信任與質疑領導人的情形。蓋茨堡之役就是士兵與指揮官信任無間的最佳實例。由柯維爾上校領軍的明尼蘇達州步兵團，在指揮官漢考克下令進攻南方邦聯時，明知大部分手下肯定有去無回，柯維爾還是服從命令，士兵們也是明知一死，依然毫不遲疑地攻擊。只有遵守紀律、無比忠誠與完全信任的部隊，才可能毫無畏懼地服從命令，儘管他們順利完成使命，卻損失慘重，這些犧牲為北方聯邦軍的最終勝利奠定基礎。

同樣地，指揮北軍第二十團的約書亞．張伯倫中校，儘管一再遭受攻擊，甚至彈盡援絕，卻仍堅守北方聯邦軍的陣地，他下令士兵不防守（就像先前無數次攻擊一樣），上刺刀，衝下山攻擊重新集結的南方邦聯軍。張伯倫之所以能獲得手下的信任，是因為他備受尊崇與敬愛，才能成功號令士兵上刺刀來攻擊敵軍。

雖然你的生死可能不會因為「信任」來決定，但你的表現和幸福感卻可能會。試想，在你的團體裡，是否也有這種毫不猶豫的信任呢？例如成功的老師能幹稱職、展現正向品格、關懷學生，這也使得學生以努力用功和衷心敬愛，來回應老師的付出。對應到工作職場，也是一樣。才幹傑出、品格高尚、關懷員工的經理，會激起部屬的高度忠誠。馬修斯就曾在西點軍校觀察到類似情形，他在塞爾樓（Thayer hall）看到一位監管人員沿著走廊邊走邊哭，他問對方怎麼回事，她說那天下班，就退休了，相信她是真心熱愛這裡共事的人，才會擁有緊密相依的情感。但相反地，若是她的上司無能、說謊，或是對人漠不關心，她還會有這些感受嗎？

領導人必須建立正向風氣，才能獲得所有成員的信任，進而打造成功的團體。他們必須創造能讓部屬踏出舒適圈、向外擴展的環境，以澈底發揮部屬的潛力。而領導人想要贏得信任最有效的方法就是，承擔起部屬犯錯所帶來的風險。當你進入不熟悉的領域，可能會犯錯，此時領導人扛下你失敗的風險，才能提供你學習和改進的機會。然而，不樂意這樣做的領導人，通常會刁難犯錯的下屬，這會使他們只做被告知的事而無法發揮積極主動的精神。沒有人想在這種環境下工作，組織也無法在這種情況下取勝，如果有成功的案例，肯定不是用「正當方式」。因此，當老闆能承擔起失敗的風險，組織才會有無窮無盡的成長空間。

領導不光是領導人本身實踐品格，還必須想辦法灌輸團體品格，他們必須以身作則，成為正向品格的表率，但執行之後，他們要如何推動到整個團體呢？我們先前談過幾個案例，都是領導人建立正向品格的團體文化，潛移默化地影響部屬，這些都是值得學習的典範。

正確價值觀散布團體

嬌生公司就是一個以品格為本的案例。執行長亞歷克斯・戈爾斯基知道，取得公司與客戶、領導階層和員工間的信任，品格是基本要素，這從公司創立以來，一直是核心信條。

嬌生公司前董事長羅伯特・伍德・強生二世因為體認到品格對企業的重要性，制定出一套「價值信條」，公開且明確地陳述公司價值，目的是讓組織成員沉浸在正向品格與價值中。戈爾斯基非常重視「價值信條」，將討論公司價值納入每次會議議程，他還會根據「價值信條」的原則，進行領導階層的評鑑。如果你想知道一家《財星》五百大企業的文化是如何推動品格，只要看看亞歷克斯・戈爾斯基在嬌生公司的作為即可。

一九八二年，嬌生公司正處於泰諾危機期間，那場事件導致七人死亡，還損失龐大的營收與庫存。亞歷克斯．戈爾斯基說明了嬌生公司的處理原則：「不損害人們對你的信任與依賴，沒有什麼比誠信更重要。」當時的領導階層毫不猶地擔起責任，並且制定對策，避免產品被動手腳，最後恢復了顧客和員工的信任。也就是說，當類似的危機不期而至，一家正直的公司會發揮以價值為本的領導力，來重建大眾信任。

嬌生公司後來又面臨到新危機，處理方式依舊遵循「價值信條」。嬌生公司銷售的止痛劑吩坦尼（fentanyl）是用於治療嚴重疼痛的藥物，卻捲入了類鴉片藥物*的氾濫危機。在美國部分地區服用類鴉片藥物過量致死，幾乎到了流行性疾病的程度，導致針對這類藥物的製造商和經銷商，提出多起訴訟。美國奧克拉荷馬州（Oklahoma State）的法院要求嬌生公司要為藥物過量致死負責，處以超過五億美元的罰鍰；[10]其他州的類似訴訟，則是等待裁決。儘管龐大的賠償支出，將造成嬌生公司左支右絀，但戈爾斯基仍舊根據「價值信條」來處理這次危機，展現能力、品格與關懷，致力恢復公司聲譽。

另一個展現關懷的領導案例是，黛博拉．澤爾曼博士被醫院領導層要求裁員一〇%時，所展現的應對方式。澤爾曼廣受員工敬愛，她經常傾聽員工在自身領域的挑戰，所以非常了解他們的需求。澤爾曼知道憑著信任員工，可以不解雇任何人來解決醫院的財務危機，因此她要做的就只是去找一直在醫院發揮影響力的人——員工，借助他們的智慧才能，徵集有創意的想法和解決方案，最後他們找到辦法並解決了財務問題。由此可知，心存關懷、慈悲，了解員工優勢的領導人，才能實現這一點。

這些案例不僅描述了組織以正當方式取勝的核心價值，也強調領導人在團體中，培養成員正向品格、形塑優良文化的重要性。

正向品格價值的內化

我們已經證明，只要將正向品格的價值內化，就能發展出良好品格，這也會成為一個人的本質，幫助我們在面對困境時，立即做出符合團體道德的行為。西點軍校領導人發展系統（WPLDS），提供我們發展團成員正向品格的模型。

＊類鴉片藥物若長期作為止痛藥使用，可能增加病患對疼痛的敏感度，迫使病患服用越來越重的劑量來緩解痛感。

你大概會注意到西點軍校領導人發展系統，為何不是稱「西點軍校品格發展系統」，而是「西點軍校領導人發展系統」？這是因為品格是領導成功的重要因素。學業、軍事、體能與品格，則是培養領導能力的四大支柱。但在西點軍校的使命宣言裡，表明該校是教育、訓練、啟發「有品格的領導人」，而不是「學業優異」或「軍事能力合格」的領導人，可看出西點軍校將栽培有品格的領導人，視為重要使命。

西點軍校領導人發展系統相當簡單，軍校生在一個學業、軍事與體能課程密集的環境中薰陶，並被安排擔任領導與部下，學習做好每個角色該有的任務與品格。他們被要求每一門課程都要達到高標準，還要秉持西點軍校責任、榮譽、國家的價值，以及忠誠、責任、尊重、無私服務、榮譽、正直與個人勇氣的陸軍價值。正如第八章所討論的，對於光明正大的生活與領導，以及卓越表現應有的行為成果，西點軍校領導人發展系統有明確的期望。

請注意西點軍校領導人發展系統的英文縮寫「WPLDS」，D代表「發展」，意思是價值的內化會隨著時間而愈發強烈地發展。西點軍校領導課程具有挑戰性的地方就是，新生入校後必須先發展品格，因為陸軍需要高標準和不可通融的道德價值，所以當發生不符合標準或違背信任的道德時，西點軍校會如何對待越界的學生？

秉持著人會從錯誤中學習，西點軍校所使用的「自由裁量權」就有此一特色，甚至善於推動品格成長的團體也都了解這一點。領導人會利用這些錯誤，作為發展成員正向品格的起點，也就是每一個錯誤，都是一個學習和改善的機會。我們喜歡以骨折作比喻，如果你有一根骨頭斷了，在接受正確的治療下，那根骨頭會生長得比骨折前更為強壯。同樣地，如果人們出現品格缺失，有機會在導師的輔導下反省，那他的品格可能會比發生問題前更完善。

因此要鞏固品格，導師的輔導必不可少，他們以身作則，透過親身實踐在生活中的豐富經驗，展現正確的品格價值，提供學生反省反思的機會，為真誠且持久的品格發展與改正的行為，扎下根基。

逆境是砥礪心智的機會

《聖經．箴言二七：一七》提及：「鐵磨鐵，磨出刃來，朋友相感，也是如此。」[11]將一塊要磨尖的鐵放在烈火中，加熱到能夠彎曲、成型的溫度，這就如同品格發展到最關鍵的時刻，置身於烈焰大火，鑄造的更加完美。你的品格優勢不是展現在人生順遂，而是身處逆境時，逆境就像「鐵磨鐵」這句，代表磨礪品格的機會。

不過，逆境未必都能帶來成長。先前提及的逆境軌跡有成長、不動如山、韌性、失調障礙，這四種結果都是取決於你的品格。能夠達到成長軌跡，不僅是成功應對了挫敗，還是因為同時利用膽量、頭腦與情感優勢。會以正當取勝，有很大一部分是了解自己不會被逆境擊敗，並能從中培養成長心態，是求勝精神的基本條件；花點時間尋找知名運動員說的致勝名言，幾乎全都指出，失敗是求勝的學習途徑。

違反準則，不能默許縱容

西點軍校榮譽準則是學生軍團發展品格的基石：「軍校生不說謊、不欺騙、不偷竊，和不容忍違反榮譽的人。」他們在學校時，通常不會說謊、欺騙或偷竊，但很難理解發現同儕越軌踰矩時，不容忍為什麼很重要？

想要解決這個問題，領導人必須成為同行的監督管理者，不但要為他們設定標準，還必須加以執行，這一切根基於對領導人的信任。有品格的領導人，是由卓越性、能力、關懷，與對職業的盡忠職守所形成。這些特質也建立起領導人與下屬、領導人與上級，還有領導人與客戶之間的信任，倘若領導人要建立並維持信任，就必須以身作則、盡責管理。

當團體成員違反標準與價值時，不但個人會遭受譴責，也會使團體的名聲受辱，喪失客戶的信任。這不僅讓人難以接受，還會造成惡性循環，縱容不良行為，以至於未來行為偏差，從西點軍校美式足球隊的案例，就能發現這一點。

因此，如果看到脫序行為能立即糾正，就能避免帶給團體難堪與喪失信任。成功優秀團體深諳自我管理的重要性，這都將成為正當取勝的核心要素。

道德褪色使標準逐漸下修

團體領導人可能會面臨的挑戰就是道德褪色。當出現違反道德的行為，卻沒有領導階層或其他人阻止，很可能會成為新的標準，久而久之便不再被視為錯誤。通常員工都會觀察違規事態的發展，暗自希望領導人能採取行動，恢復行為準則；但如果領導人不採取行動，道德便會漸漸褪去，新的價值標準取而代之，使得原本無法接受的行為，不知不覺慢慢滲入團體。

我們都看過道德褪色，以不同的形式展現。二十世紀末，紐約市的街頭犯罪猖獗，凶殺案件達到創紀錄的水準，時代廣場已經不是讓人覺得可以安全行走的地方。警察疲於奔命，幾乎趕不上搶劫、入室盜竊、偷竊、襲擊、強姦與謀殺等重大案件的發生頻率。一九九四年，威廉·布萊頓（William Bratton）被任命為紐約市警察局局長，降低街頭犯罪成為他的第一要務。布萊頓是治安方面的奇才，從一九七〇年開始在美國波士頓展開他的執法生涯，晉升過數個領導職，包括擔任警察局局長。為了解決紐約市的犯罪問題，布萊頓使用犯罪心理學者詹姆斯·威爾遜（James Q. Wilson）與喬治·凱林（George L. Kelling）所主張的「破窗理論」（broken windows）*，作為維護治安的方法。

在部分人看來，破窗理論存有爭議，因為包含對輕微犯罪也進行嚴格執法，例如公共場所酗酒、破壞公物與坐霸王車等不是特別危險的情況。但令人意外的結果是，執行破窗理論之後，不僅輕罪大幅減少，像是凶殺等重大犯罪也明顯下降。自一九九四年，布萊頓開始推行破窗治安策略時，紐約市有一千五百六十一件凶殺案；到了二〇〇一年，紐約市的凶殺案僅六百四十九件；二〇一九年六月，紐約市則漸漸邁向一九五〇年代以來，最低凶殺案件的數量紀錄。[12]

布萊頓以破窗策略降低犯罪方法，就是基於慎重處理輕微違法行為的概念，避免衍生更嚴重的案件，這與道德褪色的觀念差不多，一旦團體容忍輕微的道德踰矩，很可能就會爆發重大爭議或危機。以正當取勝的團體，會矯正輕微錯誤，預防更多災難性的失敗。就像美國政治家布克・華盛頓（Booker T. Washington）說道：「人生的成功是建立在照料小事，而不是處理大事；並且處理最貼近我們的日常事物，而不是遙遠而罕見的事物。」[13]

自我監察品格警訊

預防品格缺失，勝過事後處理個人和團體所造成的後果。由於毫無瑕疵的聲譽無價，因此品格風險模型提供我們避免陷入品格缺失的危機。

以個人來說，找出會導致品格偏差的人格特質，進行自我監督發展正向品格，同時、

＊當環境中，發現了某種不良現象，如果沒有馬上改善或修復，這種不良現象將可能會逐漸被接受，甚至擴大變嚴重。

能協助領導人密切留意品格缺陷的人。在發現違反品格的警訊時，應加以引導。甚至在一些情況中，從團體中移除劣質品格的人，可能是最好的策略，例如黑暗三性格的人。可惜的是，自戀、詐欺利用或精神病態的人，通常缺乏自知之明。但那些缺點輕微的人，例如傲慢，或許能從自願接受管理階層所安排的品格發展計畫中，獲得改善。

外在環境威脅也是造成品格缺失的原因，領導人可採取一些緩解的方案，例如軍隊排長確保士兵得到充分的休息；企業經理需要費心營造正向的團體風氣，打造積極正面的環境，避免成員犯下品格缺失的錯誤。

在社會方面，人們應該與家人、朋友與同事，培養堅定的支援關係。強健的社會聯繫，不僅能維護我們的品格，還能幫助人們以韌性或成長軌跡來應對壓力與逆境。領導人這時候也能助一臂之力，提供員工緊密凝聚的機會，如同波波維奇教練的團隊聚餐，就是很好的做法。

在團體方面，應警惕危及團體價值和道德褪色的威脅。每位高階經理人應避免組織出現德勤中心的八種行為不端的驅動因素，否則不加以約束的行為，將成為道德褪色的溫床。

無論是像前文提到的挪用資金來興建新大樓的中佛羅里達大學，還是以不擇手段取勝的偏差心態，都是成功團體必須警惕，避免落入品格坑洞。當發現情況不對勁時，最重要的是採取適當行動，加強並維繫組織價值觀，向團體傳遞正確重要的訊息。

展現正向品格不分時間場合

現在幾乎不可能將你的外在生活與私人生活完全切割，有品格的領導人必須隨時展現始終如一的品格。你不可能工作時一個標準，私生活又是另一套標準，特別是社群媒體無所不在的情況下。試試看這個小實驗，在網路上搜尋「因為過去推特的內容而辭職」這段話，你會很驚訝地發現，無論是否為知名人士，他們在網路上公開的想法，並不符合他們所屬機構的價值。這就牽涉到馬丁・鄧普西將軍的「數位回聲」概念。一旦言論放上社群媒體，這些評論就永遠存在，使得無數人被企業、大學、教會，以及其他組織解雇，或者自己主動請辭，畢竟誰會願意讓這樣的人領導呢？

擁有正向品格的人會尋找、分辨事實，以此託付他們的信任。他們會內外表現一致，避免受到迷惑，以防毫無批判地分析，盲目支持輿論。正當取勝必須根據事實，而不是利用社群媒體，散播充滿情緒性的字眼，還有毫無根據的斷言。

找出自己的個人道德信念

美國正在歷經一場品格危機，本書目的是讓人更了解品格、信任與領導，是強化領導技能的指南，讓人能夠常勝不衰，也是慷慨激昂的召喚，呼籲個人和團體更加重視品格。認識品格就是改善品格的第一步，每個人應該符合自己和領導人所要求的目標，強化價值觀。我們更希望品格的重要性，能深植在國家意識之中。

在我們結束這個章節和本書之際，希望讓你留下一個印象，無論你領導的是哪種類型的團體，正當取勝始於你的品格。我們對嬌生公司、西點軍校，還有許多其他公開陳述個人與團體價值的組織，深感欽佩。因此，我們也留給你「個人信念」，細細思量。

這個信念受到嬌生公司的「價值信條」、西點軍校學生軍團守則所啟發，無論你是否同，我們都鼓勵你找出一種信念，清楚描繪你心嚮往之的價值與行為。仔細研讀並加以內化，貼在你看得到的地方，時時謹記這些價值。

從一而終踐行榮譽和正直

身為團體領導人，我首先要對我們的客戶保證，提供他們高品質、價格合理、安全可靠，且是市場上最好的產品。

我的下一個責任是員工，他們都是珍貴的重要成員，必須在積極正面的環境裡工作，努力從工作中獲得成就感。我將確保他們的工作環境，能支持他們的想像力、創造力、創新與成長。我會授權給他們，發揮他們的潛能到極致，確保有正常的升遷管道，薪資福利可與國內最高水準的同業匹敵。我致力將他們培養為組織的終身員工，甚至是未來的領導人。

我的組織受忠誠、責任、尊重、無私服務、榮譽、正直，以及個人道德勇氣的價值鼓舞，這些都是我信奉的價值，也是驅動我所做一切的力量，包括在團體和個人生活。我非常正直，私生活與外在生活踐行的價值並無二致。在工作、家庭，以及無時無刻所做的一切，都是如此。

在社區中，我有責任作為強而有力的夥伴，支持本地政府和組織，務必當個良好公民，支持善行、慈善事業與應繳的稅賦。我將成為良好的管理人，監督我有幸使用的環境資源。

我將服務我的客戶，維持團體的榮譽，實踐高於一般水準的人生，並有勇氣選擇艱難的正道，而非易行的不義。無論是外在生活還是私人生活，我都將踐行榮譽和正直。

我是卓越團體中的一員，對我們的產品、顧客、員工，以及所做的一切，都將追求卓越。

希望別人記住你什麼？

本書一開始提出一個問題，你希望自己的墓碑上刻著什麼墓誌銘？倘若缺乏正向品格，你的教育、職業與個人成就，還會有什麼意義？我們希望你對正向品格有更多認識。品格是信任的基礎，信任是領導力的根基。優秀的人明白這一點，並會有意識讓自己的人生，以頭腦、情感與膽量的優勢為中心，這些優勢是面對人生挑戰時所需要的鎧甲，也是克敵制勝，乃至於壯大之所需。

優秀的團體也知道這一點，並將正向品格列為律己的第一要務。簡言之，正向品格不僅提供個人與團體取勝，還是正當取勝所需要的優勢。從今天起，將正向品格當成你的墓誌銘。

致謝

本書的構想，源自於數十年的經驗，以及品格與領導力的研究。書中提到的領導人和科學家，塑造了我們的價值觀，讓我們相信正向品格是個人、領導人與團體興盛茁壯、通達事理、正當取勝的基本條件。

我們也體會到，以價值為本、高績效團體共事的好處。從有能力、品格高尚、心存關懷的領導人身上，學到了重要的經驗與教訓。我們的經驗加總起來超過八十年，所有影響過我們的人，我們無法一一寫出，但都會在這本書的內容看到你們的印記。

我們要感謝經紀人吉蓮．麥肯奇（Gillian MacKenzie）和她的團隊，相信並幫助我們將提案發展成這本書。感謝她與我們志同道合，相信品格對個人與團體的重要性，熱心地將我們粗略的想法，轉換成條理分明的提案，又將提案變成書。從開端到完成，她陪我們走過每個階段。吉蓮的指導讓這本書更加完善，我們對此感激不已。

此外，還要感謝將我們介紹給吉蓮的賴瑞．詹姆斯（Larry James）。我們的出版社聖馬丁出版社（St. Martin's Press），十分出色。馬克・瑞斯尼克（Marc Resnick）與漢娜・歐葛瑞迪（Hannah O'Grady）了解我們對這本書的想法，放手讓我們用自己的方式講述我們的故事。他們對本書初稿及時提出意見回饋，產生莫大幫助。他們的能力、品格、關懷，致使我們全心全意地信任他們，將我們的提案變成完整的產品。我們在聖馬丁出版社共事的每個人，從文字編輯到行銷團隊，都是真正的內行人。撫養一個小孩需要集一村之力，出版一本書需要最頂尖的出版社，對於瑞斯尼克、歐葛瑞迪及其團隊的支持與指導，如何感謝都不為過。

我們還要感謝馬汀・塞利格曼的支持，並為本書撰寫推薦序，以及感謝許多評論本書並做推薦介紹的人。其中，要特別提出安琪拉・達克沃斯，因為她與西點軍校有長達十五年的合作關係。二〇〇四年時，安琪拉在西點軍校進行一次早期的恆毅力研究，此後又對成千上萬名軍校生和教職員講述恆毅力，還有涉及領導力相關的其他品格優勢。

西點軍校有一項為期五年的品格發展研究計畫，稱為「卓越計畫」（Project Arete）*，美國塔夫茨大學（Tufts University）教授理查・勒納（Richard Lerner）是主要研究者，他讓我們更了解組織內的品格發展。勒納研究青少年正向發展已有三十年，他的研究成果引導我們幫助軍校生培養品格。我們感謝勒納始終如一地支持西點軍校，設法將品格澈底融入學校的軍官發展計畫。

在此還要提到計畫管理人葛瑞琛・貝恩・馬修斯（Gretchen Bain Matthews）。先提葛瑞琛的背景，細心的你會注意到她的姓氏與作者之一相同。這不是巧合，她是馬修斯的太太。

葛瑞琛是經驗豐富又才華洋溢的作家兼編輯，協助科學家起草，從論文到頂級期刊投稿等最高品質的原稿。葛瑞琛從美國波莫納學院（Pomona College）取得英語學士學位畢業後，就從事技術文件的寫作與編輯。她的統籌能力一如她的寫作與編輯技巧般精練純熟，是她與眾不同之處。

在這，你只看到冰山一角，潛藏在水面之下的，才是推動書籍出版的實際工作，例如掌握書稿進度、編輯風格與內容，以及各方參與者的聯絡通信，確保一切事務都能及時完成，這些都跟寫作同樣重要。沒有葛瑞琛的精明統籌，本書大概永遠無法完成。

——羅伯特・卡斯蘭與麥可・馬修斯

＊卓越一詞源自於希臘語「Arete」，該計畫是西點軍校透過不同學科和體驗，促進軍校生的品性發展。

我要感謝我的太太雪莉，我的兒子羅伯特三世、尼可拉斯、傑佛瑞及他的家人，他們包容身為先生與父親的我，艱難掙扎地尋求生活平衡，同時又力求做個優秀的先生與父親，還要在自己選擇的職業中表現優異。上帝賜予我們家庭、健康、無條件的愛，還有每天給予品格的挑戰。我慶幸自己能得到無條件愛我的妻兒，讓我天天精神昂揚。

——羅伯特．卡斯蘭

推薦書單

- 《諾曼第大空降》（*Band of Brothers*）、《無畏的勇氣》（*Undaunted Courage*），史蒂芬·安布羅斯（Stephen E. Ambrose）著
- 《海星與蜘蛛》（*The Starfish and the Spider*），歐瑞·布萊夫曼（Ori Brafman）、羅德·貝克斯托姆（Rod A. Beckstrom）著
- 《成為更好的你》（*The Road to Character*），大衛·布魯克斯（David Brooks）著
- 《從A到A^+》（*Good to Great*），詹姆·柯林斯（Jim Collins）著
- 《高效信任力》（*The Speed of Trust*），小史蒂芬·柯維（Stephen M. R. Covey）著
- 《西點軍校的領導力》（*Leadership Lessons from West Point*），道格·克蘭德爾（Doug Crandall）著
- 《邁向目的之路》（*The Path to Purpose*），威廉·戴蒙（William Damon）著
- 《恆毅力》（*Grit*），安琪拉·達克沃斯 Angela Duckworth）著
- 《心態致勝》（*Mindset*），卡蘿·杜維克（Carol S. Dweck）著
- 《愈感恩，愈富足》（*Thanks! How the New Science of Gratitude Can Make You Happier*），羅

伯・艾曼斯（Robert A. Emmons）著

- 《正直》（*Integrity*），泰德・殷思重（Ted W. Engstrom）、羅伯・拉森（Robert C. Larson）著
- 《戰爭與決策》（*War and Decision*），道格拉斯・費斯（Douglas J. Feith）著
- 《哈佛法學院的情緒談判課》（*Beyond Reason, Using Emotions as You Negotiate*），羅傑・費雪（Roger Fisher）、丹尼爾・夏畢洛（Daniel Shapiro）著
- 《他需她要》（*His Needs, Her Needs: Building an Affair-Proof Marriage*），威廉・哈利（Willard F. Jr. Harley）著
- 《僕人》（*The Servant*），詹姆士・杭特（James C. Hunter）著
- 《創意從何而來》（*Where Good Ideas Come From*），史蒂文・強森（Steve Johnson）著
- 《我的混亂，我的自相矛盾，和我的無限創意》（*Wired to Create*），史考特・巴瑞・考夫曼（Scott Barry Kaufman）、卡洛琳・葛雷高爾（Carolyn Gregoire）著
- 《好人的艱難決定》（*How Good People Make Tough Choices*），拉什沃斯・基德（Rushworth M. Kidde）著
- 《危機領導力》（*In Extremis Leadership*），湯瑪斯・柯帝茲（Thomas A. Kolditz）著
- 《尋找倫理道德》（*In Search of Ethics*），萊恩・馬雷拉（Len Marrella）著
- 《強力大腦》（*Head Strong*），麥可・馬修斯（Michael D. Matthews）著
- 《越戰忠魂》（*We Were Soldiers Once... and Young*），哈洛德・穆爾（Harold G. Moore）、約

瑟夫・蓋洛威（Joseph L. Galloway）著

- 《一旦為鷹》（*Once an Engle*），安東・米勒（Anton Myrer）著
- 《學會拿刀喝湯》（*Learning to Eat Soup with a Knife*），約翰・納格爾（John A. Naglr）著
- 《正向心理學入門》（*A Primer in Positive Psychology*），克里斯多夫・彼得森（Christopher Peterson）著
- 《真實的快樂》（*Authentic Happiness*）、《邁向圓滿》（*Flourish*），馬汀・塞利格曼（Martin E. P. Seligman）著
- 《殺戮天使》（*The Killer Angels*），麥可・夏拉（Michael Shaara）著
- 《盲眼軍官的軍中故事》（*Hope Unseen*），史考提・史邁利（Scotty Smiley）著
- 《險境中的領導力》（*Leadership in Dangerous Situations*），派屈克・史威尼（Patrick J. Sweeney）、麥可・馬修斯（Michael D. Matthews）、保羅・萊斯特（Paul B. Lester）著
- 《教出競爭力》（*The Global Achievement Gap*），東尼・華格（Tony Wagner）著

參考文獻

作者序

1. General Order Number 1 states that soldiers may not consume alcohol during combat deployments.
2. For an informative explanation of this seminal work, see Martin E. P. Seligman, *Helplessness: On Depression, Development, and Death* (New York: W. H. Freeman, 1975).
3. Christopher Peterson and Martin E. P. Seligman, *Character Strengths and Virtues* (New York: Oxford University Press, 2004).
4. Angela Duckworth, *Grit: The Power of Passion and Perseverance* (New York: Scribner, 2016).

第1章

1. Alexander Hamilton, letter to John Laurens, from *The Papers of Alexander Hamilton*, ed. Harold C. Styrett et al. (New York: Columbia University Press, 1961–87), 2:467. Quoted in Ron Chernow,

Alexander Hamilton (New York: Penguin, 2004), 145.

2. Martin E. P. Seligman, The Hope Circuit: A Psychologist's Journey from Helplessness to Optimism (New York: Hachette, 2018), 294.

3. For more information about the Positivity Project, see their website: posproject.org.

4. Michael D. Matthews and Richard M. Lerner, "Leaders of Character: Striving Toward Virtuous Leadership," in *West Point Leadership*, ed. Daniel Smith (New York: Rowan Technology Solutions, 2016), www .rowantechsolutions.com/leadership/.

5. William Damon, *The Path to Purpose: How Young People Find Their Calling in Life* (New York: Free Press, 2008), xi.

6. Peterson and Seligman, *Character Strengths and Virtues*.

7. Christopher Peterson et al., "Strengths of Character, Orientations to Happiness, and Life Satisfaction," *Journal of Positive Psychology* 2 (2007), 149–56, https://doi.org/10.1080/17439760701228938.

8. Maria Fotiadou et al., "Optimism and Psychological Well-Being Among Parents of Children with Cancer: An Exploratory Study," *Psycho-Oncology* 17 (2008), 401–9, https://doi.org/10.1002/pon.1257.

9. Michael D. Matthews, "Character Strengths and Post-Adversity Growth in Combat Leaders." Poster presented at the Annual Meeting of the American Psychological Association, Washington, DC, August 2011.

10. Jim Frederick, *Black Hearts* (New York: Broadway Books, 2011).

11. "Yadier Molina Named Recipient of 2018 Roberto Clemente Award," MLB.com press release, October 24, 2018, www.mlb.com/news/ yadier-molina-named-recipient-of-2018-roberto-clemente-award / c-299633704.

12. Jenifer Langosch, "Yadi Recognized with 2018 Clemente Award," MLB. - com, October 24, 2018, www.mlb.com/cardinals/news/yadier-molina -wins-2018-clemente-award/c-299600082.

第2章

1. Nelson Mandela quotes, BrainyQuote.com, 2019, www.brainyquote.com /quotes/nelson_mandela_178789.

2. Barry Bridger, personal communication, November 7, 2018.

3. On the Veteran Tributes website you can find the text for Bridger's Silver Star, along with "tribute pages for Medal of Honor Recipients, Prisoners of War, Generals and Admirals, as well as the Soldiers, Sailors, Airmen, and Marines that nobody has ever heard of." Veteran Tributes, www .veterantributes.org.

4. This phrase originated in the cadet prayer at the US Military Academy: "Make us to choose the harder right instead of the easier wrong, and never to be content with a half truth when the whole can be won." westpoint.edu/about/chaplain/cadet-prayer.

5. Bridger, personal communication.

6. Paul Lester and Cynthia Pury, "What Leaders Should Know About Courage," *in Leadership in Dangerous* Situations, ed. Patrick J. Sweeney, Michael D. Matthews, and Paul B. Lester (Annapolis, Md.: Naval Institute Press, 2011), 23–25. Lester and Pury base their comments on a series of studies by Christopher Rate and colleagues: Christopher R. Rate et al., "Implicit Theories of Courage," Journal of Positive Psychology 2, no. 2 (2007), 80–98; Christopher R. Rate, "Defining the Features of Courage: A Search for Meaning," in *The Psychology of Courage: Modern Research on an Ancient Virtue*, ed. Cynthia L. S. Pury and Shane J. Lopez (Washington, D.C.: American Psychological Association, 2010), 47–66.

7. See the book written by the sister of Hans and Sophie Scholl, Inge Aicher-Scholl, *The White Rose: Munich*, 1942–1943 (Middletown, Conn.: Wesleyan University Press, 1970), for an inspiring and fascinating description of Scholl's life and death. Several movies have also been made about Sophie and Hans, including *Sophie Scholl: The Final Days* (Zeitgeist Films, 2005).

8. David Wolpe, "The Japanese Man Who Saved 6,000 Jews With His Handwriting," October 15, 2018, New York Times, www.nytimes. com/2018/10/15/opinion/sugihara-moral-heroism-refugees.html.

9. Stephen E. Ambrose, *Band of Brothers* (New York: Simon & Schuster, 1992), 307. This quote is widely misattributed to Major Richard Winters, who quoted it in the HBO miniseries Band of Brothers, but who clearly attributed it to his friend Mike Ranney.

10. Capt. Chesley "Sully" Sullenberger, *Highest Duty: My Search for What Really Matters* (New York: HarperCollins, 2009).

11. Angela L. Duckworth, personal communication, June 28, 2004.

12. Angela L. Duckworth et. al, "Grit: Perseverance and Passion for Long-Term Goals," *Journal of Personality and Social Psychology* 92 (2007), 1087–1101.

13. The term *SAT* refers to the standardized test administered by the College Board. This test, along with the ACT (administered by ACT, Inc.), is widely used for college admissions in the United States.

14. Duckworth et al., "Grit."

15. Ibid.

16. Lauren Eskreis-Winkler et al., "The Grit Effect: Predicting Retention in the Military, the Workplace, School and Marriage," *Frontiers in Psychology* 5 (2014), 36, https://doi.org/10.3389/fpsyg.2014.00036.

17. As noted in John Bartlett, *Bartlett's Familiar Quotations: A Collection of Passages, Phrases, and Proverbs Traced to Their Sources in Ancient and Modern Literature*, 18th ed., ed. Geoffrey O'Brien (New York: Little, Brown, 2012).

18. Martin E. P. Seligman et al., "Positive Psychology Progress: Empirical Validation of Interventions," *American Psychologist* 60, no. 5 (2005), 410–21, https://doi.org:10.1037/0003-066X.60.5.410.

19. Lester and Pury, "What Leaders Should Know."

20. For a historical perspective on Bandura's work, see his classic article: Albert Bandura, Dorothea Ross, and Sheila A. Ross, "Transmission of Aggression Through Imitation of Aggressive Models," *Journal of Abnormal and Social Psychology* 63 (1961), 575–82.

21. Jim Collins, Good to Great: Why Some Companies Make the Leap . . . and Others Don't (New York: HarperCollins, 2001), 41–64.

22. Mike Krzyzewski, with Donald T. Phillips, *Leading with the Heart: Coach K's Successful Strategies for Basketball, Business, and Life* (New York: Warner Business Books, 2001), 209.

23. John Feinstein, "Feinstein's Findings: Michie Miracles Continue," *Army West Point Athletics*, November 4, 2018, https://goarmywestpoint.com /news/2018/11/4/football-feinstein-findings-michie-miracles-continue .aspx

第3章

1. Anne Bradstreet, *The Works of Anne Bradstreet* (Cambridge, Mass.: Harvard University Press, 1981).

2. Peterson and Seligman, *Character Strengths and Virtues*, 29.

3. The phrase six inches between the ears (along with variations) is commonly heard throughout the military. For example, see Jim Mattis and Bing West, *Call Sign Chaos* (New York: Random House, 2019), 166—"The most important six inches on the battlefield is between your ears."

4. David Hodne, personal communication with Dr. Matthews, September 20, 2019. The term formation refers to Hodne's fellow leaders throughout General Caslen's command.

5. Robert J. Sternberg and Karin Sternberg, *Cognitive Psychology,* 7th ed. (Boston, Mass.: Cengage, 2017),

502–3.

6. Ibid., 101, for documentation of Gardner's discussion of the eight types of intelligence.

7. Ibid., 432.

8. Ibid., 433–34.

9. See Peterson and Seligman, *Character Strengths and Virtues*, 134–35.

10. Gary E. Swan and Dorit Carmelli, "Curiosity and Mortality in Aging Adults: A 5-Year Follow-Up of the Western Collaborative Group Study," *Psychology and Aging* 11, no. 3 (1996), 449.

11. See Peterson and Seligman, *Character Strengths and Virtues*, 150–53.

12. Ibid., 169.

13. Ibid., 170.

14. Ibid., 189.

15. Brian K. Cooper, James C. Sarros, and Joseph C. Santora, "The Character of Leadership," *Ivey Business Journal*, May/June 2007, iveybusinessjournal .com/publication/the-character-of-leadership.

16. Brian W. Head and John Alford, "Wicked Problems: Implications for Public Policy and Management," *Administration & Society* 47, no. 6 (2015), 711–39, https://doi.org:10.1177/0095399713481601.

17. Ryan W. Buell, Robert S. Huckman, and Sam Travers, "Improving Access at VA," *Harvard Business School Case* 617-012, November 2016 (revised December 2016).

18. Procter & Gamble Company, "Bob McDonald Biography," https://www .pg.com/content/pdf/04_news/mgmt_bios/McDonald-Robert.pdf.

19. Harvard Business School interview with Robert McDonald, July 27, 2016.

20. US Department of Veterans Affairs, Office of Public Affairs, "VA Announces Single Regional Framework Under MyVA Initiative," press release, January 26, 2015, www.va.gov/opa/pressrel/pressrelease.cfm?id=2672.

21. Action Learning Associates, "Leaders Developing Leaders: 2-Day Cascade Workshop," Department of Veterans Affairs training material (Washington, D.C., 2016), i.

22. Robert McDonald, "What I Believe In," Procter & Gamble website, www .pg.com/en_US/downloads/company/executive_team/Bob_McDonald _Leadership_Principles.pdf.

23. Ibid.

24. Ibid.

第 4 章

1. Benjamin Hochman, "Shildt Is the Right Guy for Cardinals and Their Fans," *Stltoday.com*, February 16, 2019, www.stltoday.com/sports/columns /benjamin-hochman/hochman-shildt-is-the-right-guy-for-cardinals-and -their/article_a71af930-4880-5855-a984-964cd00522b3.html?mode =nowapp.

2. Sara Karnes, "Sheriff's Department Presents Restored Car to Deputy's Widow," *Springfield News Leader*, March 19, 2019, www.news-leader.com /story/news/local/ozarks/2019/03/19/sheriffs-department-restored -car-deputy-aaron-roberts-widow/3214134002.

3. Peterson and Seligman, Character Strengths and Virtues, 304–5.

4. Rochelle Randles, "The Handbook's Fifth Edition Brings 'Good Turns, Daily' to Scouting," *Scouting Wire*, May 5, 2016, scoutingwire.org /handbooks-fifth-edition-brings-good-turns-daily-scoutinga-good-turn -can-simple-holding-door-someone-grandiose-national-project-scouts-o.

5. Known as the Golden Rule, this is a common form of "Therefore all things whatsoever ye would that men should do to you, do ye even so to them: for this is the law and the prophets," Matthew 7:12 (Bartlett, *Bartlett's Familiar Quotations*, 33n1).

6. Eric Burger, "25 Volunteer Statistics That Will Blow Your Mind," *VolunteerHub*, www.volunteerhub.com/blog/25-volunteer-statistics.

7. Richard McKinney, "Op-ed: I Wanted to Kill Muslims, Too. But Then I Saw the Light," *IndyStar.com*, www.indystar.com/story/opinion/2019/03 /31/op-ed-almost-terrorist-then-found-islam/3302137002.

8. Nicholas A. Christakis, *Blueprint* (New York: Little, Brown, 2019). Christakis also made headlines in 2015 when a video of him talking with students at Yale became a viral sensation. Christakis's wife, Erika, who also taught at Yale at the time, questioned a ban on "culturally insensitive Halloween costumes," sparking protests on campus. For an overview of the controversy and the book, see Frank

Bruni, "A 'Disgusting' Yale Professor Moves On," March 19, 2019, *New York Times*, www.nytimes.com /2019/03/19/opinion/nicholas-christakis-yale.html.

9. See the official US Army website for Staff Sergeant Travis Atkins: www.army .mil/medalofhonor/atkins.

10. Emma Marris, "In Our Shadow," *National Geographic*, April 2019, 126–47.

11. Nick Perry, "At Memorial, Mosque Survivor Says He Forgives Attacker," Associated Press, March 29, 2019, www.apnews.com/e787324a3036438 0b1607129da1d7ea1.

12. Peterson and Seligman, *Character Strengths and Virtues*, 447–48.

13. Janice Harper, "A Lesson from Nelson Mandela on Forgiveness," *Psychology Today*, June 10, 2013, www.psychologytoday.com/us/blog/beyond -bullying/201306/lesson-nelson-mandela-forgiveness.

14. Peterson and Seligman, *Character Strengths and Virtues*, 452.

15. Seligman et al., "Positive Psychology Progress," 410–21.

16. Matthews, "Character Strengths and Post-Adversity Growth in Combat Leaders."

17. Monica Rohr, "As U.S. Cuts Refugee Numbers, African Teens Find Brotherhood on a Texas Soccer Team," *USA Today*, December 6, 2018, www .usatoday.com/story/news/nation/2018/12/07/african-refugee-teens -brotherhood-houston-soccer-team/2136754002.

18. Ibid.

19. Caitlin Murray, "USA's Band of Sisters Have Used Their Unity to Gain a Crucial Edge," *Guardian*, July 6,

2019, www.theguardian.com/football /2019/jul/06/usa-womens-world-cup-final-soccer.

第5章

1. Stanley McChrystal, "Listen, Learn . . . Then Lead," TED Talk, March 2011, www.ted.com/talks/stanley_mcchrystal?language=en.
2. Martin Dempsey and Ori Brafman, *Radical Inclusion: What the Post-9/11 World Should Have Taught Us About Leadership* (Arlington, Va.: Missionday, 2018).
3. Michael Gold and Tyler Pager, "New York Suburb Declares Measles Emergency, Barring Unvaccinated Children from Public," *New York Times*, March 26, 2019, www.nytimes.com/2019/03/26/nyregion/measles -outbreak-rockland-county.html.
4. Paul B. Lester and Gretchen R. Vogelgesang, "Swift Trust in Ad Hoc Military Organizations: Theoretical and Applied Perspectives," in *The Oxford Handbook of Military Psychology*, ed. Janice H. Laurence and Michael D. Matthews (New York: Oxford University Press, 2012), 176–86.
5. Patrick J. Sweeney et al., "Trust: The Key to Leading When Lives Are on the Line," in Sweeney, Matthews, and Lester, *Leadership in Dangerous Situations*, 163–81.
6. Janelle Griffith, "Homeless Man, N.J. Woman Accused in GoFundMe Scam Plead Guilty," NBC News, March 6, 2019, www.nbcnews.com/news/us -news/homeless-man-n-j-woman-accused-gofundme-scam-

plead-guilty -n980166.

7. Stephanie Gosk and Conor Ferguson, "GoFundMe CEO Says the Company Has an Answer for Fraud," NBC News, April 8, 2019, www.nbcnews.com/news/us-news/after-new-jersey-scam-gofundme-says-it-has-answer -fraud-n992086.

8. Corky Siemaszko, "Pennsylvania Priest Who Molested Boys After Mass Pleads Guilty to Abuse," NBC News, October 17, 2018, www.nbcnews .com/news/us-news/ex-pennsylvania-priest-who-molested-boys-after -mass-pleads-guilty-n921136.

9. Shelly Bradbury, "Catholic Priest Sentenced to Prison in Jefferson County Sex Abuse Case," *Pittsburgh Post-Gazette*, January 11, 2019, www .post-gazette.com/news/crime-courts/2019/01/11/david-poulson -pennsylvania-priest-sentenced-brookville-jefferson-county-sex-abuse -attorney-general-erie/stories/201901110119.

10. Liam Stack, "Catholic Bishops Vow to Hold Themselves Accountable for Sexual Abuse and Cover-Ups," *New York Times*, June 13, 2019, www .nytimes.com/2019/06/13/us/catholic-bishops-abuse.html.

11. Jeffrey M. Jones, "Many U.S. Catholics Question Their Membership amid Scandal," Gallup.com, March 13, 2019, news.gallup.com/poll/247571 /catholics-question-membership-amid-scandal.aspx.

12. Neil Monahan and Saeed Ahmed, "There Are Now as Many Americans Who Claim No Religion as There Are Evangelicals and Catholics, a Survey Finds," CNN, April 26, 2019, www.cnn.com/2019/04/13/us/no -religion-largest-group-first-time-usa-trnd/index.html.

13. Christine Hauser and Maggie Astor, "The Larry Nassar Case: What Happened and How the Fallout Is Spreading," *New York Times*, January 25, 2018, www.nytimes.com/2018/01/25/sports/larry-nassar-gymnastics -abuse.html.

14. "The Nassar Scandal and the Crisis of Michigan State's President," Special Report, *Chronicle of Higher Education*, January 17, 2019, www.chronicle .com/specialreport/The-Nassar-Scandalthe/179.

15. Bill Chappell, "Entire Board of USA Gymnastics to Resign," NPR News, January 26, 2018, www.npr.org/sections/thetorch/2018/01/26 /580956170/usoc-tells-usa-gymnastics-board-to-resign-within-6 -days.

16. Lester and Pury, "What Leaders Should Know," 21–39.

17. A condensed version of General Caslen's thoughts about the Bank of Public Trust was expressed in the foreword to Michael D. Matthews, *Head Strong*, rev. ed. (New York: Oxford University Press, 2020).

18. This text is taken from the Police Officer's Creed of the Laredo Independent School District, http://laredo.ss11.sharpschool.com/UserFiles/Servers /Server_328908/File/Student%20Services/Departments/Police%20 Department/Homepage/policecreed.pdf. Variations on this text are used by police departments throughout the United States, adapted from the Law Enforcement Code of Ethics adopted by the International Association of Chiefs of Police (IACP) in 1957, www.theiacp.org/resources/law -enforcement-code-of-ethics.

第6章

1. Frances Hesselbein, "The Key to Cultural Transformation," in *Leader to Leader 2: Enduring Insights on Leadership from the Leader to Leader Institute's Award Winning Journal*, ed. Frances Hesselbein and Alan R. Shrader (San Francisco: Jossey-Bass, 2008), 267.

2. Mallen Baker, "Johnson & Johnson and Tylenol: Crisis Management Case Study," September 8, 2008, http://mallenbaker.net/article/clear -reflection/johnson-johnson-and-tylenol-crisis-management-case-study.

3. Personal communication with the authors, May 6, 2019.

4. ohnson & Johnson website, www.jnj.com/credo.

5. Baker, "Johnson & Johnson and Tylenol."

6. The term ACT refers to the standardized test administered by ACT, Inc. This test, along with the SAT (administered by the College Board), is widely used for college admissions in the United States.

7. Michael G. Rumsey, "Military Selection and Classification in the United States," in Laurence and Matthews, *Oxford Handbook of Military Psychology*, 129–47.

8. Eric Freeman, "New Details on What Went Wrong for USA Basketball in 2004," Yahoo Sports, August 2, 2016.

9. To learn more about Eddie Mabo, see the Eddie Koiki Mabo page on the Australian Institute of Aboriginal

and Torres Strait Islander Studies (AIATSIS) website: aiatsis.gov.au/explore/articles/eddie-koiki-mabo.

10. Nansook Park and Martin E. P. Seligman, "Christopher M. Peterson (1950– 2012)," *American Psychologist* 68 (2013), 403, ppc.sas.upenn.edu/sites /default/files/chrispeterson.pdf.

11. Baxter Holmes, "Michelin Restaurants and Fabulous Wines: Inside the Secret Team Dinners That Have Built the Spurs' Dynasty," ESPN, April 18, 2019, www.espn.com/nba/story/_/id/26524600/secret-team-dinners -built-spurs-dynasty.

12. Sweeney et al., "Trust," 163–81.

13. Personal communication between Dr. Deborah German and Robert Caslen.

14. Adam Nossiter, "35 Employees Committed Suicide. Will Their Bosses Go to Jail?," *New York Times*, July 9, 2019, www.nytimes.com/2019/07/09 /world/europe/france-telecom-trial.html.

15. Simon Carraud, "French Telco Orange Found Guilty Over Workers' Suicides in Landmark Ruling," Reuters, December 20, 2019, www.reuters.com /article/us-france-justice-orange-sentences/french-telco-orange-and-ex -ceo-found-guilty-over-workers-suicides-idUSKBN1YO12D.

16. Seligman, *Helplessness*.

第7章

1. Collins, *Good to Great*, 51.

2. The authors thank the College Board for providing us with information on Landscape. To learn more, visit https://professionals.collegeboard.org /landscape.

3. For the details of this study, see Angela L. Duckworth et al., "Cognitive and Noncognitive Predictors of Success," *Proceedings of the National Academy of Sciences*, November 4, 2019, 23499–504, https://doi.org: 10.1073 /pnas.1910510116.

4. General Dwight D. Eisenhower (then US army chief of staff), letter to Major General Maxwell D. Taylor (then superintendent of the US Military Academy), January 2, 1946.

5. Matthews, "Character Strengths and Post-Adversity Growth in Combat Leaders."

6. This concept comes from Robert C. Carroll, *Building Your Leadership Legacy: It's All About Character* (Sarasota, Fla.: Suncoast Digital Press, 2017).

7. A full description of the MindVue Profile assessment tool can be found at the company's website: www.MindVue.com/profile.

8. From the "Report of Investigation; Presented to the University of Central Florida Board of Trustees," January 17, 2019, prepared by Bryan Cave Leighton Paisner, LLP.

9. Jerry Fallstrom, "The Rise and Fall of President Whittaker," *Orlando Sentinel*, February 23, 2019.

10. Personal communication with Robert Caslen.

11. University of Central Florida, "Employee Code of Conduct," March 2019, compliance.ucf.edu/files/2019/02/UCF-Code-Of-Conduct-2019-Rev .pdf.

第8章

1. www.brainyquote.com/topics/character.

2. Richard M. Lerner, *Liberty: Thriving and Civic Engagement Among America's Youth* (Thousand Oaks, Calif.: Sage, 2004).

3. Michael D. Matthews, Richard M. Lerner, and Hubert Annen, "Noncognitive Amplifiers of Human Performance: Unpacking the 25/75 Rule," in *Human Performance Optimization: The Science and Ethics of Enhancing Human Capabilities*, ed. Michael D. Matthews and David M. Schnyer (New York: Oxford University Press, 2019), 356–82.

4. Angela Duckworth, "Growing Character" (Master Class presentation, Military Child Education Coalition 2019 National Training Seminar, Washington, D.C., July 2019), https://www.youtu.be/fcd4oZdQWxU.

5. Carol S. Dweck, *Mindset: The New Psychology of Success* (New York: Random House, 2006).

6. For example, General Caslen consults with both Higher Echelon and Academy Leadership, two companies that offer a wide array of leader-development training activities.

7. For a scientific description of these and other approaches, see Martin E. P. Seligman et al., "Positive Psychology Progress," 410–21.

8. Ibid.

9. For a description of CSF, see Rhonda Cornum, Michael D. Matthews, and Martin E. P. Seligman,

"Comprehensive Soldier Fitness: Building Resilience in a Challenging Institutional Context," *American Psychologist* 66, no. 1 (2011), 4–9.

10. General Douglas MacArthur, *Reminiscences* (Annapolis, Md.: Naval Institute Press, 1964), 82.

11. Opportunities to lead represents one of three components of character development in youth. For further discussion see Michael D. Matthews, "On Teaching and Developing Character: A Systematic Approach to Cultivating Positive Traits," Psychology Today, May 27, 2018, www .psychologytoday.com/us/blog/head-strong/201805/teaching-and -developing-character.

12. For a more thorough description of Ettekal's ideas on positive youth development in sports, see J. P. Agans et al., "Positive Youth Development Through Sport: A Relational Developmental Systems Approach," in *Positive Youth Development Through Sport*, ed. N. L. Holt (Abingdon, UK: Routledge, 2016), 34–44.

13. For a full list and a more scientific discussion of the findings, see A. J. Visek et al., "The Fun Integration Theory: Toward Sustaining Children and Adolescents Sport Participation," *Journal of Physical Activity and Health* 12, no. 3 (2015), 424–33.

14. For youth development, the positive effects described here are found in a wide variety of organized activities that transcend traditional team sports such as soccer or baseball. Dance classes, for example, have the same beneficial effects.

15. For additional information on the changes in the College Board's advanced-placement programs, see

Thomas L. Friedman, "The Two Codes Your Kids Need to Know," *New York Times*, February 12, 2019, nyti.ms/2UX1fkt.

16. "Developing Leaders of Character," the West Point Leader Development System, 2018.

17. Ibid., 9.

18. The lyrics to the alma mater and other songs can be found at the Army West Point Athletics page, goarmywestpoint.com/sports/2015/3/6 /GEN_2014010166.aspx; the words to "The Corps" can be found in the "Prayers and Songs" document on the West Point Association of Graduates website, www.westpointaog.org/file/PRAYERSANDSONGS .pdf.

第9章

1. Friedrich Nietzsche, *Twilight of the Idols* (1888).

2. The full quote is "Our new Constitution is now established, and has an appearance that promises permanency; but in this world nothing can be said to be certain, except death and taxes." Letter to Jean-Baptiste Leroy, November 13, 1789, cited in Bartlett, *Bartlett's Familiar Quotations*.

3. Joshua Lawrence Chamberlain, *The Passing of Armies: An Account of the Final Campaign of the Army of the Potomac* (New York: G. P. Putnam's Sons, 1915), 295.

4. This discussion of the four trajectories and Figure 9.1 are adapted from Christopher Peterson, Michael

J. Craw, Nansook Park, and Michael S. Erwin, "Resilience and Leadership in Dangerous Contexts," in *Leadership in Dangerous Situations*, ed. Patrick J. Sweeney, Michael D. Matthews, and Paul B. Lester (Annapolis, MD: Naval Institute Press, 2011), 60–77.

5. Andrew Anglemyer et al., "Suicide Rates and Methods in Active Duty Military Personnel, 2005 to 2011: A Cohort Study," *Annals of Internal Medicine* 165, no. 3 (2016), 167–74.

6. For a description of the rationale and development of CSF, see Cornum, Matthews, and Seligman, "Comprehensive Soldier Fitness," 4–9.

7. For a review of its effectiveness, see Michael D. Matthews, "Tough Hearts: Building Resilient Soldiers," in *Head Strong*.

8. Updesh Kumar, personal communication to Dr. Matthews, June 3, 2019. For further reading, see Updesh Kumar, ed., *The Routledge International Handbook of Military Psychology and Mental Health* (Abingdon, UK: Routledge, 2020).

9. Eric C. Meyer et al., "Predictors of Posttraumatic Stress Disorder and Other Psychological Symptoms in Trauma-Exposed Firefighters," *Psychological Services* 9, no, 1 (2012), 1, psycnet.apa.org/doi/10.1037 / a0026414.

10. Matthews, "Tough Hearts."

11. Rhonda Cornum and Peter Copeland, *She Went to War: The Rhonda Cornum Story* (Novato, Calif.: Presidio Press, 1992).

12. Ibid., 194.

13. Ibid.

14. Ibid.

15. Christopher Peterson et al., "Strengths of Character and Posttraumatic Growth," *Journal of Traumatic Stress* 21, no. 2 (2008), 214–17.

16. Michael D. Matthews, "Character Strengths and Post-Adversity Growth in Combat Leaders" (poster presented at the annual meeting of the American Psychological Association, Washington, D.C., August 2011).

17. B. F. Skinner, Walden Two (Indianapolis, Ind.: Hackett, 1966).

18. For a review of Kagan's thoughts on human development, see Jerome Kagan, *Galen's Prophecy: Temperament in Human Nature* (Boulder, Colo.: Westfield Press, 1994).

19. Michael D. Matthews, "When the Going Gets Rough, the Rough Get Going," in *Head Strong*.

20. Sebastian Junger, *Tribe: On Homecoming and Belonging* (New York: Twelve, 2016), and War (New York: Twelve, 2010).

21. See, for example, an excellent book by one of the pioneers in hardiness research, Salvatore R. Maddi, *Hardiness: Turning Stressful Circumstances into Resilient Growth* (New York: Springer, 2012).

22. For a full description of Joe Presley, refer to Claudette Riley, "Joe Presley, with Only One Arm, to Graduate from Drury's Law Enforcement Academy," *Springfield News-Leader*, May 16, 2019, www.

news-leader.com /story/news/education/2019/05/15/one-arm-man-graduate-drury -academy-law-enforcement-officer/1151417001.

23. Claudette Riley, "'I Got Hired,' Joe Presley, Born with One Arm, Joins Sheriff's Office in Ozarks," *Springfield News-Leader*, August 8, 2019, www.news-leader.com/story/news/education/2019/08/08/joe-presley -stone-county-sheriffs-office-one-arm/1949423001.

24. Maddi, *Hardiness*.

25. Paul T. Bartone, Dennis R. Kelly, and Michael D. Matthews, "Hardiness Predicts Adaptability in Military Leaders," *International Journal of Selection and Assessment* 21 (2013), 200–210.

26. For insight into General Casey's vision for the necessity of establishing the Comprehensive Soldier Fitness program, see George W. Casey, Jr., "Comprehensive Soldier Fitness: A Vision for Psychological Resilience in the US Army," *American Psychologist* 66, no. 1 (2011), 1–3, https://doi .org:10.1037/a0021930.

27. See the website of the Hardiness Institute for more information: www .hardinessinstitute.com.

第10章

1. Benjamin Franklin, letter to *The Pennsylvania Gazette*, February 4, 1735, cited on "The Electric Ben Franklin," http://www.ushistory.org/franklin /index.htm.

2. Livia Veselka, Erica A. Giammarco, and Philip A. Vernon, "The Dark Triad and the Seven Deadly Sins," *Personality and Individual Differences* 67 (2014), 75–80, https://doi.org/10.1016/j.paid.2014.01.055.

3. See, for example, W. Keith Campbell and Jeffrey D. Green. "Narcissism and Interpersonal Self-Regulation," in *The Self and Social Relationships*, ed. Joanne V. Wood, Abraham Tesser, and John G. Holmes (New York: Psychology Press, 2008), 73–94.

4. Nita Lewis Miller and Lawrence G. Shattuck, "Sleep Patterns of Young Men and Women Enrolled at the United States Military Academy: Results from Year 1 of a 4-Year Longitudinal Study," *Sleep* 28, no. 7 (2005), 837–41, https://doi.org/10.1093/sleep/28.7.837.

5. See Olav Kjellevold Olsen et al., "The Effect of Sleep Deprivation on Leadership Behaviour in Military Officers: An Experimental Study," *Journal of Sleep Research* 25, no. 6 (2016), 683–89, https://doi.org/10.1111/jsr .12431.

6. See Christopher M. Barnes, Brian C. Gunia, and David T. Wagner, "Sleep and Moral Awareness," *Journal of Sleep Research* 24, no. 2 (2015), 181– 88, https://doi.org/10.1111/jsr.12231.

7. See William D. S. Killgore, "Sleep Deprivation and Behavioral Risk-Taking," in *Modulation of Sleep by Obesity, Diabetes, Age, and Diet*, ed. Ronald Ross Watson (London: Academic Press, 2015), 279–87, https://doi.org/10 .1016/B978-0-12-420168-2.00030-2.

8. See Matthew L. LoPresti et al., "The Impact of Insufficient Sleep on Combat Mission Performance," *Military Behavioral Health* 4, no. 4 (2016), 356–63, https://doi.org/10.1080/21635781.2016.1181585.

9. Commission on College Basketball, *Report and Recommendations to Address the Issues Facing Collegiate Basketball*, delivered to the NCAA Division I Board of Directors and Board of Governors, April 2018, www.ncaa.org /sites/default/files/2018CCBReportFinal_web_20180501.pdf.

10. Gabrielle McMillen, "Appeal Filed for Three Convicted in NCAA Bribery Scandal," *Sporting News*, August 14, 2019, www.sportingnews.com/us /ncaa-basketball/news/appeal-filed-for-three-convicted-in-ncaa-bribery-scandal/uczmeysrujnh14ce3cqabirle.

11. Bill Chappell and Merrit Kennedy, "U.S. Charges Dozens of Parents, Coaches in Massive College Admissions Scandal," National Public Radio, March 12, 2019. The US Department of Justice website lists all of the individuals charged and the current status of each case. At the time of publication, many, but not all defendants had pleaded guilty: www.justice.gov /usao-ma/investigations-college-admissions-and-testing-bribery-scheme.

12. Commission on College Basketball, *Report and Recommendations to Address the Issues Facing Collegiate Basketball*, delivered to the NCAA Division I Board of Directors and Board of Governors, April 2018, www.ncaa.org /sites/default/files/2018CCBReportFinal_web_20180501.pdf.

13. Ann E. Tenbrunsel and David M. Messick, "Ethical Fading: The Role of Self-Deception in Unethical Behavior," *Social Justice Research* 17, no. 2 (2004), 223–36. 14. Peter Schmidt, "An Admissions Scandal Shows How Administrators' Ethics 'Fade,'" Chronicle of Higher Education, April 1, 2015.

14. Peter Schmidt, "An Admissions Scandal Shows How Administrators' Ethics 'Fade,'" *Chronicle of Higher*

Education, April 1, 2015.

15. Nell Gluckman, "Can Universities Foster a Culture of Ethics? Some Are Trying," *Chronicle of Higher Education*, May 10, 2017.

16. Lindsay Ellis, "After Ethical Lapses, Georgia Tech Surveyed Campus Culture. The Results Weren't Pretty," *Chronicle of Higher Education*, May 10, 2019.

17. Ibid.

18. Ibid.

19. Kevin Nixon, "Managing Conduct Risk: Addressing Drivers, Restoring Trust" (Deloitte Center for Regulatory Strategy, Deloitte Touche Tohmatsu [also known as Deloitte Global], 2017).

20. Roger L. Bertholf, "Protecting Human Research Subjects," *Annals of Clinical & Laboratory Science* 31, no. 1 (2001), 119–27; see also the Centers for Disease Control and Prevention Tuskegee Study page at https://www .cdc.gov/tuskegee/index.html.

21. Leonard Wong and Stephen J. Gerras, *Lying to Ourselves: Dishonesty in the Army Profession* (Carlisle Barracks, Pa.: Strategic Studies Institute and US Army War College Press, 2015), ssi.armywarcollege. edu/pdffiles /pub1250.pdf.

22. Stanley Milgram, "Behavioral Study of Obedience," *Journal of Abnormal and Social Psychology* 67, no. 4 (1963), 371.

23. Michael Martelle, ed., "Exploring the Russian Social Media Campaign in Charlottesville," National

Security Archive, February 14, 2019, nsarchive .gwu.edu/news/cyber-vault/2019-02-14/exploring-russian-social-media -campaign-charlottesville.

第11章

1. Joe Torre, "Joe Torre on Winning," *Bloomberg Businessweek*, August 21, 2006, www.bloomberg.com/news/articles/2006-08-20/joe-torre-on -winning.
2. Abraham Lincoln, Address at Gettysburg, November 19, 1863.
3. Abraham Lincoln, speech at the Republican State Convention, Springfield, Ill., June 16, 1858. Lincoln paraphrased the Bible verse "If a house be divided against itself, that house cannot stand," from Mark 3:25.
4. Bombing of Hiroshima and Nagasaki, History.com, June 6, 2019, www .history.com/topics/world-war-ii/bombing-of-hiroshima-and-nagasaki.
5. Bombing of Dresden, A&E Television Networks, June 7, 2019, History.com, www.history.com/topics/world-war-ii/battle-of-dresden.
6. Thomas Jefferson, Declaration of Independence, July 4, 1776.
7. R. Lisle Baker, "Educating Lawyers for Compassion and Courage as Well as Brains: *The Wizard of Oz* Was Right," sites.suffolk.edu/educatinglawyers /resources.
8. Bridger, personal communication.

9. McDonald, "What I Believe In."

10. Sara Randazzo and Jared S. Hopkins, "Johnson & Johnson Ordered to Pay $572 Million in Oklahoma Opioid Case," *Wall Street Journal*, August 26, 2019, www.wsj.com/articles/johnson-johnson-ordered-to-pay-572 -million-in-oklahoma-opioid-case-11566850079.

11. Proverbs 27:17, Bible, New International Version.

12. For more on the broken-windows theory, see George L. Kelling and James Q. Wilson, "Broken Windows: The Police and Neighborhood Safety," *Atlantic*, March 1982, www.theatlantic.com/magazine/archive/1982/03 /broken-windows/304465. The 1994 and 2001 New York City murder statistics come from Chris Mitchell, "The Killing of Murder," *New York*, January 4, 2008, nymag.com/news/features/crime/2008/42603. For more information on the 2019 record-low rate, see Ben Chapman, "New York City Crime Hits Record Low in First Half of 2019," *Wall Street Journal*, July 8, 2019, www.wsj.com/articles/new-york-city-crime-hits -record-low-in-first-half-of-2019-11562625746.

13. Booker T. Washington, *Quotations of Booker T. Washington* (Tuskegee, Ala.: Tuskegee Institute Press, 1938).

翻轉學 翻轉學系列 071

致勝品格

誠實、勇氣、決斷、同情心……，24 種最經得起考驗的價值觀與競爭優勢

The Character Edge: Leading and Winning with Integrity

作　者　羅伯特・卡斯蘭（Robert L. Caslen）、麥可・馬修斯（Michael D. Matthews）
譯　者　林奕伶
總 編 輯　何玉美
主　編　林俊安
責任編輯　黃纓婷
封面設計　張天薪
內文排版　黃雅芬

出版發行　采實文化事業股份有限公司
行銷企畫　陳佩宜・黃于庭・蔡雨庭・陳豫萱・黃安汝
業務發行　張世明・林踏欣・林坤蓉・王貞玉・張惠屏
國際版權　王俐雯・林冠妤
印務採購　曾玉霞
會計行政　王雅蕙・李韶婉・簡佩鈺
法律顧問　第一國際法律事務所　余淑杏律師
電子信箱　acme@acmebook.com.tw
采實官網　www.acmebook.com.tw
采實臉書　www.facebook.com/acmebook01

I S B N　978-986-507-476-0
定　價　450 元
初版一刷　2021 年 10 月
劃撥帳號　50148859
劃撥戶名　采實文化事業股份有限公司
104 台北市中山區南京東路二段 95 號 9 樓
電話：(02)2511-9798　傳真：(02)2571-3298

國家圖書館出版品預行編目資料

致勝品格：誠實、勇氣、決斷、同情心……，24 種最經得起考驗的價值觀與競爭優勢 / 羅伯特・卡斯蘭（Robert L. Caslen）、麥可・馬修斯（Michael D. Matthews）著；林奕伶譯 . -- 台北市：采實文化，2021.10
408 面；14.8×21 公分 . --（翻轉學系列；71）
譯自：The Character Edge: Leading and Winning with Integrity
ISBN 978-986-507-476-0（平裝）
1. 領導 2. 品格
541.776　　110010229